D1755077

Guarire dalla cura
Italo Svevo e i medici

a cura di Riccardo Cepach

© 2008 Comune di Trieste
Assessorato alla Cultura
Servizio Bibliotecario Urbano / Museo Sveviano

Assessore alla Cultura: Massimo Greco
Direzione: Bianca Cuderi

Riproduzioni fotografiche: Franco Levi, Thomas Haus

Fotocomposizione e stampa: Stella Arti Grafiche, Trieste

MUSEO SVEVIANO
Via Madonna del Mare, 13
34123 Trieste
Tel. 040 3593606 / 607
Fax 040 3593625
www.museosveviano.it
E-mail: museosveviano@comune.trieste.it

RINGRAZIAMENTI

Ospedali Riuniti. Biblioteca Centrale di Medicina – Trieste
Institut d'Histoire de la Médecine – Lausanne
Archive for Sexology Humboldt University – Berlin
The Library of Congress – Washington
Yale University Library – New Haven
Musee d'histoire de la Médecine – Paris
Sigmund Freud Museum – Wien
Foto Mariani – Ventimiglia
Studio Esseci – Padova

Irene Battino, Sergio Bon, Flavio Braulin, Sergio Campagnolo, Alberto Cane, Mauro Caselli, Alberto Craievich, Massimo Degrassi, Gloria Deotto, Fabrizio Foni, Dorotea Giorgi, Susanna Gregorat, Erwin J. Haeberle, Marina Lippolis, Giuseppe O. Longo, Brian Moloney, Federica Moscolin, Michela Nacmias, Suzanne Ostini, Edoardo Plazzi, Alessandra Rinaldi, Giuliana Samueli, Marina Sanzin, Stefano Tuvo, Veronica Ujcich

Guarire dalla cura
Italo Svevo e i medici

a cura di Riccardo Cepach

*Ad Anna Maria
Accerboni Pavanello.*

Con un grazie.

Ottanta anni sono trascorsi dalla tragica scomparsa di Italo Svevo, avvenuta il 13 settembre 1928 in un incidente stradale verificatosi a Motta di Livenza: il Comune di Trieste – Assessorato alla Cultura ha inteso ricordare questa ricorrenza, inaugurando, proprio nel giorno del genetliaco dello scrittore, questa mostra dedicata alle relazioni tra letteratura, medicina del corpo e della mente.

Potrà apparire forse un po' paradossale far coincidere in un'unica occasione la morte, il compleanno, una rassegna intitolata "Guarire dalla cura", ma abbiamo ritenuto che questa scelta potesse opportunamente sdrammatizzare, con un filo di ironia, quell'"anniversarite", quell'ansia commemorativa che continuamente rischia di incombere sui "cartelloni" culturali di città e istituzioni.

È inoltre un'occasione per far ulteriormente conoscere la sede provvisoria del Museo Sveviano, che per alcuni anni, in attesa del definitivo allestimento a palazzo Biserini, verrà ospitato in via Madonna del Mare, insieme agli altri musei "letterari".

Nel 2007 tema del compleanno sveviano fu il rapporto tra lo scrittore e l'ambiente artistico triestino, in particolare l'amicizia con Umberto Veruda. E fu il Museo Revoltella, insieme al Servizio Bibliotecario Urbano, a esporre dipinti, libri, documenti.

Quest'anno il campo di ricerca si è invece spostato alla medicina, in un originale tragitto che a cavallo tra '800 e '900 interseca anche nell'interessante scenario triestino fiducia, ottimismo, scetticismo, scienza, ciarlataneria.

Massimo Greco
Assessore alla Cultura

Il nostro Svevo ancora una volta si dimostra acuto percettore della contemporaneità e, a partire dalle opere, ma non dimenticando le sue carte private, ci accompagna in un viaggio innanzi tutto interiore. L'intrigante tema della malattia e della cura, declinato in tutte le sue possibili varianti, offre molteplici spunti di lettura a chi vi si accosti. Non solo la malattia come male di vivere e la cura come "fontana dell'eterna giovinezza", ma fotografia della visione positivistica di fine Ottocento, exursus nella storia della medicina occidentale, occasione di confronto con i contemporanei tabù, fissazioni e panacee.

Con la raccolta di saggi qui presentati, la cui pubblicazione coincide con una mostra e un video dedicati allo stesso tema, desideriamo richiamare l'attenzione sulla modernità di Italo Svevo, – a cui non a caso molti grandi artisti viventi dichiarano di richiamarsi – autore che esplora i temi eterni della condizione umana.

Bianca Cuderi
Direttore Servizio Bibliotecario Urbano

Siglario

Nel presente volume si è fatto uso delle seguenti abbreviazioni:

TO, I = Italo Svevo, *Tutte le Opere*, a cura di M. Lavagetto, vol. I, *Romanzi e "Continuazioni"*, edizione critica con apparato genetico e commento di Nunzia Palmieri e Fabio Vittorini, Milano, Mondadori, 2003
TO, II = Italo Svevo, *Tutte le Opere*, a cura di M. Lavagetto, vol. II, *Racconti e scritti autobiografici*, edizione critica con apparato genetico e commento di Clotilde Bertoni, Milano, Mondadori, 2003
TO, III = Italo Svevo, *Tutte le Opere*, a cura di M. Lavagetto, vol. III, *Teatro e Saggi*, edizione critica con apparato genetico e commento di Fabio Bertoni, Milano, Mondadori, 2003
Cart. = Italo Svevo, *Carteggio con James Joyce, Valery Larbaud, Benjamin Cremieux, Anne Marie Comnene, Eugenio Montale, Valerio Jahier*, a cura di B. Maier, Milano, Dall'Oglio, 1965
Epist. = Italo Svevo, *Opera Omnia*, a cura di B. Maier, vol. I, *Epistolario*, Milano, Dall'Oglio, 1966

Introduzione

«Io arrivai troppo tardi. L'ammalato era bello e ristabilito» dice il dottor Riccioli, protagonista della incompiuta commedia di Svevo *Degenerazione*. «I medici [...], se hanno commesso un errore, lo seppelliscono» gli fa eco Giovanni Chierici de *La rigenerazione*. La figura del medico è spesso oggetto di satira feroce nelle pagine dello scrittore triestino. Una satira che si alimenta dei proclami sensazionalistici e della reclame ciarlatanesca dei tanti sedicenti benefattori dell'umanità che affollano i giornali dell'epoca. Apprendisti stregoni, come li definisce Alberto Cavaglion, che promettono l'elisir di lunga vita giustappunto scoperto nell'acqua fredda, o calda, nell'elettricità, nel sole, nel succo di limone, nello yogurth, nei testicoli di scimpanzé. Allo stesso tempo, però, Svevo sa che in nessun momento della storia umana la medicina ha fatto tanti progressi quanti lungo l'arco della sua stessa vita, che mai l'occhio della scienza si era spinto tanto in profondità dentro il corpo e dentro la stessa anima dell'uomo, che mai si era giunti prima a scandagliarne perfino l'inconscio. Per questo non cessa mai di leggerne, di informarsi, di scriverne. E per questo non cessa mai di interessarsi agli uomini che di questi progressi, veri o presunti, attuali o chimerici, sono i nobili o ignobili padri.

Del resto non esiste un tema più sveviano del rapporto fra salute e malattia che è il vero centro nevralgico dell'opera di Italo Svevo: la malattia è la metafora in base alla quale si declinano tutte le successive (e sovrapposte) manifestazioni della diversità del personaggio sveviano: inettitudine, senilità, nevrosi. Il malato e il sano stanno sempre ai due lati di un confine, di una frattura. Alla fine, somma ironia, possono addirittura scambiarsi il posto, ma rimangono ugualmente distanti, quasi appartenenti a due specie diverse. E il medico, che dovrebbe essere il *passeur*, il traghettatore che aiuta il malato a raggiungere il territorio della salute più spesso ci appare come il custode, la guardia confinaria di quella frattura, amministratore che norma caratteri e comportamenti e stabilisce i confini del territorio nosologico: talvolta li restringe, più spesso li allarga a suo potere.

Del complesso progetto del Museo Sveviano intitolato *Guarire dalla cura*, che comprende oltre al presente volume anche una mostra dedicata a *Italo Svevo e la medicina* (19 dicembre '08 – 29 agosto '09) e un video-documentario dallo stesso titolo, è sembrato perciò opportuno dedicare una parte più specificamente alle figure dei medici, di cui le pagine dello scrittore triestino sono letteralmente affollate. La prima pagina dell'*Epistolario* di Svevo, nell'edizione di Bruno Maier del 1968, si apre con una lettera al fratello Elio che si trova al Cairo in un estremo, sfortunato tentativo di ritrovare la salute e le sue prime parole sono: «Carissimo Elio, Non a pena ricevetti la tua particolare corsi dal Dr. Levi». A partire da questa, di corse dal medico, di consulti, pareri, diagnosi, di occhi indagatori, orecchi auscultanti e mani palpeggianti, ne troviamo dappertutto nelle pagine di Svevo, in quelle private come in quelle romanzesche, nei saggi, negli articoli, nelle commedie, nelle novelle. Nell'accingerci a censirle, primo passo per un'indagine che pretendeva a qualche sistematicità, ci siamo subito accorti che la materia minacciava di sommergerci e abbiamo cercato di suddividerla, indirizzarla, disciplinarla. Ma a ogni nuovo nome, a ogni personaggio che incontravamo, figura storica o *silhouette* letteraria che fosse, la tentazione di saperne di più, di capire da dove venisse e in che modo si collocasse nel quadro che venivamo delineando, ci costringeva a lunghe soste, a nuove indagini. Alla fine, serve dirlo?, ci siamo persi nella folla. La verità è che del materiale che le ricerche hanno prodotto non è stato possibile utilizzare che una parte, – no, piccola no, ma neppure grande quanto si avrebbe voluto – per non parlare dei filoni di ricerca trascurati, delle ipotesi di studio intraviste e subito abbandonate. Non è bastata la pubblicazione dei presenti corposi e tutti densi saggi, non l'allestimento di una mostra che, salva la continuità, ha un'autonomia di percorso e di taglio narrativo, non la realizzazione del documentario, in cui abbiamo cercato di raccontare questo percorso in un modo ancora diverso e con particolari di nuovo inediti. Diverso materiale abbiamo deciso di metterlo a disposizione sul sito Internet del museo (www.museosveviano.it) attraverso il quale il visitatore può prendere virtuale visione del percorso espositivo e approfondire aspetti lasciati in ombra. Altra roba ancora aspetterà occasioni più propizie.

Ma alcune vestigia delle ambizioni insoddisfatte che il progetto *Guarire dalla cura* lascia dietro di sé sono, temo, fin troppo riconoscibili in questo stesso volume. Non nasce come appendice ma come sezione organica del progetto l'indagine di Erik Schneider sui medici in carne e ossa, quelli che Svevo ha davvero incontrato nella sua vita e di cui tanto spesso ci racconta. Si trasforma in appendice a mano a mano che le sue dimensioni si ampliano al punto da minacciare di fagocitare l'intera pubblicazione. Così che, anziché a tutte le figure di medico di cui Svevo ci parla, la riserviamo in un primo momento soltanto a quelle dell'ambiente triestino (lasciando purtroppo in ombra figure di straordinario interesse come Eugenio Tanzi, che pure era triestino di origine, e Augusto Murri, tanto per fare due esempi), e poi solo ad alcuni fra essi, a vario titolo ritenuti più significativi. E di più avrebbero voluto dire anche gli altri autori che qui si presentano: Alberto Cavaglion, innanzitutto, che sul rapporto fra Svevo e i medici già molto aveva detto e scritto prima d'ora, ma che con vero entusiasmo ha accettato di prendere parte a questo progetto e ci ha dato un inquadramento efficacissimo e sintetico della intera problematica trattata, inseguendo Svevo sul terreno delle sue antipatie e delle sue ostilità per svelarcene il senso profondo. E forse di più avrebbe voluto dire anche Laura Nay coinvolta con la preghiera di portare avanti lungo l'asse temporale e di focalizzare su Italo Svevo l'opera già eccellentemente svolta nel suo saggio dedicato ai fantasmi "del corpo e della mente", alle malattie cui la narrativa *fin de siècle* sa così bene dare realtà: né si è limitata a ciò che la sua panoramica si allarga invece in modo vertiginoso e ci restituisce intero il quadro culturale di un'epoca.

È certo invece che avrebbe voluto dire ancora di più Anna Maria Accerboni, alla cui memoria questo volume è dedicato, che nelle pagine di questo saggio sveviano ha voluto mettere i suoi ultimi tesori di intelligenza e di passione intellettuale, chiudendo su di esse la sua lunga esperienza di storica della psicanalisi. Anzi, al suo contributo neppure ha avuto modo di dare l'ultima revisione, portare gli ultimi ritocchi, fare le ultime verifiche bibliografiche, così che in certi casi – pochi – si è intervenuto a integrare qualche citazione, a uniformare qualche criterio e in altri – pochissimi, per fortuna – i riferimenti sono rimasti incompleti. Ma non è soltanto per averci voluto dedicare le sue ultime ore di lavoro che dobbiamo gratitudine a Anna Maria Accerboni. Molta di più gliene dobbiamo per la parte attiva che fin dal primo momento ha avuto nella progettazione stessa di *Guarire dalla cura*. Da prima ancora che si chiamasse così, dalle prime discussioni, ancora svagate e distratte, nella vecchia, disfunzionale e suggestiva sede del Museo di piazza Hortis. Il progetto, la mostra, i saggi, il video sono nati in quelle discussioni in cui era emersa subito la differenza di approccio e le diverse opinioni che ci caratterizzavano e che mai sono state di ostacolo allo sviluppo del discorso e, tutto all'opposto, gli hanno dato il suo carattere. Il lettore attento che affronterà *La sfida di Italo Svevo alla psicoanalisi: guarire dalla cura* di Anna Maria Accerboni e il mio saggio l'uno di seguito all'altro riconoscerà facilmente le tracce di quelle riflessioni e di quelle discussioni. A posteriori potrebbe sembrare un dialogo fra sordi, vista la distanza negli esiti rispettivi, ma – salve le differenze – la concentrazione e l'impegno nel dare la *propria* risposta è figlia di quelle lontane discussioni e la passione è quindi la stessa. Ed è la stessa la consapevolezza, che nasce per reciproca influenza, che nell'ultimo Svevo si assiste a una svolta, a una liberazione da una precedente forma di prigionia mentale. Vero è che poi gli esiti restano inconciliabili: uno tutto interno a un orizzonte psicanalitico, uno che ne postula una uscita di slancio. E visto che è così, non si dirà che è in segno di omaggio o in ossequio al precetto del *nihil nisi bonum* se ammetto che il suo contributo mi sembra ora il vero risultato di questa ricerca e di questo progetto, il più centrato, il più rigoroso. Non solo in virtù delle significative novità che porta riguardo, si vedrà, alla tematica del fumo nella *Coscienza*, ai rapporti di Svevo con gli psicanalisti, alla travagliata storia del cognato Bruno Veneziani, di cui tanto abbiamo parlato assieme; non solo per i documenti inediti che contiene. Ma soprattutto per la dimostrazione che vi si legge di una libertà di analisi che non si esercita negando le proprie premesse culturali ma rifiutandone la loro rigidità (dal suo lavoro è bandita la rozza nozione di "resistenze" sveviane alla psicanalisi), accogliendo la parola dell'altro anche quando è quella un paziente bugiardo (che per di più non esiste), come Zeno, e traendone tutti gli insegnamenti utili. La stessa libertà che le permette una così sorprendente rilettura del celebre e controverso episodio dello "scontro" fra Svevo e quello psicoanalista triestino, Edoardo Weiss, che – non dimentichiamolo – è stato l'oggetto delle ricerche più lunghe e appassionate e uno dei protagonisti del *curriculum* scientifico di Anna Maria Accerboni Pavanello.

r.c.

Alberto Cavaglion

«*Non guariscono però mai*»
L'avversione di Svevo per i medici: scienza e letteratura

Vecchiaia e malattia sono universalmente noti come due grandi motivi della poetica sveviana. Ed anche al più frettoloso lettore della *Coscienza* non sarà sfuggita la prefazione, firmata personalmente da un medico, anzi da un analista, il quale, con prosa scientifica e fredda, suggerisce una lettura del romanzo come «la novella di un paziente». Un po' meno noti, e non ancora allineati in una asettica anticamera di studio mi sembrano i profili arcigni dei medici presenti nell'opera di Svevo, non tutti in carne ed ossa, come vedremo, ma quasi tutti arcigni. Chirurghi, flebotomi, docenti illustri, acconciaossa, guaritori, praticoni d'ogni sorta s'agitano negli interstizi di novelle, corrispondenze famigliari, romanzi maggiori, favole, commedie.

Fino a non molto tempo fa il tema della salute e della malattia in Svevo era affrontato seguendo due principali linee direttive: quella esistenzialistica – le malattie dell'essere – e quella politico-sociologica (la nevrosi psichica come sintomo della decadenza morale di una classe, la borghesia triestina). Nell'uno come nell'altro caso si è proceduto senza tener conto di quali medici e di quali mali effettivamente si parli, né di quali figure l'autore si serva per lenire la sua insicurezza esistenziale o, se si vuole, per sedare le sue incertezze di borghese, di fronte ad un avvenire politico poco rassicurante. Eppure, soltanto nella *Coscienza*, c'è una ricca enciclopedia medica da consultare, per capire un autore che della malattia fisica aveva una tale ossessione da trasmettere al suo personaggio maggiore, Zeno, un vero e proprio terrore per il decadimento fisiologico dell'organismo, si pensi soltanto all'agonia del padre di Zeno, in una sequenza che colpì Primo Levi, al punto da farne oggetto di una riflessione assai acuta nel suo ultimo libro, *I sommersi e i salvati*.[1] Né si dimentichi che, per meglio spa-

---
1. P. Levi, *I sommersi e i salvati*, in *Opere*, a c. di M. Belpoliti, Torino, Einaudi, 1987, vol. I, pp. 1050.

Alberto Cavaglion

Ritratto di Serge Voronoff nel 1924 (Prints & Photographs Division. The Library of Congress - Washington). Voronoff è ricordato soprattutto per la sua operazione di ringiovanimento che prometteva ad anziani e facoltosi pazienti un recupero di forza e vitalità attraverso l'innesto di testicoli di scimpanzé. Svevo lo cita nel saggio *Ottimismo e pessimismo* (cfr. pp. 17, 41 n. 24, 163).

ventare Augusta, Zeno dice: «Le mie gambe, nelle quali la circolazione era certamente già povera, si sarebbero incancrenite e la cancrena dilatata, sarebbe giunta a toccare un organo qualunque, indispensabile per poter tener aperti gli occhi. Allora li avrei chiusi, e addio patriarca!».[2]

Oziosi perdigiorno, i medici sveviani o non hanno clientela o godono del privilegio di una clientela fissa, garantita dallo stipendio di una società d'affari. Numerosi gli omaggi al clima positivistico e criminologico dell'epoca. E' affetto, per esempio, da «prognatismo» il fratello di Zeno, nel secondo sogno dell'ultimo capitolo. Ora, è noto che la sporgenza della mandibola inferiore, il prognatismo, è, con la fronte sporgente e il naso trilobato, una delle tre caratteristiche encefaliche individuate da Lombroso per il suo "uomo delinquente".[3]

Una seconda, piccola premessa è necessaria. Dal nostro punto di vista la *Coscienza* è di gran lunga il terreno più fertile, ma non l'unico. Ricordo solamente la cura Voronoff, che è il motore della commedia *Rigenerazione*; in *Senilità* è appena il caso di dire che Brentani, con uno straordinario atto mancato *ante literam*, dimentica di chiamare il medico per la sorella e anticipa in questo Zeno e Ada, responsabili rispettivamente del tardivo intervento in soccorso del padre e di Guido agonizzanti. Quanto ai racconti e alle pagine sparse non abbiamo che l'imbarazzo della scelta. Per non parlare di quella straordinaria miniera di informazioni, di medicina popolare e «colta», che sono l'*Epistolario* (massime il carteggio con Livia) e il *Diario* di Elio: si va dal ghiaccio della buona zia Peppina Schmitz al dottor Murri, scienziato bolognese, passando ovviamente per Sigmund Freud, che avrà in cura, senza risultati, Bruno Veneziani. C'è materiale sufficiente per un capitolo di storia della medicina a Trieste, negli anni che precedono il ciclone psicanalitico.

Nessuna specializzazione è esclusa da questo angusto *Krankenhaus*: c'è l'oculista del vecchio Zeno, l'ostetrico di Ada, vari medici generici, un gastroenterologo, un elettrofisiologo. Il dottor S. è in buona compagnia, la sua figura è preminente solo sul piano strutturale del racconto. Di lui il lettore non sa quasi niente; forse la sua fama all'interno della critica sveviana è sproporzionata e tale squilibrio è dovuto al particolare, non trascurabile certo, che il dottor S. sia di fatto il primo psicanalista a figurare in un romanzo della letteratura italiana. Ma se si procede più analiticamente si vedrà che mentre degli altri colleghi ci fornisce un ritratto pauroso, talvolta allucinato, Svevo non ci dà una descrizione fisica del dottor S. «Svevo è in realtà ossessionato dalla figura del medico, del medico organicista di preferenza, figura paterna e protettiva che i suoi eroi, con atti mancati, sintomi di delinquenza inconscia, negano agli esseri che gli sono vicini», scrive Michel David.[4] L'affermazione merita di essere approfondita, al fine di illuminare meglio le articolazioni di questo tema naturalista e balzacchiano.

---

2. *La Coscienza di Zeno*, TO, I, p. 793.
3. Per ulteriori indicazioni sulla cultura scientifica di Svevo rinvio alle voci "Scienze" e "Medici" del mio libro *I. Svevo*, Milano, B. Mondadori, 2000, pp. 106-109 e 150-155.
4. M. David, *La psicoanalisi nella cultura italiana*, Torino, Boringhieri, 1970, p. 390.

Esistono nell'opera di Svevo tre tipi di medici, tre categorie. Ci sono innanzitutto i dottori dell'antichità, i protagonisti del passato, emblemi di una singolare storia della medicina, rivissuta in termini spesso scherzosi, i cerusici (è termine adoperato da Svevo stesso) e sono quelli che noi, per comodità, potremmo definire «medici letterari», essendo il dispositivo della citazione dotta il meccanismo attraverso il quale vengono riportati sulla pagina. Ci sono poi – e sono i più numerosi – i medici totalmente inventati dalla fantasia dello scrittore, il che non significa, beninteso, che non siano esistiti mai, visto che possono avere alle spalle professionisti triestini realmente attivi a Trieste, negli anni della stesura dei romanzi maggiori. Certo è che Svevo con i medici non si comporta come con i poeti. Nel senso che, mentre questi ultimi (il povero carducciano Filippo Zamboni, per esempio, l'autore dei versi alla luna derisi da Guido) sono ricordati con il loro nome e cognome, quando si tratta di presentare un dottore, per scaramanzia, Svevo preferisce trincerarsi dietro ad uno pseudonimo tranquillizzante, secondo un banale accorgimento usato anche per se stesso. In altre parole direi che i medici della *Coscienza* – i Muli, i Mali, i Paoli appunto – altro non siano che gli Ettore Samigli, gli Alfonso Nitti, gli Zeno Cosini e magari gli Italo Svevo della medicina creata dall'immaginazione di Ettore Schmitz. La terza ed ultima categoria è rappresentata dai medici realmente esistiti, chiamati in causa con il proprio nome e quasi sempre – essendo famosi uomini di scienza – con il titolo del più famoso libro pubblicato. Alla descrizione fisica subentra in questo caso l'analisi critica della loro produzione scientifica.

I medici "letterari", i padri fondatori della medicina classica, per regola non esplicitata, non possono guarire, ma consolano: con la loro secolare saggezza dimostrano l'eternità del dolore, l'immutabilità della malattia, l'inevitabilità della vecchiaia. Sono medici-filosofi. I clinici del secondo gruppo sono i peggiori, la manifestazione estrema della perfidia umana: non ne azzeccano una, fanno più danni che benefici, in più sono vanagloriosi. Gli scienziati del terzo gruppo sono una via di mezzo fra i primi e i secondi: illudono in un primo tempo, ma poi lasciano l'amaro in bocca. Aprono un varco alla speranza, poi alla fine deludono, ma non sono l'incarnazione del male.

Due sono i prototipi della medicina "storica". Provengono non dalla tradizione greco-romana, ma dalla storia della letteratura. Il dato non è senza significato per il tipo di fonti consultate dallo scrittore triestino. Si giunge alla consultazione di una trattatistica medico-scientifica passando per un classico della letteratura italiana. Capitolo primo della *Coscienza*: il fumo. Commenta Zeno: «Adesso che sono vecchio e che nessuno esige qualche cosa da me, passo tuttavia da sigaretta a proposito e da proposito a sigaretta. Che cosa significano oggi quei propositi? Come quell'igienista vecchio, descritto dal Goldoni, vorrei morire sano dopo di esser vissuto malato tutta la vita?».[5]

---

5. *La coscienza di Zeno*, cit., p. 633.

Nei *Mémoires* goldoniani si trova la matrice esatta di questa amara confessione: «Nos Médecins ordinaires nous soignent quand nous sommes malades, et tâchent de nous guérir, mais ils ne s'embarassent pas de notre régime, quand nous nous portons bien». Goldoni sta parlando di un'opera settecentesca di M. Robert, Docteur Régent de la Faculté de Paris. Probabile che, passando per Goldoni, Svevo sia risalito al *Traité de la Vieillesse* di Robert, che avrà saziato indicibili curiosità dell'inesperto impiegato Ettore Schmitz, lettore indefeso alla Civica biblioteca di Trieste sia dell'autobiografia goldoniana sia di questo originale testo medico-filosofico sulla categoria della "senilità". Il trattato di Robert, commenta Goldoni, «n'est pas aussi sévere que l'Ecole de Salerne, et ne conseille pas la régime de Louis Cornaro, qui vécut cent ans malade pour mourir en bonne santé». Luigi Alvise Cornaro (o Correr) era un nobile veneziano, autore di un libro *Della vita sobria* (1558), dove appunto si parla, anzi si idealizza, la figura dell'igienista che vorrebbe morire sano dopo di esser vissuto malato tutta la vita.[6] Dunque, l'intertestualità sveviana ha due livelli: Goldoni, ma dietro a lui Cornaro e Robert. Come si vede l'interesse di Svevo per la medicina ha singolari mescolanze: addirittura la scuola di Salerno abbinata alla grazia della Serenissima, con un pizzico di saggezza parigina dovuta a Robert.

Un secondo medico per così dire umanista lo incontriamo verso la fine del libro. Ultimo capitolo: «Psico-analisi». Zeno tenta invano di sedurre Teresina e si collega a Boccaccio, facendo il sunto di una novella minore del *Decameron* (I, 10): *Maestro Alberto onestamente fa vergognare una donna la quale lui d'essere di lei innamorato voleva far vergognare*. Assai meno onestamente Zeno cerca di imitare il protagonista della novella boccaccesca. Alla dichiarazione d'amore Madonna Margherita de' Ghisolieri rispondeva con grazia aristocratica: «Il vostro amor m'è caro sì come di savio e valente uomo esser dee; e per ciò, *salva la mia onestà* [la sottolineatura è sveviana], come a cosa vostra ogni vostro piacere imponete sicuramente». Qui il dispositivo narrativo è assai più complesso del caso precedente di Goldoni. L'ironia si nutre del contrasto di classe, fra l'aristocratica Margherita e la contadinella friulana. «Quando ti dedicherai ai vecchi?», grida Zeno. «Quando sarò vecchia anch'io», è la risposta popolaresca della Zerlina di Lucinico.[7] Ma anche Maestro Alberto, come Luigi Alvise Cornaro, è un medico illustre, un personaggio non minore della storia della medicina fiorentina, autore a sua volta di libri e trattati. L'arringa di questo antenato di Augusto Murri, laureato nella dotta Bologna, merita di essere letta pensando al giovane impiegato Schmitz, durante le ore trascorse in biblioteca. E l'intera allocuzione del medico boccaccesco merita di essere riletta perché aiuta a dare spessore al tema della vecchiaia connesso in Svevo al tema della vergogna: «La speranza la quale mi muove, che io vecchio ami voi amata da molti giovani, è questa: io

---

6. C. Goldoni, *Mémoires*, Milano, Mondadori, 1935 (edizione Ortolani), pp. 563 e sgg.
7. *La coscienza di Zeno*, cit., p. 1069.

sono stato più volte già là dove io ho veduto merendarsi le donne, e mangiare lupini e porri; e come che nel porro niuna cosa sia buona, pur men reo e più piacevole è il capo di quello, il quale voi generalmente, da torto appetito tirate, il capo vi tenete in mano, e manicate le frondi, le quali non solamente non sono da cosa alcuna ma son di malvagio sapore».

Dai medici storico-letterari passiamo agli immaginari. Il primo accorre nel capitolo iniziale della *Coscienza*, per curare Zeno adolescente, afflitto da un male di gola e tormentato dai complessi di colpa per i furtarelli di sigari Virginia dal taschino paterno: «Il dottore prescrisse il letto e l'assoluta astensione dal fumo. Ricordo questa parola *assoluta!* Mi ferì e la febbre la colorì: un vuoto grande e niente per resistere all'enorme pressione che subito si produce intorno ad un vuoto». E potremmo fermarci qui, davanti ad una fra le definizioni più persuasive della medicina: «Un vuoto grande e niente per resistere».[8] La prima esperienza pediatrica, il piccolo trauma infantile segnano il futuro dello scrittore, aprono le porte al suo pessimismo: l'impossibilità della cura, la vanità di ogni accanimento terapeutico, il significato residuale della stessa medicina, ridotta a mero strumento conoscitivo, volto a soddisfare una banale curiosità intellettuale, senza alcuna valenza lenitiva.

Segue a poca distanza un secondo dottore immaginario, ancora un volto senza nome, ma facilmente individuabile: l'elettrofisiologo. Un secondo personaggio illuminante e paradigmatico. È noto come, fra i molti stravaganti precursori della psicanalisi, lo ha spiegato bene Ellenberger nella *Scoperta dell'inconscio*, sia da annoverarsi la terapia elettrica di Johannes von Müller e Ernst Brücke, amico e collega di Freud in anni decisivi. Era questa sperimentazione, sorta in Italia con Luigi Galvani assai diffusa e studiata da Carlo Matteucci. Di questo *pedigree* della terapia elettrica poco si curava Svevo. Il ritratto dell'elettrofisiologo è spregiativo: «Il dottore aveva una grande pancia e la sua respirazione asmatica accompagnava il picchio della macchina elettrica messa in opera subito alla prima seduta».[9] Non entrano in scena le sue competenze, ma un altro tema, egualmente balzacchiano: quello del denaro. Tutti i medici inventati da Svevo non solo arrivano in ritardo, ma pensano sempre in prima istanza alla propria parcella, quasi mai alla salute di chi li ha chiamati. È però curioso – e va notato – l'identico sentire di medico e di paziente, la tendenziale sovrapposizione delle parti, che è ricorrente in Svevo. Quando un medico sa di essere sulla strada di una nuova scoperta terapeutica, Svevo e i suoi personaggi iniziano subito, per spirito di emulazione, a farsi medici di se stessi: già a partire dalla seconda seduta con l'elettrofisiologo Zeno inizia a parlare dei suoi problemi con le donne («Le desideravo tutte ...»). E proprio ad un coraggioso pre-freudiano sen-

---

8. Ivi, p. 631.
9. Ivi, p. 635.

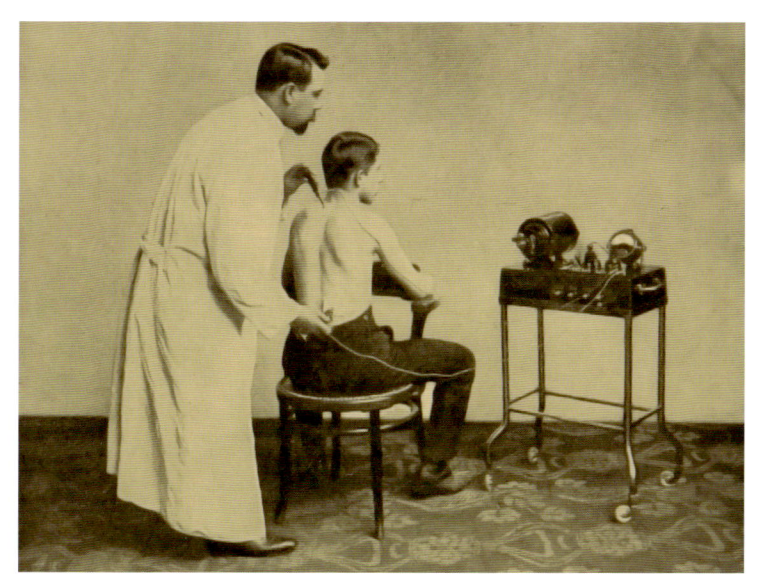

Moderne Galvano-Faradisation mittels Eletroden (da Hans Kraemer, *Der Mensch und die Erde*, Berlin-Leipzig-Wien-Stuttgart, Bong, 1912, vol. IX).

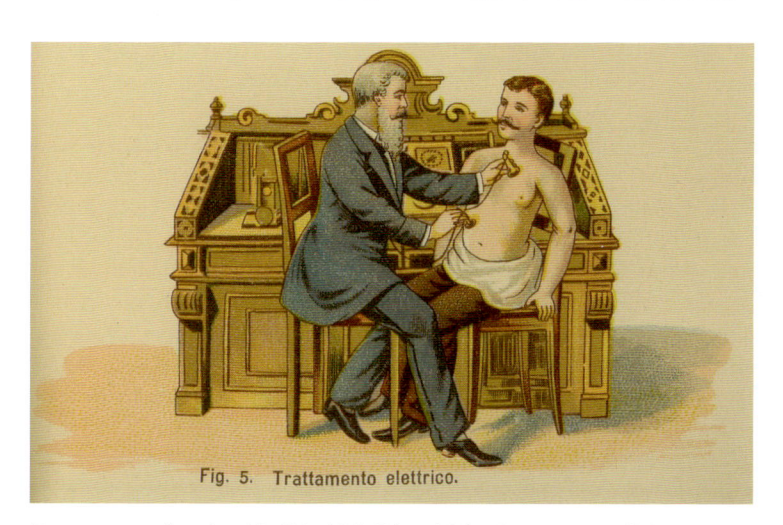

Trattamento elettrico (da Friedrich Eduard Bilz, *La nuova medicina naturale*, trad. it., Leipzig, Bilz, s.d. [1900], vol. II). Il rocchetto a induzione (o rocchetto di Ruhmkorff) era uno strumento molto diffuso attraverso il quale si praticava l'elettroterapia che si riteneva particolarmente indicata per le affezioni nervose; Svevo ne parla nella *Coscienza di Zeno* in virtù di un'esperienza diretta sotto la guida del dott. Alessandro Marina (cfr. p. 25 e la scheda su Marina a p. 201).

tirà il dovere di dire, con l'ispirazione di un profeta della scienza, che l'analisi è precorsa dal paziente: «Giunsi a parlare con lui come s'egli avesse potuto intendere la psico-analisi ch'io, timidamente, precorsi».[10]

Limitando l'analisi alla sola *Coscienza* è poi curioso osservare la marginalità geografica dei medici: essi hanno il proprio studio o la propria abitazione non in centro alla città, ma in periferia, sicuramente lontano dalle dimore dei propri assistiti. E questo è già un segnale di una condizione di ricercata marginalità del malato e della malattia. La Svizzera, anzi l'Isvizzera è il «paese classico delle case di salute»; Bologna e poi il Lago Maggiore, dove andrà Ada durante la convalescenza, sono altri indizi di questa voluta rimozione geografica del malato; addirittura da una clinica in Stiria torna il povero Copler senza essere riuscito a curarsi la sua nefrite. Non per lavorare, ma per sfuggire al dramma bellico, infine, si nasconderà in Svizzera lo stesso dottor S.

A Trieste invece è collocato l'ospedale del dottor Muli, lo «stabilimento» per bambini e puerpere nel quale Zeno si fa ricoverare, d'intesa con Augusta. La seducente immagine di lui che possediamo («Era un bel giovane. Si era in pieno d'estate ed egli, piccolo, nervoso, la faccina brunita dal sole nel quale brillavano ancor meglio i suoi vivaci occhi neri, era l'immagine dell'eleganza, nel suo vestito bianco dal colletto fino alle scarpe»),[11] non deve trarre in inganno. La sua prestanza fisica è uno strumento inerente alla sua perfidia, serve a rendere più crudele la sofferenza del malato, roso dalla gelosia. Né d'altra parte delle qualità professionali del dottor Muli, della sua deontologia, Zeno avrà molto da dire, visto che il dottore esce quasi subito di scena.

Ben altro peso ha il dottor Coprosich, chiamato dalla governante la sera in cui il padre di Zeno si sente male: «Allora il dottore avrà avuto poco più di quarant'anni. S'era dedicato alla medicina legale e, per quanto fosse notoriamente un buonissimo italiano, gli venivano affidate dalle imperial regie autorità le perizie più importanti. Era un uomo magro e nervoso, la faccia insignificante rilevata dalla calvizie che gli simulava una fronte altissima. Un'altra sua debolezza gli dava dell'importanza: quando si levava gli occhiali (e lo faceva quando voleva meditare) i suoi occhi accecati guardavano accanto o al di sopra del suo interlocutore e avevano curioso aspetto degli occhi privi di colore di una statua, minacciosi, o, forse, ironici. Erano degli occhi spiacevoli».[12] Un anno prima della malattia del padre, Zeno aveva già accompagnato il genitore in un gabinetto medico; ancora un volto anonimo ed ancora una tiritera spietata: «Costui prescrisse qualche medicinale e ci disse di ritornare da lui qualche settimana dopo. Ma mio padre non volle, dichiarando che odiava i medici quanto i becchini e

---

10. Ivi, p. 636.
11. Ivi, pp. 641-2.
12. Ivi, p. 670.

non prese neppure la medicina prescrittagli perché anch'essa gli ricordava medici e becchini».[13]

Il medico non è mai definito da Svevo per quello che realmente è chiamato a fare o soltanto a spiegare; spesso il suo profilo scivola in una sottospecie: un becchino, oppure un veterinario, come lo sconosciuto professionista che incontriamo nel capitolo sul matrimonio: «Una volta ci fu un vero errore: una specie di veterinario, nelle cui mani m'ero posto, s'ostinò ad attaccare il mio nervo sciatico coi suoi vescicanti e finì coll'essere beffato dal mio dolore che improvvisamente, durante una seduta, saltò dall'anca alla coppa, lungi perciò da ogni connessione col nervo sciatico. Il cerusico si arrabbiò e mi mise alla porta ed io me ne andai – me lo ricordo benissimo – niente affatto offeso, ammirato invece che il dolore al nuovo posto non avesse cambiato per nulla. Rimaneva rabbioso e irraggiungibile come quando m'aveva torturato l'anca. E' strano come ogni parte del nostro corpo sappia dolere allo stesso modo».[14] Becchini o veterinari, eppure orgogliosi del loro status sociale, i medici sveviani sono votati al fallimento. E' il corpo umano a farsi beffa di loro. Non solo beffa, ma anche insulto nell'incubo di Basedow: «Dagli all'untore».

Sorvolando sul chirurgo che faticosamente riesce a far venire alla luce i due gemelli di Ada, è il momento adesso di presentare il dottor Paoli, la cui permanenza in scena non fa di lui una comparsa, a dispetto del nome che Svevo gli impone, del tutto insignificante, come era il dottor Muli (ma non l'evocativo dottor Coprosich). Il dottor Paoli è il medico di fiducia della famiglia Malfenti, è il medico che cura fino alla morte il povero Copler. E sarà chiamato da Ada, dopo che questa si è accorta dell'eccessivo ottimismo del dottor Mali, quando Guido ha tentato per la seconda volta il suicidio. Non basta: il dottor Paoli sarà scelto da Zeno come l'alfiere della medicina organicista nella battaglia finale tra la diagnosi del dottor S. (complesso di Edipo) e la diagnosi di Paoli (diabete). Dunque, un personaggio importante, che dovrebbe incarnare la medicina tradizionale di fronte all'incalzare della modernità. La descrizione non si scosta dal tradizionale *cliché:* «Era un medico giovine che aveva però già saputo conquistarsi una buona clientela. Era biondissimo e rosso come un ragazzone». La novità consiste in un particolare fisico, su cui si gioca il confronto con lo psicoanalista, l'occhio: «Nel potente organismo il suo occhio era però tanto importante da rendere seria ed imponente tutta la sua persona. Gli occhiali lo facevano apparire più grande ed il suo sguardo si attaccava alle cose come una carezza. Ora che conosco bene tanto lui che il dottor S. – quello della psicoanalisi – mi pare che l'occhio di questi sia indagatore per intenzione, mentre nel dottor Paoli lo è per una sua instancabile curiosità. Il Paoli vede esattamente il suo cliente, ma anche la moglie di questi e la sedia su cui poggia. Dio sa

---

13. Ivi, p. 659.
14. Ivi, p. 769.

quale dei due conci meglio i suoi clienti!».[15] In apparenza lo scontro epocale fra vecchia medicina e nuova scienza sembrerebbe risolversi con una vittoria della seconda, l'occhio del dottor S. non ha nulla della sensualità boccaccesca di Paoli, è un occhio "indagatore per intenzione", onesto sul piano deontologico. Paoli pensa alla lucrosa parcella e allunga lo sguardo sulla sedia dove si poggia la moglie del paziente. I medici tradizionali hanno una notevole inclinazione ad abbandonare i propri ferri del mestiere e a farsi analisti, per ricavare informazioni intime. Meno scherzosamente gli occhi dei medici fanno paura perché fissano il vuoto, sono occhi «spiacevoli», privi di colore, minacciosi come quelli del dottor Coprosich, quando si toglie le proprie lenti per meditare il da farsi. Questo dettaglio ci aiuta a fare luce sulla identità del vecchio Basedow che appare nel famoso sogno: in realtà si tratta di una figura di medico. Lo si riconosce proprio dall'occhio e dallo sguardo: «Era lui che s'avanzava inseguito da quella folla: un vecchio pezzente coperto di un grande mantello stracciato, ma di broccato rigido, la grande testa coperta di una chioma bianca disordinata, svolazzante all'aria, gli occhi sporgenti dall'orbita che guardavano ansiosi con uno sguardo ch'io avevo notato in bestie inseguite, di paura e di minaccia».[16] Dunque, un dottore, e per nulla «colendissimo». Al momento del suicidio di Guido, Paoli non è in casa. Giunge, ovviamente in ritardo, il suo alter ego: «Il dottor Mali era un uomo di circa cinquant'anni, tutt'altro che una genialità, ma un medico pratico che aveva fatto sempre il suo dovere come meglio aveva potuto. Non aveva una grande clientela propria, ma invece aveva molto da fare per conto di una società dai numerosissimi membri, che lo retribuiva poco lautamente. Era rincasato poco prima ed era arrivato finalmente a riscaldarsi e rasciugarsi accanto al fuoco. Si può immaginare con quale animo abbandonasse ora il suo caldo cantuccio. Quando io mi misi ad indagare meglio le cause della morte del mio povero amico, mi preoccupai anche di fare la conoscenza del dottor Mali. Da lui non seppi altro che questo: quando giunse all'aperto e si sentì bagnare dalla pioggia attraverso l'ombrello, si pentì d'aver studiato medicina invece di agricoltura, ricordando che il contadino, quando piove resta a casa».[17] Tutti i medici inventati da Svevo o non sono degni di essere definiti tali o svolgono la loro professione di malavoglia, facendo rimpiangere le gioie di una società arcaica, contadina: basta un temporale e già rimpiangono di non aver scelto un'altra facoltà. Al letto di morte di Guido, il dottor Paoli avrà un solo compito: celare il decesso già avvenuto e far venire la signora Malfenti prima che Ada se ne accorga, ma è solo un preambolo: si annuncia uno scontro che avrebbe potuto essere epocale (medicina tradizionale contro psicanalisi) e invece sarà soltanto un donchisciottesco, "occhiuto", duello. Dice dunque Zeno: «Ero salito dal dot-

---

15. Ivi, pp. 851-2.
16. Ivi, p. 962.
17. Ivi, p. 1028-9.

tor Paoli col proposito di domandargli se credeva dovessi continuare la psicoanalisi. Ma quando mi trovai dinnanzi a quel suo occhio, freddamente indagatore, non ne ebbi il coraggio. Forse mi rendevo ridicolo raccontando che alla mia età m'ero lasciato prendere ad una ciarlataneria simile». Segue il raffronto tra le due visioni del mondo: «Il Paoli analizzò la mia orina in mia presenza. Il miscuglio si colorì di nero e il Paoli si fece pensieroso. Ecco finalmente una vera analisi e non più una psico-analisi! Mi ricordai con simpatia e commozione del mio passato lontano di chimico e di analisi vere: io, tubetto e un reagente! L'altro, l'analizzato dorme finché il reagente imperiosamente non lo desti. La resistenza nel tubetto non c'è o cede alla minima elevazione della temperatura e la simulazione manca del tutto. In quel tubetto non avveniva nulla che potesse ricordare il m'o comportamento quando per far piacere al dottor S. inventavo nuovi particolari della mia infanzia che dovevano confermare la diagnosi di Sofocle».[18] Lo scontro fra Ippocrate e Sofocle, è noto, terminerà in parità. Ma, beninteso, di pareggio, si dovrà discorrere, nella disfatta. Inutile la diagnosi sofoclea del dottor S., inutile anche la «polarizzazione» del dottor Paoli; quindi niente diabete come pure Augusta aveva sperato («Hai parlato tanto di malattie in tutta la tua vita, che dovevi pur finire coll'averne una!»).[19]

Con un intruglio affidato ad una ricetta «illeggibile» scompare dalla scena il dottor Paoli, ultimo dei medici immaginari, componenti la nostra seconda categoria. E quell'intruglio illeggibile è anche l'ultimo degli infiniti trattamenti, medicinali, strumenti sanitari presenti nel capolavoro di Svevo. Cito alla rinfusa e a ruota libera: il rocchetto di Ruhmkorff dell'elettrofisiologo, naturalmente il veronal di Guido, i sali di Karlsbad – energici purganti adoperati da Zeno a Lucinico – il cloruro di sodio, le pomate vescicanti, le mignatte di Coprosich, la gruccia e i limoni di Tullio, il «lavacro di stomaco» per il primo tentativo di suicidio del cognato, la cura del massaggio per dimagrire, il sonno ipnagogico, i poli elettrici, la camicia di forza per il vecchio Cosini. Come apprendisti stregoni tutti i medici fin qui descritti hanno sempre lì pronta la loro originalissima prescrizione. Altrettanto lungo sarebbe l'elenco delle malattie di cui si parla; oltre alle malattie psico-somatiche, agli esaurimenti nervosi, i personaggi di Svevo soffrono un po' di tutto: diatesi urica, tubercolosi, bronchiti croniche, «espulsioni» dalle guance, nefrite. Per non parlare del malore che costringe la suocera Malfenti a tenere bendati i propri occhi per più giorni, dell'edema del vecchio padre, della cecità che colpisce «il nostro più famoso compositore», Antonio Smareglia, musicista polano autore dell'opera di stampo wagneriano *Nozze istriane*, morto cieco e ricordato nella *Coscienza* come maestro del fidanzato di Carla. Né vanno trascurati gli eccessi di acidità gastrica di Zeno, l'ipotetica sua cancrena senile, i

---

18. Ivi, p. 1062.
19. Ivi, p. 1063.

reumatismi di Tullio, cagione di claudicanza isterica. Tra tutte le patologie, una prevale sulle altre: l'asma, il respiro asmatico, il rantolare. È il sintomo della malattia per antonomasia, quello che più sconvolge Zeno, per via della memoria paterna (si ricorderà la immagine della locomotiva «che sbuffa su una salita trascinando delle innumerevoli vetture»; più tardi Zeno rammenterà che quella fantasia liberamente associata durante una seduta analitica altro non era che una rimembranza dolorosa del padre moribondo: «Vanno così le locomotive che trascinano dei pesi enormi: emettono degli sbuffi regolari che poi s'accelerano e finiscono in una sosta, anche quella una sosta minacciosa perché chi li ascolta può temere di veder finire la macchina e il suo traino a precipizio a valle»).[20] Così, al capezzale di Copler, poche ore dopo il decesso: «Trasalii un momento sembrandomi che il morto ricominciasse a rantolare».[21] Non tutte le malattie sono mortali, anche se il semplice mal di denti che colpisce Copler, nella lungimirante diagnosi dell'inetto dottor Paoli, sarebbe il segno «orrendo» che preannuncia la paralisi.

Diffidando dei medici dal sontuoso *cursus honorum*, Svevo opta per i dilettanti, gli amici, sedicenti terapeuti, la cui vocazione è spesso maggiormente affidabile, anche se non sono muniti di una laurea. Per capire meglio il proprio dolore Tullio abbandona addirittura l'impiego e si fa medico in proprio: «Più che per la cura aveva bisogno di un lungo permesso dalla banca per approfondirsi in quello studio». I risultati sono al solito strampalati: «Poi mi raccontò che stava facendo una cura strana. Mangiava ogni giorno una quantità enorme di limoni». Ma l'ardore dilettantesco è genuino, ed è provato dalla meticolosità con cui Tullio descrive la ragione ortopedica per cui i cinquantaquattro muscoli della sua gamba non possono funzionare.[22]

Fisioterapista artigianale è un'altra comparsa, senza nome, nel capitolo sul fumo: «Un ricco signore che abbelliva i suoi ozii con studi e lavori letterari». Costui propone a Zeno una cura di massaggi rassodanti: «In pochi giorni era arrivato ad un grande risultato, tale che tutti per via lo accostavano nella speranza di poter sentire meglio la propria salute accanto a lui malato. Lo invidiai perché sapeva fare quello che voleva e m'attaccai a lui finché durò la sua cura. Mi permetteva di toccargli la pancia che ogni giorno diminuiva».[23]

Dove non esiste un amico fidato, Zeno si fa medico in prima persona. Proclama il classico *Medice cura te ipsum* e ricorre ai libri, alla sua biblioteca. Sì, ad una ricerca empirica, bibliografica. Quali libri? Quali enciclopedie fanno

---

20. Ivi, p. 669.
21. Ivi, p. 858.
22. Ivi, pp. 730-1.
23. Ivi, p. 638.

da baluardo contro le chiacchiere dei balanzoni triestini, sempre assenti, sempre distratti e lontani? A chi s'interroga sul corpo umano, «una macchina mostruosa», i libri possono dire tanto, anche se talvolta ingannano pure loro: Basedow non è soltanto Karl von, lo scopritore dell'omonimo morbo, ma anche, come crede Guido soffermandosi sul lemma sbagliato, l'innocente Johann Bernhard Basedow, pedagogista tedesco, intimo amico di Goethe.

Passando ad esaminare la biblioteca scientifica di Svevo affrontiamo la terza ed ultima categoria. Qui l'organigramma si fa di nuovo ghiotto. Solo uno di questi dottori, tutti realmente esistiti, anzi oggetto di voci enciclopediche, viene ricordato non per i libri scritti, ma per l'attività svolta in città. E' il caso del dottor Luigi Canestrini, lo psichiatra, che, pirandellianamente, su richiesta di Zeno, rilascerà la tanto sospirata "patente" di pazzo, non di jettatore, facendo andare su tutte le furie il povero, vecchio Cosini. Luigi Canestrini era nato a Rovereto nel 1854 e morì a Trieste nel 1926. Fu per mezzo secolo il proverbiale dottore dei matti della città, primario della divisione psichiatrica – la famosa «ottava divisione» – dell'ospedale generale di Trieste. Risale a quel tempo una canzonetta popolare, l'inno dei matti, che dice fra l'altro: «Quando ariva Canestrini / El domanda: come xe?/ Sior primario stemo mejo / Siam rimasti solo in tre».[24]

Tutti gli altri nomi della biblioteca medica sono stranieri. Rientra in questa sezione naturalmente Freud, ma facciamo la conoscenza di molti precursori della psicoanalisi. Dei teorici dell'elettrofisiologia s'è detto, di riflesso, parlando del patetico seguace triestino, il medico dall'enorme pancia e dal respiro, guarda caso, asmatico. Proprio al termine della menzionata controversia, fra dottor S. e dottor Paoli, Zeno dice di aver preso in mano la celebre opera del dottor Beard sulla nevrastenia: «Seguii il suo consiglio e cambiai di medicina ogni otto giorni con le sue ricette che copiai con scrittura chiara. Per alcuni mesi la cura mi parve buona. Neppure il Copler aveva avuto in vita sua una tale abbondante consolazione di medicinali come io allora. Poi passò anche quella fede, ma intanto io avevo rimandato di giorno in giorno il mio ritorno alla psico-analisi».[25] George Miller B. Beard (1839-1883) era un fisico americano. Coniò il neologismo «nevrastenia» e per primo analizzò le caratteristiche psichiche dei suoi concittadini in un volume che ottenne ampi consensi, *American Nervousness*, uscito a New York nel 1884 e quattro anni dopo tradotto in italiano con titolo *Il nervosismo americano, le sue cause e le sue conseguenze* (per iniziativa di una fervente protagonista della stagione positivista toscana, Sofia Fortini Santarelli). Dubito tuttavia che sia questo il libro che serve a Zeno per ritardare il suo ritorno all'analisi. Inutilmente si cercheranno nel saggio sulla nevrastenia americana

---

24. Cfr. T. Kezich, *Svevo e Zeno. Vite parallele*, Milano, Il Formichiere, 1978, p. 16.
25. *La coscienza di Zeno*, cit. p. 1064.

Ritratto di George Miller Beard. Incisione, [1862] (Manuscript and Archives, Yale University Library - New Haven, Connecticut). Autore di studi sulla nevrastenia è citato da Svevo in più occasioni (cfr. pp. 27, 80, 94, 135).

"ricette da poter copiare in bella scrittura". Svevo aveva in mente, ed ebbe verosimilmente fra le sue mani, un esemplare della parziale traduzione italiana del precedente *Sexual Neurasthenia (Nervous Exhaustion), its Hygiene, Causes, Symptoms and Treatment,* tradotto nella nostra lingua dall'editore milanese Vallardi, senza indicazione di data, con titolo modificato in *Trattato pratico dell'esaurimento nervoso*.[26]

Durante la passeggiata poi funestata dall'incontro con i soldati intimanti *Zurück,* nella campagna di Gorizia, vicino a Lucinico, Zeno pensa: «Aspiravo quell'aria tanto pura e, come usavo spesso, da qualche tempo, camminando facevo la ginnastica polmonare del Niemeyer che m'era stata insegnata da un amico tedesco, una cosa utilissima, a chi fa una vita piuttosto sedentaria».[27] Questa ginnastica era una sorta di *jogging* settecentesco, inventato da un pedagogista e anche teologo tedesco, discepolo proprio di quel Johann B. Basedow, il "finto" Basedow, che erroneamente Guido aveva identificato con colui a cui si deve il nome della malattia dì Ada. August Hermann Niemeyer (1754-1828) aveva ultimato nel 1796 una monumentale opera di pedagogia, i *Grundsätze der Erziehung und das Unterrichts,* con molte sezioni dedicate all'educazione fisica. Si ricordi che nel 1878 Francesco De Sanctis aveva fatto passare la famosa legge in base alla quale l'insegnamento dell'educazione fisica diventava obbligatorio in tutte le scuole elementari del Regno. Il libro di Niemeyer era stato parzialmente tradotto in italiano e in esso il lettore trovava proprio i dettagli di questo *Spazierengehen* pneumologico (con ornamento di torsioni, flessioni e oscillazioni degli arti). La traduzione portava un titolo molto didascalico *Principii fondamentali dell'educazione e dell'istruzione,* nella versione di Marcello Zaglia: «Il più generale e, senza dubbio, anche il più benefico movimento, che in nessun giorno deve interamente cessare, è il camminare. Esso fortifica, se non si teme alcuna stagione e nessun tempo, se non si teme ancora nessuna via aspra e difficile [......] Il correre fortifica i polmoni, rende agili e può spesso procacciare più importanti vantaggi». Salti, piroette in alto e in basso, «sopra fosse, con e senza bastone». Vivamente consigliato è il gioco della trottola, che «concede utile e

---

26. La traduzione italiana del testo sulla nevrastenia americana è di Sofia Fortini, Città di Castello, Lapi, 1888. Il *Trattato pratico dell'esaurimento nervoso* uscì nella Piccola Biblioteca Medica-Contemporanea di Francesco Vallardi, a cura di Gustavo Bonvecchiato. All'inizio del cap. V (pp. 162 e sgg.) è analizzato il trattamento e l'igiene dell'esaurimento nervoso. Su queste pagine si soffermò la curiosità di Svevo. Vi sono contenute le variopinte ricette di Beard, che Zeno dice di aver copiato a mano e in bella calligrafia: vanno dalla alimentazione rettale alla dieta lattea, dalla cura col riposo all'isolamento dagli amici, dalla faradizzazione alla galvanizzazione, secondo una teorizzata ipotesi «poli-farmaceutica». Quanto alle medicine consigliate, anche in questo caso la fantasia di Zeno poteva sbizzarrirsi: si passa dall'ergotina all'arsenico, dalla Cannabis Indica alla caffeina ai bromuri, secondo un ideale vagamente omeopatico. Da ricordare infine che Beard considera la nicotina uno dei principali fattori generatori di nevrastenia.
27. *La coscienza di Zeno*, p. 1072.

gioia» ed ammirati sono pure «l'arrampicarsi, lo stare in equilibrio su un'alta trave comoda ed opportuna».[28]

Siamo ormai sfociati nel campo dell'erudizione pura ed è il momento di tirare qualche sommaria conclusione. La scuola organicistica esercitava un grande fascino su Svevo, eppure la figura protettiva e paterna del medico ottocentesco è sempre demolita in poche battute. Vince la medicina antica e classica, la vita sobria di Alvise Cornaro o l'attività psico-motoria di Niemeyer. Secondo un'ideale di salubrità, caro anche allo «stendhalesco dottor Pincherle». Questo sì un medico in carne ed ossa, triestino autentico e non proiezione della nevrosi sveviana. Eziologo pignolo (il primo bacio ad Augusta è dato «più con la curiosità dello sperimentatore che col fervore dell'amante»), Svevo non si fida dei medici laureati, si fida soltanto di sé. E poco importa se, di fronte all'affrettata diagnosi di Zeno («respirazione cerebrale»), il dottor Coprosich afferma altezzoso: «Adagio con le definizioni». Svevo-Zeno supera presto ogni complesso d'inferiorità. Nella *Coscienza di Zeno* vengono a confluire tutte le ossessioni sanitarie dell'autore, ma bisognerebbe allargare il raggio d'inchiesta allo «specifico» del dottor Menghi, al dottor Gherich nel racconto *La buonissima madre* e ancora al dottor Paoli, che riappare, in ottima forma, nel sogno della novella *Vino generoso* (con la medesima connotazione di taccagno che ha nel romanzo maggiore). Come infine, anche da questo punto di vista, *Senilità* rappresenti l'anticamera «scapigliata» della *Coscienza* è dimostrato dalla descrizione del dottor Carini, medico curante di Amalia: «Un uomo sulla quarantina, bruno, alto, magro. Si diceva che i suoi anni di università fossero stati più ricchi di divertimenti che non di studi, mentre ora, essendo benestante, non cercava clienti e s'accontentava di una posizione subalterna all'ospedale per potervi continuare gli studi non fatti prima. Amava la medicina col fervore del dilettante ma ne alternava lo studio con passa-tempi d'ogni natura, tant'è vero che contava maggior numero d'amici fra gli artisti che non fra i medici».[29] Arte contro scienza: il dilemma è subito bene evidenziato. Dove non arriva con l'innato naturalismo (l'amore per Ada è descritto così: «Avrebbe provocato nelle mie vene una tale ondata di sangue che tutti i detriti accumulatisi nei miei nervi ne sarebbero stati spazzati via»), Svevo chiama in soccorso la sezione scientifica della biblioteca Hortis. Ad un manuale di medicina si rivolge Zeno, allorché ha sentito parlare del suo quasi certo diabete: «Infatti, quando lessi in un libro di medicina la descrizione della mia dolce malattia, vi scopersi come un programma di vita (non di morte!) nei vari suoi stadii». Sempre la mediazione libresca, con l'immancabile accessorio stilistico: l'avversativo «ma» (oppure «però mai»). Un segnale da tener presente,

---

28. A.H. Niemeyer, *Principii fondamentali dell'educazione e dell'istruzione*, note e introduzione di G.A. Lindner, tr. it. di Marcello Zaglia, Torino, Tarizzo ed., 1883, pp. 93 e sgg.
29. Italo Svevo, *Senilità*, TO, I, p. 584.

l'indizio più eloquente di un radicato scetticismo rispetto alle capacità curative della medicina, di ogni medicina. Lo troviamo nella citazione di Weininger e, per non casuale coincidenza, a proposito del trattato di psicanalisi citato all'inizio della *Coscienza*. Le teorie dì Weininger «non guariscono però mai, *ma* sono una comoda compagnia quando si corre dietro alle donne». Di Freud si dice invece: «Comperai e lessi un trattato di psico-analisi. Non è difficile d'intenderlo, *ma* molto noioso». Questo dispositivo funziona soltanto con la scienza, non si verifica mai un'opposizione con la letteratura. La "vita letteraturizzata", in Svevo, non conosce avversativi.

Laura Nay

Italo Svevo ovvero «l'ultimo prodotto della fermentazione di un secolo»[1]

«L'imo del proprio essere»: Joyce-Freud-Schopenhauer

«La malattia capita inaspettata da un momento all'altro a peggiorare il futuro e a colorire simpaticamente del colore della salute il perduto passato vivendo il quale del vantaggio della salute non ci si era accorti».[2] Un filo rosso percorre la vita e l'opera di Svevo, quello della malattia. Lo scrittore ne è «ossessionato», come scrive David nel celebre saggio dedicato alla psicoanalisi nella cultura italiana.[3] Svevo parla di malattia nelle lettere, ne discute nei saggi e la raffigura nei romanzi. La malattia non è necessariamente qualcosa da cui guarire: anzi alle volte pare essere la salute la condizione cui è bene sottrarsi.[4] Lo stato patologico deve essere preservato, difeso dagli attacchi di una cura che non solo non garantisce la guarigione, ma cancella quello che di positivo vi è nella patologia («e perché voler curare la nostra malattia? Davvero dobbiamo togliere

---

1. A Livia Veneziani, 23 dicembre 1895, *Epist.*, p. 39.
2. La citazione è tratta dal *Frammento G* del racconto *Corto viaggio sentimentale* pubblicato in apparato da Clotilde Bertoni in TO, II, p. 1205.
3. M. David, *La psicoanalisi nella cultura italiana*, pref. di C.L. Musatti, Torino, Boringhieri, 1970, p. 390.
4. In tal senso si leggano le osservazioni di Sandro Maxia, laddove prende in esame, nella *Coscienza di Zeno*, il rapporto tra il malato Zeno e la sana Augusta. Scrive Maxia: «Zeno [...] ha già giudicato quella *salute* – quella di Augusta s'intende – semplicemente col portarla a livello espressivo, e lo sa perfettamente [...]. Ora che è vecchio, comincia a dubitare se non sarebbe stato il caso di guarire Augusta da quella salute, ma per tanti anni, fino a quando la psicanalisi non lo indusse a ridiscutere il passato, mai ebbe tale dubbio. La scaltrezza dello scrittore ha veramente raggiunto uno dei suoi vertici. Con un solo ironico, paradossale accoppiamento (guarire dalla salute!) egli riesce a stringere contemporaneamente il fatto e il suo giudizio ed a comunicarci il senso di una realtà che è perfettamente ambivalente» (*La lettura di Italo Svevo*, Padova, Liviana, 1965, p. 152). Sempre con riguardo alla *Coscienza* Saccone scrive: «la malattia *è* la vita, il desiderio umano perennemente insoddisfatto, costantemente minacciato di "guarigione", morte, castrazione» (E. Saccone, *Commento a "Zeno". Saggio sul testo di Svevo*, Bologna, Il Mulino, 1973, p. 171).

all'umanità quello ch'essa ha di meglio?», scrive Svevo a Valerio Jahier nel 1927).[5] Non solo: la cura cancella l'individualità del singolo e lo riconduce ad una dimensione accettabile socialmente, quella della salute. Ma allora è la cura, ammesso che vi sia, ciò da cui è bene guardarsi.[6]

Sono questi anni in cui l'attenzione per il patologico è tanta: si tratta, è ovvio, di un interesse che affonda le sue radici nei progressi della scienza medica. A interrogarsi autorevolmente sul significato della malattia sono scienziati come Claude Bernard, che non considera la coppia salute/malattia come coppia oppositiva: «la santé et la maladie ne sont pas deux modes différant essentiellement [...]. Il ne faut pas en faire des principes distincts, des entités qui se disputent l'organisme vivant et qui en font le théâtre de leurs luttes».[7] Insomma, l'essenza non muta, il patologico è semmai una variazione quantitativa rispetto alla norma. La salute consisterebbe allora in una sorta di equilibrio o, come la descrive Zeno, in una stazione intermedia fra due differenti stati patologici. Quella che induce al «generosissimo, folle consumo della forza vitale», come accade ai Basedowiani, e quella di coloro che «non gettano sul piatto della vita che delle briciole e risparmiano preparando quegli abbietti longevi che appariscono quale un peso per la società».[8] A fine Ottocento, inoltre, alla prassi medica si erano affiancate la riflessione filosofica e la raffigurazione letteraria della malattia, a partire dalle patologie del corpo. La narrativa ottocentesca ritrae frequentemente la sofferenza fisica grazie a letterati-medici e medici-letterati, che indagano e descrivono con "occhio clinico" gli effetti della malattia o si soffermano con compiacimento sulla raffigurazione di scene agoniche. A fianco di tali rappresentazioni l'attenzione dei letterati, così come quella dei filosofi e dei medici stessi, si sposta, verso la fine del secolo, in una zona d'indagine più oscura e insidiosa, quella delle malattie della psiche. Va da sé che i primi studi volti ad indagare tali patologie che

---

5. *Epist.*, p. 859.
6. Al riguardo Camerino sottolinea come Svevo «attraverso i protagonisti dei suoi racconti, vuol rilevare il profondo timore del mondo borghese per la malattia, la vecchiaia e la morte, quasi non siano fatti inerenti alla natura e al destino più intimi dell'uomo» (G.A. Camerino, *Italo Svevo e la crisi della Mitteleuropa*, ed. ampliata e completamente riveduta, Napoli, Liguori, 2006, p. 115). Sul tema della guarigione si veda almeno: *Healing. Storie e strategie del guarire*, a cura di O. Galeazzi, Firenze, Olschki, MCMXCIII.
7. Cl. Bernard, *Leçons sur la chaleur animale, sur les effets de la chaleur et sur la fièvre*, Paris, J.P. Baillière, 1876, p. 391. Si tenga conto che la discussione sul concetto di malattia porta con sé la definizione della salute secondo una norma alla quale ci si può più o meno avvicinare. In tal senso sono fondamentali le osservazioni di George Canguilhelm, che scrive: «la malattia, lo stato patologico, non sono la perdita di norma, ma un andamento della vita regolato da norme vitalmente inferiori o svalutate per il fatto che impediscono al vivente la partecipazione attiva e agevole, generatrice di fiducia e di sicurezza, a un genere di vita che prima gli apparteneva e che rimane aperto ad altri viventi» (*La conoscenza della vita*, Bologna, il Mulino, 1986, p. 234).
8. I. Svevo, *La coscienza di Zeno*, TO, I, p. 958.

Italo Svevo ovvero «l'ultimo prodotto della fermentazione di un secolo»

partono ancora da una percezione della sofferenza psichica come squisitamente organica e, in tal senso, si tentano cure ed esperimenti. Ma presto ci si rende conto che il bisturi non basta e si avverte la necessità di usare altri strumenti che aiutino a comprendere le pieghe della mente umana. L'ipnotismo, ad esempio, praticato con successo in Francia e i primi tentativi di sondare la psiche attraverso la parola. In questa direzione, come ho avuto modo di dimostrare in un mio precedente lavoro,[9] i letterati, in qualche modo, anticipano le teorie che più tardi Freud espliciterà.[10] Non è certo un percorso lineare e non per tutti tale approdo avviene nella medesima forma. Svevo, ad esempio, ha della malattia «una nozione non medica né biologica», o perlomeno non circoscrivibile a questi campi del sapere, «ma assai più profonda – è Guglielminetti a scriverlo – ontologica quasi».[11] Tuttavia Svevo e gli altri letterati di quella fine secolo hanno qualcosa in comune, ovvero la conoscenza della letteratura scientifica e filosofica: sono in grado, insomma, di discutere e di fare oggetto della loro narrazione le nuove acquisizioni della scienza così come le speculazioni della filosofia. Una sorta di grande sincretismo culturale domina questo periodo della nostra storia letteraria: Svevo ne è un esempio. Cognizioni mediche e passione letteraria si combinano in lui e danno origine ad una narrativa che si arricchisce grazie all'incontro con la psicoanalisi, ma che non muta nei suoi presupposti.

Si proceda con ordine. Letteratura e medicina, si è detto: e allora perché non prendere le mosse da due incontri, reale il primo, quello con James Joyce, cartaceo il secondo, quello con Sigmund Freud. Sono solo apparentemente due episodi separati. Il primo, come è noto, è occasionato dalla necessità, per Svevo, di apprendere la lingua inglese. Nel *Profilo autobiografico* si legge, al riguardo: «intorno al 1906 egli – Svevo s'intende – sentì il bisogno per i suoi affari di perfezionarsi nella lingua inglese. Prese perciò alcune lezioni dal professore più noto che ci fosse a Trieste: James Joyce» Non solo: l'incontro con Joyce significa, anche dal punto di vista letterario, avere, finalmente un interlocutore e iniziare un processo di europeizzazione della propria produzione: «James Joyce già allora si trovava in condizioni letterarie un po' (ma non molto) migliori di quelle dello Svevo – si legge ancora nel *Profilo* – Molto migliori in quanto a stato d'animo: il Joyce si sentiva in pieno rigoglioso sviluppo mentre lo Svevo si accaniva ad impedire il proprio. Era persino riluttante a parlare del proprio passato letterario ed il Joyce dovette insistere perché gli fossero consegnati per la

---

9. L. Nay, *Fantasmi del corpo fantasmi della mente. La malattia fra analisi e racconto (1870-1900)*, Alessandria, Edizioni dell'Orso, 1999.
10. Sul rapporto fra la psicoanalisi e la letteratura, si veda l'importante libro di M. Lavagetto, *Freud la letteratura e altro*, Torino, Einaudi, 1985.
11. M. Guglielminetti, *La coscienza di Zeno e il romanzo come utopia*, in *La contestazione del reale*, Napoli, Liguori, 1974, p. 102.

lettura i due vecchi romanzi».[12] Il 10 giugno del '24 Svevo comunica a Joyce di essersi procurato l'*Ulisse* e di averne iniziato la lettura, una lettura condotta a suo modo. Così come quando scrive la *Coscienza* Svevo calza i panni di Zeno,[13] altrettanto quando si fa lettore di Joyce decide di non essere passivo, ma bensì di farlo proprio «capitolo per capitolo tentando di viverlo». Il progetto è ambizioso e richiede l'aiuto di qualcuno che ben conosca quel romanzo, ovvero Stanislaus Joyce, fratello di James, il quale «dopo ogni capitolo lavorato a fondo *gl*i concederà la sua assistenza».[14] Il rapporto con Joyce si sviluppa su di un duplice piano, quello della letteratura e quello dell'amicizia,[15] ed in qualche modo è anche grazie alla mediazione culturale di quest'ultimo che Svevo arriva a Freud. Nella *Conferenza su James Joyce* si legge: «posso [...] provare che il pensiero di Sigismondo Freud non giunse al Joyce in tempo per guidarlo alla concezione dell'opera sua». L'affermazione è immediatamente mitigata dall'ammissione che «tanti elementi» di Stefano Dedalo

---

12. Il *Profilo autobiografico* può essere letto in TO, II, p. 809. Sull'amicizia fra Svevo e Joyce si veda E. Ghidetti, *Un «mercante di gerundi» dublinese e triestino*, in Id., *Italo Svevo. La coscienza di un borghese triestino*, Roma, Editori Riuniti, 1980, cit., pp. 212-224.
13. Scrive Svevo a Montale: «quand'ero lasciato solo cercavo di convincermi d'essere io stesso Zeno. Camminavo come lui, come lui fumavo, e cacciavo nel mio passato tutte le sue avventure che possono somigliare alle mie solo perché la rievocazione di una propria avventura è una ricostruzione che facilmente diventa una costruzione nuova del tutto quando si riesce a portarla in un'atmosfera nuova. E non perde perciò il sapore e il valore del ricordo, e neppure la sua mestizia» (I. Svevo-E. Montale, *Carteggio con gli scritti di Montale su Svevo*, a cura di G. Zampa, Milano, Mondadori, 1976, p. 6).
14. *Epist.*, p. 753. E ancora, sempre nell'*Epistolario*, si può leggere una lettera più tarda a Cyril Ducker stesa in occasione della conferenza dedicata a Joyce da cui ho preso le mosse. Con riguardo all'*Ulisse* Svevo ricorda di essersi trovato nella necessità di leggerlo, ma di aver incontrato grandi difficoltà quantomeno sul piano della comprensione linguistica: «frasi intere rimanevano a lungo un mistero per me, e il vocabolario non mi aiutava molto», ivi, p. 836.
15. Così Livia Veneziani ricorda il legame tra il marito e Joyce: «dopo aver insegnato per qualche tempo alla Berlitz School, – Joyce – se n'era staccato e viveva dando lezioni d'inglese, correndo di casa in casa. Ettore, oltre ad apprendere la lingua, desiderava trovare un'esperta guida per la migliore conoscenza della moderna letteratura anglosassone. Si rivolse a Joyce, che in quell'epoca era l'insegnante di moda presso la ricca borghesia triestina e così s'incontrarono. Fra il maestro, oltremodo irregolare, ma d'altissimo ingegno [...], e lo scolaro d'eccezione le lezioni si svolgevano con un andamento fuori del comune. Non si faceva cenno della grammatica, si parlava di letteratura e si sfioravano cento argomenti. [...] L'irlandese trovava in Ettore una mentalità affine alla sua, un metodo analitico congeniale» (Cfr. L. Veneziani Svevo, *Vita di mio marito (stesura di Lina Galli) con altri inediti di Italo Svevo*, Trieste, Edizioni dello Zibaldone, 1958. Il testo è stato riedito con la prefazione di Eugenio Montale, Milano, Dall'Oglio, 1976, da cui si cita, pp. 83-84, 85). L'incontro con Joyce e quanto ne è derivato è stato oggetto di molti studi critici a partire dalla monografia di Camerino (*Italo Svevo*, Torino, Utet, 1981). Al riguardo si veda anche il saggio di G. Finocchiaro Chimirri, *Italo Svevo e James Joyce. Mappa di un incontro memorabile*, in AA. VV., *Italo Svevo scrittore europeo*, a cura di N. Cacciaglia e L. Fava Guzzetta, Firenze, Olschki, MCMXCIV, pp. 45-66.

«sembrerebbero addirittura suggeriti dalla scienza psicanalitica» e Svevo ne offre un significativo elenco. La *Conferenza* si conclude ripercorrendo gli anni zurighesi di Joyce, nel corso dei quali questi entrò in contatto con diversi psicoanalisti: «senza dubbio colà egli conobbe la nuova scienza e c'è ragione a credere che per qualche tempo più o meno vi aderì. Ma io però mai ebbi la soddisfazione di conoscerlo psicanalista. L'avevo lasciato ignorante di psicanalisi; lo ritrovai nel diciannove in piena ribellione alla stessa, una di quelle sue fiere ribellioni con cui scuote da sé quello che impaccia il suo pensiero. Mi disse: "Psicanalisi? Ma se ne abbiamo bisogno, teniamoci alla confessione"». Che si tratti, come ha sostenuto Debenedetti, di «resistenze contro la psicanalisi» di Svevo stesso imprestate a Joyce è assai probabile, ma non toglie importanza a quanto detto.[16] Interessante, al riguardo, la chiosa di Svevo: «restai a bocca aperta. Era la ribellione del cattolico alla quale il miscredente aggiungeva una grande asprezza».[17] Nel riportare la testimonianza di Joyce, Svevo stringe una parentela importante fra la prassi psicoanalitica e la confessione religiosa. Si tratta di un rapporto del quale avevano già preso coscienza alcuni letterati, che raffiguravano nei loro romanzi una tipologia a sé di confessione, quella "officiata" dal medico. Mi limito qui a ricordarne uno, forse il più noto, Luigi Capuana, con il celebre medico-filosofo di *Giacinta*, il dottor Follini e con il, di poco più tardo, dottor Mola di *Profumo*, che libera Eugenia e Patrizio dai loro fantasmi proprio grazie ad una doppia confessione.[18] Anche nei romanzi di Svevo si assiste a scene in cui i protagonisti, più o meno esplicitamente, si confessano. Tuttavia, qui, non sono più i medici a vestire i panni dei sacerdoti, ma bensì personaggi che, all'apparenza, non avrebbero alcun titolo per essere deputati a svolgere una così delicata funzione. Si pensi al Balli, lo scultore amico del protagonista di *Senilità*: in due occasioni Balli si fa confessore-medico. Una

---

16. I. Svevo, *Conferenza su James Joyce*, TO, III, p. 936. L'osservazione di Debenedetti può essere letta nel fondamentale *Il romanzo del Novecento. Quaderni inediti*, presentazione di E. Montale, Milano, Garzanti, 1971, p. 589. Di una sorta di «dogmatica negazione» di tale rapporto discute Federico Bertoni che ritiene essere tale posizione «suffragata dall'atteggiamento esplicito di Joyce, che ha più volte espresso la sua ostilità nei confronti della teoria freudiana, ma certamente capziosa nei confronti del romanzo, in cui le idee e gli acquisti freudiani sono ampiamente e consapevolmente messi a frutto» (*Conferenza su James Joyce*, cit., pp. 935, 1749).
17. Ivi, p. 936.
18. «"Il medico è come il confessore, gliel'ho inteso ripetere più volte" disse il dottor Follini, che non cessava di guardarla negli occhi. "Vorrà dunque permettermi delle domande che per un altro sarebbero certamente indiscrete?" "Interroghi" rispose Giacinta "Non avrò segreti per lei"». A sua volta, il dottor Mola a Eugenia: «"ora – egli disse – dovreste confessarvi con questo vecchio confessore che è qui. Che cosa vi sentite? Fatevi animo; non abbiate ritegno. Commettereste un sacrilegio tacendo, come nella confessione"». E analogamente rivolgendosi a Patrizio: «chiudete l'uscio [...] venite a sedervi qui, accanto a me. Col confessore medico, non occorre che il penitente si metta in ginocchio» (L. Capuana, *Giacinta* (1879), a cura di M. Paglieri, intr. di G. Davico Bonino, Milano, Mondadori, 1980 p. 162; *Profumo* (1890), Torino, Roux, 1900, p. 84).

prima volta è medico dell'anima, quando Emilio, che si sente ingannato da Angiolina, si confida con lui. Balli lo ascolta «da medico» e, in tale veste, pronuncia una sorta di diagnosi: «il Balli lo stette a sentire da medico che vuol fare una diagnosi: "Mi pare proprio di poter essere sicuro che sei guarito"». Non altrettanto facilmente vanno le cose quando da medico della "psiche" Balli si fa, involontariamente, medico del corpo: la scena si svolge al capezzale di Amalia, nel momento in cui la donna, in preda al delirio, si rivolge allo scultore scambiandolo per il medico: "'Io non capisco, dottore, – disse l'ammalata, rivolta al Balli – io sto quieta e mi curo e sto sempre male". Meravigliato di non essere riconosciuto dopo di essere stato chiamato, il Balli parlò come se fosse stato lui il dottore; le raccomandò di continuare ad essere buona e che fra poco sarebbe stata bene».[19] Come a dire: le "patologie dell'anima" possono essere curate anche da chi medico non è, anzi alla luce della dichiarata sfiducia nella psicoanalisi pare meglio fare da soli; quelle del corpo, al contrario, devono essere curate da coloro che sono, almeno all'apparenza, in grado di farlo. All'apparenza, si è detto: i medici rappresentati nelle opere sveviane, così come quelli che Svevo incontra nella vita,[20] non sanno quasi mai soccorrere con successo i malati che si affidano alle loro cure.[21] Per rimanere a *Senilità* si pensi al dottor Carini, non a caso «amico del Balli», «un

---

19. I. Svevo, *Senilità*, TO, I, nell'ordine alle pp. 536, 591.
20. È da leggere, in tal senso, il *Diario di Elio* e le pagine amare in cui il giovane, ammalato di nefrite, dimostra la propria consapevolezza dell'inutilità delle cure e, al contrario, l'assoluta fiducia della madre che «crede a tutto quanto le dicono i medici», alle terapie consigliate, che si riveleranno del tutto inutili per guarire Elio (*Lettere a Svevo. Diario di Elio Schmitz*, a cura di B. Maier, Milano, Dall'Oglio, 1973, p. 287).
21. Si pensi alla dichiarazione di «impotenza» del dottor Paoli in *Con la penna d'oro*: «dei miei tre casi seppi provvedere al primo che dichiarai spedito, il secondo è già morto, senz'alcun rispetto in mia presenza. In quanto al terzo mi darà qualche consolazione. Domani faremo un consulto e la mia ignoranza sarà abbondantemente scusata da quella degli altri. Io sono già convinto che l'esercizio della medicina non fa per l'uomo. Un buon medico dovrebb'essere un superuomo ma no, qualche bestia del tutto differente dall'uomo munita di molti più sensi e più potenti» (TO, III, p. 511). E contemporaneamente si confronti la figura di Paoli con quella del «giovine medico» protagonista dell'omonimo frammento narrativo, saldo nelle sue certezze scientifiche fino al limite della crudeltà. Scrive Svevo: «tante volte già aveva indovinato delle diagnosi difficili. Quel giorno stesso aveva guidato il coltello di un operatore che non voleva convincersi dell'esattezza di una sua diagnosi. E non ricordò che la sua gioia circondava una tragedia. Perché l'operazione aveva provato l'inanità di ogni sforzo per salvare il malato. Ma egli rise lungamente al ricordo. Egli aveva spiato quell'organismo che si disfaceva senza produrre dolori, febbri, grandi reazioni. Lo aveva scoperto e rivelato. Ora poteva disfarsi senza rimpianto. Era servito al suo trionfo» (*Il giovine medico*, TO, II, p. 645). Di «micidiale ironia contro la vanità delle cure mediche e dell'opposizione alla malattia» discorre Camerino, secondo il quale i «borghesi [...] credono alla scienza medica come a una loro istituzione incrollabile», mentre «gli scrittori [...] interpretano la crisi morale dell'uomo contemporaneo e [...] ritengono [...] soltanto l'individuo giudice legittimo della propria malattia» (G.A. Camerino, *Italo Svevo e la crisi della Mitteleuropa*, cit., pp. 111, 112).

uomo sulla quarantina, bruno, alto, magro», non troppo dedito allo studio della medicina, ma piuttosto appassionato di essa «col fervore del dilettante». Carini «ne alternava lo studio con passatempi d'ogni natura, tant'è vero che contava maggior numero di amici fra gli artisti che non fra i medici».[22]

Ancora in un racconto tardo, databile agli anni successivi alla *Coscienza*, si assiste ad una confessione resa dal marito moribondo alla moglie. Non è casuale che a raccogliere tale confessione non sia un sacerdote. Roberto, il protagonista, è ateo e il suo è più un atto d'amore verso la moglie credente, che non un atto di fede: «e si confessò ancora. Bisognava dire di cose importanti ed egli pur di distrarla denudò l'animo suo».[23]

A confessarsi alla pagina scritta sono poi molti personaggi sveviani: il dottor Menghi, ad esempio, l'ennesimo medico-sperimentatore che ritiene di aver scoperto «un siero atto a ridare istantaneamente a un organismo vizzo la prisca gioventù», argomento, questo, assai caro a Svevo e non solo (si pensi, per rima-

---

22. I. Svevo, *Senilità*, cit., pp. 525, 584. Anche nel romanzo precedente, *Una vita*, Svevo aveva tratteggiato il profilo di un medico versato più nelle scienze umanistiche che nelle mediche, e, contemporaneamente assai scettico nei confronti della sua disciplina. Così Svevo descrive il dottor Frontini, «un bel giovine vestito ricercatamente, dal volto ovale regolare ma troppo regolare e i mustacchi folti di colore bruno con qualche bagliore d'oro». È questi incaricato di assistere la madre moribonda del protagonista: anch'egli, tuttavia, si distingue più per la ricchezza di eloquio che non per le capacità mediche: «il dottore veniva [...] spesso e si fermava per delle ore a ciarlare con Alfonso più d'altre cose che della malattia della signora Carolina. Non aveva saputo mostrare la sua scienza su quella e cercava di mostrarla parlando d'altro». Frontini è pienamente cosciente dei limiti del suo operato e mostra rassegnazione più che stupore o irritazione quando le cure non sortiscono alcun effetto: «era un medico che doveva essere abituato a commettere degli errori perché la sua sorpresa non era molto grande quando trovava che i fatti non erano stati docili abbastanza per conformarsi ai suoi responsi» (I. Svevo, *Una vita*, TO, I, pp. 283, 303). Qualora si decida di abbandonare la letteratura e guardare, grazie all'epistolario, alla vita di Svevo pare difficile non citare la lettera inviata al fratello Ottavio e alla cognata nell'ottobre del 1895, in cui sono narrate le ultime ore della madre. Anche qui il medico di turno, il dottor Costantini, con tono «sacramentale» denuncia la sua ignoranza e la sua impotenza: «alle dieci [...] – ricorda Svevo – quando ritornò il Dr. Costantini, egli ci tolse ogni speranza con parole sacramentali: "forse può risorgere ancora. Chi lo sa? Noi medici no"» (*Epist.*, p. 32).
23. Anche in questo racconto è presente la figura del medico esautorato da tutte le sue funzioni. Non più medico-confessore, lo si è visto, ma neppure medico del corpo. Svevo lo ritrae «imbarazzato», incapace di spiegare con chiarezza alla donna ciò che sta capitando: «in medicina c'erano tutte le prospettive ed egli diffidava di quelle che ora gli si presentavano. Si andava forse incontro a una di quelle forme che si prolungano ostinate anche perché più lievi, fino alla morte o a una di quelle guarigioni imperfette che trasformano tutto il resto della vita in quella di un condannato al termine, oppure si poteva sperare ancora in una crisi oppure in uno svolgimento più mite che pur tuttavia conducesse ad una guarigione intera? [...] Ed il dottore si mosse per andarsene imbarazzato e dalle cose misteriose e dalle parole che rivolte a quella povera signora non potevano servire a chiarire il pensiero di persona che sapeva molto ma soprattutto di non sapere abbastanza» (*La morte*, TO, II, pp. 414, 416-17).

La gabbia degli scimpanzé presso la villa di Voronoff a Grimaldi (1936), (cortesia Danilo Mariani, Foto Mariani – Ventimiglia).

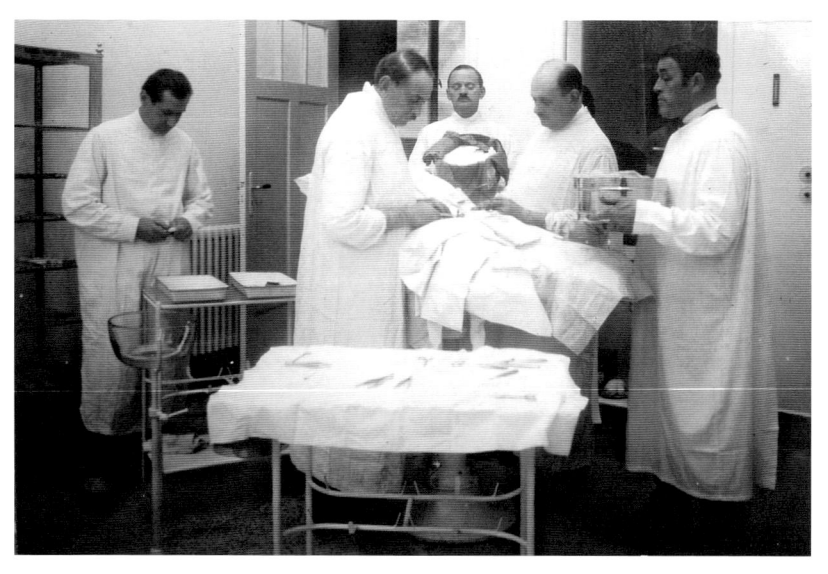

Voronoff e la sua équipe al lavoro su una scimmia (da "L'Illustrazione Italiana", anno LXV, n. 13, 27 marzo 1938). Il dottor Voronoff nella sua villa allevava esemplari di scimpanzé che gli servivano per le sue celebri operazioni di ringiovanimento. (cfr. pp. 163).

nere in Italia, al dottor Spells di *Sorella morte* una novella di Piero Giacosa data alle stampe nel 1906).[24] E ancora Zeno si confessa alla pagina scritta (non a caso Svevo stesso definisce il romanzo una «*Confessione*»),[25] ma sa di non essere sincero: «una confessione in iscritto è sempre menzognera – osserva – [...]. Se egli – il dottore – sapesse come raccontiamo con predilezione tutte le cose per le quali abbiamo pronta la frase e come evitiamo quelle che ci obbligherebbero di ricorrere al vocabolario!». Come a dire che laddove la confessione cessa di essere pratica orale, e si fa atto scrittorio che, a differenza della scrittura diaristica, prevede un lettore, attento per di più, cessa di essere spontanea e chi scrive cerca, più o meno consapevolmente, di presentare un'immagine di sé lontana da quello che egli è nella realtà.[26] Naturalmente Svevo stesso pratica la

---

24. Il punto d'incontro fra i due medici, quello di Svevo e quello di Giacosa, è l'inevitabile fallimento di entrambi. Anche il dottor Spells scopre il siero dell'eterna giovinezza e lo prova su di sé. La sperimentazione induce in lui una mutazione non solo sul piano fisico, ma anche su quello etico. Egli formula così un «sistema di etica» fondato su «due principii»: «lo stimolo innato a procurarsi il maggior numero di godimenti, a prolungarli e a variarli, e la capacità a soddisfare questo stimolo. Questa capacità corrisponde alla forza. [...] Il bene assoluto è che uno sopravviva, anziché tutti periscano». La novella fa parte della raccolta *Specchi dell'enigma* edita da Treves nel 1906, con prefazione di Antonio Fogazzaro. Tale raccolta è attualmente in corso di stampa presso l'editore dell'Orso di Alessandria a mia cura. A questo argomento Svevo dedica anche un'interessante commedia intitolata *La rigenerazione* (TO, III, pp. 617-767). Il riferimento è agli esperimenti di Serge Voronoff, i cui studi Svevo conosce. Al nome di Voronoff è bene accostare quello di un altro celebre medico Charles-Edouard Brown-Séquard: è con lui che si chiude il saggio *Ottimismo e pessimismo*. Svevo non completa la frase del saggio nel punto dedicato agli esperimenti condotti dallo scienziato su se medesimo, ma come annota Federico Bertoni si tratta di «iniezioni sottocutanee di un liquido estratto dai testicoli animali», iniezioni che avevano lo scopo di ringiovanirlo (TO, III, pp. 883, 1662). A detta di Claudio Magris l'operazione per riavere la gioventù altro non sarebbe se non «un'allusione ironica alla psicoanalisi» (C. Magris, *Nel cinquantenario di Svevo. La scrittura e la vecchiaia selvaggia*, Napoli, Guida, 1978, p. 198).
25. Tocca a Debenedetti sottolineare come, pur conoscendo la struttura del monologo interiore, mai Svevo ne faccia uso, nemmeno in un romanzo come questo. Al contrario, lo scrittore «naturalizza» il monologo privandolo dell' «aspetto sconcertante, alogico, privo di nessi» e facendone una «trascrizione naturalistica», una «confessione organizzata e deliberata». Pare quasi che Svevo non voglia «mettere l'accento sulla principale innovazione di Joyce, questa "lotta tra coscienza e subcoscienza" e [...] prendere atto che Joyce ha inventato lo strumento per estrinsecare quell'innovazione: il monologo interiore, così apparentato con la confessione psicoanalitica» (G. Debenedetti, *Il romanzo del Novecento*, cit., pp. 573, 584).
26. I. Svevo, *La coscienza di Zeno*, cit., p. 1050. La definizione del romanzo è da leggersi in una lettera a Benco datata 5 giugno 1923 (cfr. *Epist.*, p. 747). Non sempre, però, la confessione è menzognera: se, come ha scritto Langella, «Zeno davanti allo psicoanalista aveva recitato la commedia del paziente che si confessa», quando scrive il *Vegliardo* mette in scena un personaggio che, sono le parole di Debenedetti, usa la scrittura «per uccidere la marionetta» e giungere «a chiarezza di sé» (cfr. G. Langella, *I due «vegliardi». Sulla vicenda redazionale del quarto romanzo di Svevo*, in AA.VV., *Italo Svevo scrittore europeo*, cit., p. 502; G. Debenedetti, *L'ultimo Svevo*, in Id., *Saggi critici*, II serie, Venezia, Marsilio, 1990, p. 83).

Ritratto di Charles Edouard Brown Séquard (Prints & Photographs Division. The Library of Congress - Washington). Nato a Port Louis, nelle isole Mauritius, da madre francese e padre americano, è generalmente ricordato come medico inglese per aver operato prevalentemente a Londra nel campo delle patologie nervose. Rivestì cariche mediche prestigiose anche all'Università di Harvard, negli Stati Uniti, a New York e a Parigi, dove concluse la sua carriera. Svevo lo ricorda al termine dell'incompiuto saggio *Ottimismo e pessimismo*. (cfr. p. 41, n. 24)

confessione: si veda il frammento del *Diario per la fidanzata* così intitolato. Qui è Livia a calzare i panni del «dolce confessore»: «capisci, mio dolce confessore, che potrei essere anche più peccatore di quanto non sono e sperare istesso nella tua assoluzione». Il "peccato" di cui si discute riguarda una "signorina" alla quale Svevo avrebbe dovuto far visita: «ieri ti chiesi con faccia tosta il permesso di andare a trovare una signorina. Io non ti dirò altro che questo: Facesti bene di non permettermi di andarci. Mi assolvi?». Non è il solo caso in cui lo scrittore si confessa: poche pagine dopo, alla data del 21 febbraio, egli usa ancora una volta, l'ultima a sua detta, il diario per confessare di aver mancato nuovamente alla promessa di cessar di fumare: «per l'ultima volta definitiva ricorro al libro per confessarmi. Fumai come un turco da questa mane ma quando ti farò leggere queste parole e ti potrò assicurare che poi rimasi sempre fermo alla promessa, tu mi perdonerai nevvero mia dolce bionda?».[27]

L'incontro con Joyce ha portato a parlare della pratica della confessione, ovvero di una prassi che, in una qualche misura, anticipa il colloquio psicoanalitico. Si diceva poc'anzi del secondo fondamentale incontro nella vita di questo scrittore, quello con la psicoanalisi. È francamente impossibile, in questa sede, ripercorrere quanto la critica ha scritto su questo argomento.[28] Indubbiamente Svevo non ha mai fatto mistero del suo interesse per ciò che la psicoanalisi poteva insegnargli sul piano personale, come su quello creativo. Il 10 dicembre 1927 scrive a Valerio Jahier: «grande uomo quel nostro Freud ma più per i romanzieri che per gli ammalati».[29] Ancora nel *Profilo* si legge:

---

27. I. Svevo, *Diario per la fidanzata*, TO, II, pp. 698, 704. Sul rapporto tra confessione e menzogna in margine alla *Coscienza di Zeno* osserva Lavagetto: «Zeno è – alla lettera – il prodotto di questa necessità – ovvero di mentire nel momento stesso in cui si decide di confessarsi – Svevo lo ha costruito con un abile stratagemma: è un personaggio fittizio e quindi, paradossalmente, la sua confessione potrebbe essere vera. Ma Svevo ha scongiurato con una mossa preliminare questa eventualità; ha risolto un problema tecnico inventandosi un genere impossibile: "un'autobiografia *altrui*" alla quale si potrebbe riconoscere al massimo un'ineffabile "probabilità", non diversa, secondo Gadda, dalla "probabilità fisica" che si incontra nella "teoria dei quanti"» (*Il romanzo oltre la fine del mondo*, TO, I, pp. LXV-LXVI). Sempre di Lavagetto si veda inoltre *Confessarsi è mentire*, in Id. *La cicatrice di Montaigne. Sulla bugia in letteratura*, Torino, Einaudi, 1992, pp. 181-199). Fra i molti personaggi menzogneri di Svevo si veda Silvio, il protagonista dell'atto unico *La parola*, per molti versi una sorta di «progenitore» di Zeno (cfr. TO, III, pp. 165-190, 1261).
28. Il rapporto con la psicoanalisi è stato analizzato anche applicando agli scritti di Svevo concetti psicoanalitici. Penso, ad esempio, agli studi di Elio Gioanola, in particolare al saggio *Un killer dolcissimo. Indagine psicoanalitica sull'opera di Svevo*, Genova, il Melangolo, 1979 (poi Milano, Mursia, 1995) o al saggio di Eduardo Saccone, *Commento a "Zeno". Saggio sul testo di Svevo*, cit.
29. *Epist.*, p. 857.

«per vario tempo lo Svevo lesse libri di psicoanalisi. Lo preoccupava d'intendere che cosa fosse una perfetta salute morale». A questo primo approccio fa seguito la traduzione dell'«opera del Freud sul sogno», traduzione che Svevo intraprende «per compiacere un suo nipote medico», e quindi il tentativo di fare «qualche prova di psicanalisi su se stesso», con risultati dubbi a giudicare dal laconico commento posto a suggello della esperienza: «tutta la tecnica del procedimento gli restò sconosciuta».[30] Poco prima, in occasione del saggio *Soggiorno londinese*, Svevo aveva ricostruito il suo incontro con la psicoanalisi in termini differenti: innanzitutto fissando un ben preciso momento cronologico, il 1910,[31] ma soprattutto non attribuendo alla sua iniziativa tale incontro quanto piuttosto a una casualità: «un mio amico corse a Vienna per intraprenderla – l'analisi. L'avviso dato a me fu l'unico buon effetto della sua cura. Si fece psicanalizzare per due anni e ritornò dalla cura addirittura distrutto: abulico come prima ma con la sua abulia aggravata dalla convinzione ch'egli, essendo fatto così, non potesse agire altrimenti. È lui che mi diede la convinzione che fosse pericoloso di spiegare ad un uomo com'era fatto ed ogni volta che lo vedo lo amo per l'antica amicizia ma anche per la nuova gratitudine».[32] E ancora: dopo aver, in qualche modo, giustificato la sua curiosità per la psicoanalisi, Svevo la critica con occhio da letterato: «lessi qualche cosa del Freud con fatica e piena antipatia. Non lo si crederebbe ma io amo degli altri scrittori una lingua pura, ed uno stile chiaro e ornato. Secondo me il Freud, meno

---

30. Ivi, pp. 809-810. A detta della moglie, Svevo non si sottopose mai a cure psicoanalitiche, e se fece «qualche prova di psicanalisi su se stesso» la fece «in contraddizione con la teoria di Freud». La psicoanalisi «rese acuta la sua indagine psicologica» conclude Livia «ma ebbe un influsso molto secondario sulle sue opere» (L. Veneziani Svevo, *Vita di mio marito*, cit., p. 95).
31. Si tratta, in realtà, del 1911, lo stesso anno in cui Svevo conosce uno dei primi e più inquieti discepoli di Freud, Wilhelm Stekel, autore, a quella data, di due interessanti saggi: *Poesie e nevrosi. Fondamenti per la psicologia dell'artista e dell'opera d'arte* (1909) e *La lingua dei sogni. Una presentazione della simbolica e della poesia del sogno nei suoi rapporti con la salute e la malattia dell'anima* (1911). A detta di Ghidetti dall'incontro con Stekel Svevo deriva «non solo chiarimenti e delucidazioni sulla terapia analitica, ma anche informazioni su Freud, presumibilmente non ispirate a benevolenza» (cfr. E. Ghidetti, *Italo Svevo*, cit., p. 234).
32. L'amico a cui Svevo fa riferimento è il cognato Bruno Veneziani. Il 3 ottobre 1920 Freud aveva scritto a Weiss una lettera al riguardo, nella quale esprimeva le sue perplessità circa il poter sottoporre Veneziani ad una terapia psicoanalitica. A suo dire al malato mancavano due importanti requisiti, ovvero «quel certo conflitto di sofferenza fra il suo Io e le sue pulsioni istintuali, perché in effetti è molto soddisfatto di sé e soffre soltanto per l'antagonismo delle condizioni ambientali»; ed ancora: «quel tanto di normalità dell'io che gli consente di collaborare con l'analista» (la lettera può essere letta in F. Anzellotti, *Il segreto di Svevo*, Pordenone, Studio Tesi, 1995, p. 151). Si veda al riguardo la ricostruzione offertane da E. Ghidetti, *Il dottor Freud e il caso di Bruno V*, in Id., *Italo Svevo*, cit., pp. 224-236.

Italo Svevo ovvero «l'ultimo prodotto della fermentazione di un secolo»

nelle sue celebri prelezioni che conobbi appena nel '16, è un po' esitante, contorto, preciso con fatica. Però ne ripresi sempre a tratti la lettura, continuamente sospesa per vera antipatia». Ma c'è qualcosa di più: Svevo dice di non aver mai tentato di applicare a se stesso i suggerimenti di tale scienza, e di voler preservare, qualora ve ne fosse la necessità, la sua presunta malattia: «come cura a me non importava. Io ero sano o almeno amavo tanto la mia malattia (se c'è) da preservarmela con intero spirito di autodifesa». L'incontro con Freud è destinato a rimanere un punto di passaggio fondamentale («la psicanalisi non m'abbandonò più», aggiunge ancora Svevo), ma dal punto di vista creativo piuttosto che non da quello terapeutico.[33] Non si tratta, naturalmente, del semplice applicare suggerimenti che derivano da questa scienza, ma di portare a termine un processo conoscitivo che aveva già chiamato in causa, prima di Freud, altri medici e altri filosofi, in una sorta di sincretismo culturale che fa di Svevo un intellettuale ancora ottocentesco.[34] Usando un'immagine che ricorda quella impiegata da Giacomo Debenedetti per descrivere il rapporto fra letteratura e

---

33. I. Svevo, *Soggiorno londinese*, TO, III, pp. 897-98. Ghidetti fa risalire l'accoglienza della psicoanalisi come «*Weltanschauung* e come pratica di igiene morale» pur svalutandone «l'aspetto clinico-terapeutico, in nome di una immutabilità del "carattere" individuale» alla mediazioni della filosofia di Schopenhauer (E. Ghidetti, *Italo Svevo*, cit., p. 83). Circa la difesa di Zeno della propria malattia, Camerino ha individuato in essa una delle «costanti fondamentali» dell'opera sveviana. Al «conflitto ineludibile tra i cosiddetti sani e attivi e i cosidetti malati o inetti o presunti capaci o contemplativi, del tutto negati alla vita pratica» è bene aggiungere la «costante» dell'«analisi interiore» praticata ossessivamente dai personaggi e, soprattutto, «il senso di strenua autodifesa delle proprie particolarità e singolarità (come le presunte malattie)». La malattia è ciò che sta ad indicare le «particolarità individuali» e va difesa contro «ogni possibile intrusione di agenti estranei, medici compresi». La sfiducia nella prassi psicoanalitica, era largamente diffusa fra i letterati. Camerino ricorda, a questo punto, l'opinione di Kafka e la di lui difesa della malattia come «atto di fede», come «ancoraggio dell'uomo in crisi in un qualche terreno materno» e conclude: «così la psicanalisi, come origine della religione, non trova altro se non ciò che costituisce le "malattie" del singolo [...]. E qui si vuol curare?» (G.A. Camerino, *Italo Svevo: significato e caratteri di una poetica mitteleuropea*, in AA. VV., *Italo Svevo scrittore europeo*, cit., nell'ordine alle pp. 28, 16, 25). Vale la pena di ricordare che a detta della moglie Livia fu Kafka «l'ultimo [...] amore letterario» di Svevo. Di Kafka, continua Livia, «si riprometteva di scrivere un saggio e un profilo» (L. Veneziani Svevo, *Vita di mio marito*, cit., p. 145).
34. «Insomma – scrive David – Svevo ha preso da Freud elementi di una fenomenologia psicologica e non la teoria essenziale delle nevrosi. Freud ha rafforzato in lui una visione dinamica della psicologia dei "sentimenti", che Svevo aveva già perfettamente intuita e rappresentata. Ma l'apporto più prezioso di Freud allo scrittore mi pare di vederlo in quel "calore", in quel sentimento di "novità", in quell'idillio breve ma intenso tra un autore deluso e silenzioso da tanti anni e una "filosofia" ch'egli sentì profondamente innovatrice» (M. David, *La psicoanalisi e la cultura italiana*, cit., p. 394).

scienza,[35] Svevo parla di un «rapporto intimo» fra «filosofo e artista», un rapporto che può essere paragonato ad un «matrimonio legale perché non s'intendono fra di loro proprio come il marito e la moglie tuttavia come il marito e la moglie producono dei bellissimi figliuoli». «L'opera dell'artista può promuovere il pensiero del filosofo», aggiunge Svevo, se non addirittura «arrivare alla filosofia ignorando il filosofo». Qualcosa di analogo accade anche quando alla filosofia si sostituisce la scienza che studia la parte profonda e celata di ognuno di noi, la psicoanalisi. Anzi Svevo si spinge ancora più in là quando, poche righe prima di raccontare al lettore del suo incontro con Freud, si chiede: «ma quale scrittore potrebbe rinunziare di pensare almeno la psicanalisi?».[36]

La psicoanalisi ha insegnato a Svevo, come a molti altri scrittori, la possibilità di guardare dentro di sé e di indagare le zone oscure ed inesplorate della propria mente. Tuttavia, ad una sorta di procedimento analitico applicato all'atto creativo Svevo era già arrivato diversi anni prima e certo non grazie a Freud, ma bensì, come ha dimostrato Camerino, grazie a Schopenhauer.[37]

---

35. Nel *Personaggio-uomo*, Debenedetti, parlando del complesso rapporto che lega la letteratura, in particolare la narrativa, alla scienza osserva: «si guardi al *drôle de ménage* che da un pezzo essa ha combinato con la scienza: è una continua altalena di lune di miele e di ripudi» (G. Debenedetti, *Commemorazione provvisoria del personaggio-uomo*, in Id., *Il personaggio-uomo*, Milano, Il Saggiatore, 1970, p. 14). Si ricordi, per inciso, che il rapporto con Debenedetti era tutt'altro che facile, sebbene questi riconosca a Svevo doti evidenti di romanziere: «direi che in lui è innato il *gusto* del romanzo. Un'assidua e pensosa passione di scrutare l'uomo, nel suo interno e nel suo esterno, la quale si traduce senza residui negli atti, nelle situazioni, nei pensieri di un *homo fictus*» e conclude: «il romanzo fa parte del suo temperamento di scrittore» (G. Debenedetti, *Svevo e Schmitz*, in *Saggi critici*, II, cit., pp. 34, 37). Scrive Svevo, in una lettera indirizzata a Montale, il 1 dicembre del '26: «a Debenedetti scrivo oggi un ringraziamento. Lessi qualche poco e mi dispiacque. Ma non glielo confesso fra l'altro perché avendomi il Saba detto che Debenedetti non può soffrirmi, la mia antipatia può essere Freudiana. Prometto di leggere. [...] Aggiungo una parola cortese dicendogli che, se passa per Trieste gli sarei grato di poter stringergli la mano. Vede che faccio del mio meglio per vincermi» (I. Svevo-E. Montale, *Carteggio con gli scritti di Montale su Svevo*, cit., p. 38).
36. I. Svevo, *Soggiorno londinese*, cit., pp. 896-97.
37. Sono molti i luoghi che testimoniano uno stretto rapporto tra Svevo e Schopenhauer. Ad esempio, per limitare il discorso al tema che mi interessa, quello della malattia, si pensi a *Una vita*, un romanzo, per stessa ammissione di Svevo, «fatto tutto alla luce della teoria di Schopenhauer», quando il protagonista determinato a «riconquistare la salute» chiama in causa «certi religiosi dell'India» convinti che l'«annientamento della materia apporti necessariamente un aumento dell'intelligenza». Una ricerca «illusoria», quella di Alfonso Nitti, ma, lo ha rilevato Camerino, che «il romanziere, ancora in una nota del 1905, attribuiva pur sempre a Schopenhauer». Schopenhauer è ancora presente in questo romanzo, quando Alfonso riflette sul «proprio egoismo», o quando menziona le «letture» che gli avevano insegnato lo «stato di rinunzia e di quiete»: i due curatori rimandano, al riguardo, ad un passo dell'*Etica* e ancora al libro IV de *Il mondo come volontà e rappresentazione* di Schopenhauer (cfr. TO, I, pp. 252, 1293-1294; 340, 1304). Le parole di Svevo possono essere lette in *Epist.*, p. 863, le osservazioni di Camerino in *Italo Svevo: significato e caratteri di una poetica mitteleuropea*, cit., p. 19. E ancora: nella *Coscienza* Zeno, sempre più determinato ad abbandonare le sedute, tenta di comprendere cosa il dottore si

Italo Svevo ovvero «l'ultimo prodotto della fermentazione di un secolo»

attenda da lui per poterlo accontentare: «dimostravo così anche di aver capito perfettamente la malattia che il dottore esigeva da me», commenta. In realtà egli ha già deciso di trovare la cura senza l'aiuto del medico: sulla strada della sperimentazione individuale Zeno riscopre, ancora una volta, gli insegnamenti di Schopenhauer: «credetti di aver fatta un'importante scoperta scientifica. Mi credetti chiamato a completare tutta la teoria dei colori fisiologici. I miei predecessori, Goethe e Schopenhauer, non avevano mai immaginato dove si potesse arrivare maneggiando abilmente i colori complementari». Le teorie dei colori di Goethe e di Schopenhauer diventano così il punto di partenza per una "sperimentazione" in proprio di Zeno, che spera «di ravvivare [...] le [...] noiose sedute» di analisi; ma le cose non vanno in quella direzione. S., uomo di scienza, ha pronta per Zeno una deludente spiegazione, che lo riconduce, per l'ennesima volta, a confrontarsi con l'irrisolto problema del fumo, colpevole di avergli reso la retina «più sensibile» ai colori (I. Svevo, *La coscienza di Zeno*, cit., pp. 1057-1058 I due studi a cui Svevo allude sono la *Teoria dei colori* di Goethe del 1810 e *Sulla vista e sui colori*, del 1816, di Schopenhauer). Insomma, nemmeno l'appellarsi a quello che Svevo aveva definito «il suo autore preferito», ovvero a Schopenhauer, sembra salvarlo dalla psicoanalisi (*Profilo autobiografico*, TO, II, p. 801). Da ricordare è anche la testimonianza della moglie che annota, al riguardo: «Schopenhauer era, e rimane per tutta la vita, il suo filosofo preferito: ne possedeva l'opera completa e spesso ne citava interi brani a memoria» (L. Veneziani Svevo, *Vita di mio marito*, cit., p. 28). La figlia stessa fa risalire la passione del padre per il filosofo tedesco agli anni di Segnitz: «avvenne un fatto che ebbe una grande importanza per la formazione ideologico-culturale di mio padre, e che ne condizionò profondamente la concezione, sostanzialmente pessimistica, del mondo e della vita, ossia la lettura delle opere di Schopenhauer. Egli si appassionò in maniera davvero straordinaria, fra i sedici e i diciassette anni, al filosofo tedesco» (*Iconografia sveviana. Scritti, parole e immagini della vita privata di Svevo*, a cura di L. Svevo Fonda Savio e B. Maier, Pordenone, Studio Tesi, 1981, p. 54). Sono davvero molti i luoghi in cui Svevo ricorre alla filosofia di Schopenhauer, che ben conosceva avendo letto i testi del filosofo nella edizione a cura di Julius Frauenstädt e non è certo possibile qui ripercorrerli tutti. Dalle *Cronache familiari*, quando per «dare la libertà e insegnare a conoscere se stessa» Svevo decide di far leggere a Livia, oltre a Marx e Bebel, gli scritti del filosofo (TO, II, p. 715), ai luoghi in cui si intravede la teoria dell'egoismo e del genio, o ancora al modo grazie al quale è possibile conoscere il carattere, e poi dal rapporto con Wagner all'interpretazione del pensiero di Giordano Bruno o della poesia di Leopardi, ai diversi luoghi rinvenibili nella produzione teatrale (ci si riferisce, disordinatamente, a *L'autobiografia di Riccardo Wagner*, pp. 1020-1024; *Giordano Bruno giudicato da Arturo Schopenhauer*, pp. 1025-1027; *Un individualista*, pp. 1036-1041; *Soggiorno londinese* pp. 893-910 in TO, III. Ed infine *Pagine di diario*, TO, II, p. 741-42). Viene da chiedersi in che modo Svevo abbia potuto utilizzare il pensiero di Schopenhauer in campi e in modi tanto diversi: la risposta è forse da cercarsi nella letteratura. Ciò che lo interessa non è la riflessione filosofica, e nemmeno le teorie scientifiche che pur conosceva. Ciò che lo interessa è la letteratura e la possibilità di "letturalizzare" ogni cosa, dalla cura psicoanalitica alla filosofia di Schopenhauer. Svevo, insomma, è più profondamente letterato di quanto, forse, egli stesso creda. Mazzacurati indica nella ripetutamente ricordata commedia *Le teorie del conte Alberto* un'anticipazione dell'«istanza di compromesso o meglio di coabitazione e di sfruttamento "estetico" delle scienze più contraddittorie (dal darwinismo alla relatività) tipica dello Svevo novecentesco: in quella che sarà una frequente strumentalizzazione e subordinazione d'ogni sapere teorico, d'ogni nuovo acquisto analitico (compreso Freud) alle strategie del desiderio e della loro rappresentazione». Le conoscenze scientifiche e filosofiche di Svevo sono, per usare le parole di Lavagetto, «materiale per una finzione» (G. Mazzacurati, *Percorsi del teatro sveviano*, in "Teatro in Europa", 3, 1988, p. 51; M. Lavagetto, *L'impiegato Schmitz e altri saggi su Svevo*, cit., p. 58). Per quanto riguarda *Una vita*, i curatori dell'ed. critica dei romanzi, Nunzia Palmieri e Fabio Vittorini, chiamano in causa il IV libro dell'opera di Schopenhauer *Il mondo come volontà e rappresentazione* (cfr. *Una vita*, cit., p. 87 e la relativa nota a p. 1273). Sulla componente antiverista e schopenhaueriana del primo Svevo, cfr. anche G. Savarese, *Scoperta di Schopenhauer e crisi del naturalismo nel primo Svevo*, in "Rassegna della letteratura italiana", a. LXXV, 1971, n. 3, pp. 411-431.

Nel 1899, Svevo afferma che la forma migliore per «scrivere sul serio» è quella di «scribacchiare giornalmente», per «portare a galla dall'imo del proprio essere, ogni giorno un suono, un accento un residuo fossile o vegetale di qualche cosa che sia o non sia il puro pensiero, che sia o non sia sentimento, ma bizzarria, rimpianto, un dolore, qualche cosa di sincero, anatomizzato, e tutto e non di più. [...] Insomma fuori della penna non c'è salvezza».[38] Il letterato, prima ancora di pensare alla stesura dell'opera, deve scandagliare se stesso con l'aiuto del mezzo che più gli è famigliare, la penna. La scrittura diviene modalità di conoscenza del proprio io, che attraverso essa emerge: a quel punto, quel magma informe deve essere «anatomizzato», il termine non è casuale, trattato scientificamente per poter poi essere utilizzato. L'attività creativa si fonda sulla indagine introspettiva, che affiora nella pagina-confessione del diario.

---

38. I. Svevo, *Pagine di diario*, cit., p. 733. Scrive al riguardo Vittorini: «egli – Svevo – cercava di dare al linguaggio una poesia che non fosse quella medesima delle parole, una poesia, una verità che bisognava "portare a galla dall'imo del proprio essere" [...]. Si trattava di fomentare nelle parole un alto significato umano, trascendente la loro bellezza materiale, ma che imprigionasse in ogni virgola, in ogni accento una bellezza assai più potente del loro suono [...]. Questo il suo scrivere sul serio, lasciar scorrere cioè sopra la carta un fiume di parole di cui non una tornasse gratuita e si trovasse lì per esprimere un puro pensiero, un abbandono o una reticenza, una figura rettorica, una civetteria, una allusione qualsiasi dello scrittore, ma tutte indistintamente portassero *a galla* qualche cosa della realtà che intendevano rappresentare, continuamente, anzi, *qualche cosa* dietro *qualche cosa*, col moto di evoluzione e di divenire proprio della vita dei personaggi» (cfr. la recensione di Vittorini apparsa su «Solaria» nel dicembre del 1930, alla seconda ed. di *Una vita*, uscita a Milano in quell'anno. Il testo della recensione può essere letto in E. Ghidetti, *Il caso Svevo, Guida storica e critica*, Bari. Laterza, 1984, p. 65). A detta di Camerino: «lo scrittore, attraverso il proprio mestiere, tenta di far affiorare "dall'imo del proprio essere" alcuni momenti della sua identità originaria. E certamente era stato Schopenhauer a fargli scoprire la necessità di quest'analisi interiore prima che si compia lo sgretolamento dei confini della sfera privata». È un'indagine che lascia fuori il mondo esterno o meglio, per usare ancora le parole di Camerino «prescinde da un rapporto diretto con la realtà storico-sociale» e rientra in quel processo di «autodifesa» dell'individuo nei confronti della propria unicità. L'influenza del filosofo tedesco è pertanto di gran lunga maggiore rispetto alla lezione freudiana. A detta del critico per Svevo «le teorie freudiane – costituiscono – una curiosità nient'affatto determinante, mentre emerge evidente la lezione schopenhaueriana [...] secondo cui il soggetto non conosce la sua vera essenza e, per quanti sforzi faccia, potrà con gli anni solo percepirne un'idea limitata. La ricognizione della coscienza zeniana infatti non è che un tentativo di riscoprire parte della sua identità originaria che, secondo il filosofo tedesco, si forma all'atto della nascita *prima* di ogni conoscenza. La sintesi della ricerca analitica in Svevo non la compie Freud, ma se mai essa rievoca assai da vicino la schopenhaueriana "coscienza a posteriori", mentre l'"avventura psichica" di Zeno è molto simile alla memoria di cui parla lo stesso Schopenhauer» (G.A. Camerino, *Italo Svevo e la crisi della Mitteleuropa*, cit., pp. 96, 97, 101).

Italo Svevo ovvero «l'ultimo prodotto della fermentazione di un secolo»

A distanza di pochi anni, nel 1902, Svevo torna a parlare della penna come strumento di analisi interiore indispensabile per coloro che, «impotenti», riescono a «pensare» solo «con la penna in mano»: «dunque – aggiunge lo scrittore – ancora una volta, grezzo e rigido strumento, la penna m'aiuterà ad arrivare al fondo tanto complesso del mio essere. Poi la getterò per sempre». L'autoanalisi condotta attraverso tale strumento non pare più essere il presupposto per l'attività creativa, al contrario, una volta esaurita la sua funzione di aiuto nell'inabissarsi nel profondo del proprio io, Svevo potrà «elimin*are* dalla *sua* vita quella ridicola e dannosa cosa che si chiama letteratura». Non è facile formulare delle ipotesi su questo frammento, che secondo il rispetto dello statuto diaristico Svevo sostiene di non voler «assolutamente» pubblicare. Forse, si tratta di un «proposito» come lo ha inteso Lavagetto poi, così come accade per il fumo, puntualmente tradito. Forse, bisogna distinguere fra scrittura e letteratura, come ha fatto Mazzacurati: «se la "letteratura" appare pregiudicata per sempre, tra istituzioni sclerotiche e convenzioni inautentiche, la scrittura afferma ancora la propria necessità, come segnale geroglifico di una oscurità interiore che sgomenta».[39] Se così è, trova una sua ragione la scelta del vegliardo: «io voglio scrivere ancora» si legge nelle «confessioni». Qui la scrittura si fa modo per rimanere in vita e per ripercorrere, ordinare ed in ultimo riprendere possesso del tempo trascorso. È Magris a guidarmi in questa direzione, suggerendo un legame fra lo sveviano coniugare vecchiaia e scrittura e altre analoghe esperienze di grandi narratori mitteleuropei. La scrittura consente non solo di sottrarsi al presente trovando «rifugio nel disteso territorio del tempo già trascorso e della vita già vissuta», ma anche di ribellarsi a tutto quanto appare come predefinito. Scrittura e vecchiaia significano l'estrema occasione di esercitare la propria libertà, «sono la corrosione anarchica di ogni organizzazione già definita dell'esistenza, l'apertura alla pura possibilità». Ma la scrittura appare inoltre, quando si è giunti al fine della vita, il solo modo per sottrarre ciò che è stato al nulla: «come è viva quella vita e come è definitivamente morta la parte che non raccontai. Vado a cercarla – conclude il vegliardo – talvolta con ansia sentendomi monco, ma non si ritrova».[40]

Svevo dunque non smette di scrivere ed anzi, prima dell'approdo alla scrittura del «vegliardo», dimostra, con un costante *labor limae*, l'importanza della scrittura stessa, sebbene anche lui, come Fogazzaro, sia stato accusato di scri-

---

39. Cfr. M. Lavagetto, *L'impiegato Schmitz*, cit., p. 9; G. Mazzacurati, *Dentro il silenzio di Svevo: crisi, morte e metamorfosi della "letteratura"*, in Id. *Stagioni dell'apocalisse. Verga, Pirandello, Svevo*, Torino, Einaudi, 1998, p. 237.
40. Le osservazioni di Magris possono essere lette nella di lui prefazione a T. Kezich, *Svevo e Zeno vite parallele. Cronologia comparata di Ettore Schmitz (Italo Svevo) e Zeno Cosini con notizie di cronaca triestina ed europea*, Milano, Il Formichiere, 1978, p. X. Le citt. di Svevo sono tratte da *Le confessioni di un vegliardo*, TO, I, pp. 1116-1117.

ver male.⁴¹ Quando lo scandaglio è finito, il letterato lavora su quanto è emerso, facendosi, contemporaneamente artista e scienziato. Svevo affida ad Annetta, in *Una vita*, il compito di illustrare tale procedimento: «perché non pubblicare al più presto qualche lavoro per farsi un nome? – si chiede la donna, scrittrice in erba a sua volta – Certi giovani per amore dell'accuratezza diventano pedanti prima del tempo, preferiscono la lima alla penna e finiscono col non far niente. [...] Per adoperare la lima occorre, oltre che molto ingegno, molto senno critico. Quando si fa si è artisti, ma quando si lima bisogna essere artisti e scienziati».⁴²

I due momenti nell'atto creativo, quello della scrittura e quello della revisione, possono per altro dare origine a due differenti "sindromi", sempre per non perdere di vista il tema che mi interessa, quello della malattia. In tal direzione è da leggersi la bella lettera a Silvio Benco, scritta nel novembre del 1895, quando, riferendosi proprio a *Una vita*, Svevo si dichiara "malato" di due diverse e

---

41. Svevo è consapevole di non possedere pienamente la lingua italiana. In una lettera a Crémieux, sostiene di aver «sempre onor*ato* la *sua* madrelingua. Ma che fare? – aggiunge – Dalla mia prima giovinezza fui sbalestrato nei più varii paesi. [...] Ed è così che la lingua italiana per me restò definitivamente quella che si muove nella mia testa» (*Epist.*, p. 825). A sua volta Livia ricorda che fin dagli inizi della sua carriera letteraria: «Ettore era sempre più attratto dalla letteratura e soffriva di non dominare perfettamente la lingua, sia per l'istruzione avuta in una scuola straniera, sia per l'abitudine continua del dialetto [...]. E coltivava segretamente un sogno: quello di convincere il padre a mandarlo per qualche anno a studiare a Firenze» (L. Veneziani Svevo, *Vita di mio marito*, cit., p. 17). Sono in molti ad intervenire su questo argomento, a partire da Montale, il quale in margine a *Senilità*, discute di un «linguaggio antiletterario ma fervido, essenziale, che rapisce e trasporta con sé ogni detrito, riscatta ogni mancanza del momento; un che di genuino e di compatto, un'armonia tra premesse, sviluppi e conseguenze, genuinità e compattezza che sono nell'animo dello scrittore prima e meglio che nelle sue parole» (E. Montale, *Omaggio a Italo Svevo*, in *Il secondo mestiere. Prose 1920-1979*, a cura di G. Zampa, Milano, Mondadori, 1996, t.1, p.79). A detta di Devoto, Svevo ha tentato con uno «sforzo incompiuto di stabilire una equivalenza di valori fra i suoi fantasmi e gli elementi grammaticali»: in tal senso è stato un «precursore», in quanto ha indicato «anche al lettore più modesto le esigenze nuove cui la lingua deve saper corrispondere; nella rudimentalità delle sue realizzazioni» (l'articolo è apparso in "Letteratura" nell'ottobre del '38 ed è stato poi raccolto in *Itinerario stilistico*, Firenze, Le Monnier, 1975; da qui è tratta la cit., p. 268). Secondo Contini: «lo "scriver male" di Svevo è [...] tale solo per lettori storicamente non al corrente, non al corrente [...] della vecchia Trieste [...] e si supera staccando in immaginazione le forme scorrette con semplici atti meccanici» (G. Contini, *L'analisi linguistica di Giacomo Devoto*, in Id., *Varianti e altra linguistica*, Torino, Einaudi, 1970, p. 667). Sul bilinguismo di Svevo ha scritto Saba: «Svevo poteva scrivere *bene* in tedesco; preferì scrivere *male* in italiano. Fu l'ultimo omaggio al fascino assimilatore della "vecchia" cultura italiana. È la storia dell'amore – prima della "redenzione" – di Trieste per l'Italia» (U. Saba, *Scorciatoie e raccontini*, in *Prose*, Milano, Mondadori, 1964, p. 303). L'opinione di Saba è stata ripresa da Bruno Maier, il quale ne attenua un po' i toni pur riconoscendo nella lingua di Svevo una «"componente" tedesca, manifesta sia in alcune costruzioni che sembrano tradotte dal tedesco e mantengono un andamento o un giro sintattico tipico di quella lingua [...],

parimenti gravi patologie. La prima è «l'incapacità d'arrivare all'immediata rappresentazione di una cosa reale nella forma che gli altri sentono nella cosa stessa»; la seconda il «terrore della mia idea per cui m'è quasi impossibile di starle accanto lungo tempo. Faccio e rifaccio ma, in sostanza, nello svolgimento e persino nelle parole mi riproduco, perché non so pensare intensamente». Delle due «malattie», a detta di Svevo, la prima è «innata» e si è manifestata «6 anni or sono», quando cioè era alle prese con la stesura di *Una vita*: «girando e rigirando attorno all'idea – scrive Svevo – riuscivo a fissarne parte sulla carta».[43] Niente di più lontano dal ben noto romanzo sperimentale di importazione francese: la realtà che Svevo rappresenta è parziale e soggettiva, ognuno sente la medesima cosa in modo diverso. La seconda «malattia», di fatto, non fa che «aggrava*re* la prima» e allontanare sempre più lo scrittore dal credo naturalista.[44] Nel "riprodursi" sveviano c'è la piena e affermata soggettività di colui che scrive e che non registra un dato reale, ma rappresenta una sua idea, in modo più

    sia nell'uso e anzi nell'abuso, della congiunzione "di", che rimanda a un'evidente tradizione linguistica di marca germanica [...]. Accanto al "vettore" linguistico tedesco [...] va registrata la presenza d'un elemento dialettale, di dialetto o, anzi, di "dialettaccio" triestino, che rimanda al caratteristico *habitus loquendi* dello scrittore» (B. Maier, *Italo Svevo*, Milano, Mursia, 1975, p. 173). A queste due componenti Maier aggiunge la presenza di arcaismi e di termini derivati dalle lingue straniere. Torna su questo punto Giuseppe Prezzolini, che tuttavia chiarisce: «lo Svevo non scrive bene, se si intende per scrivere adoperare una lingua tratta dalla tradizione. [...] La sua frase è qualche volta impacciata. Sotto l'italiano si sente il dialetto triestino e, talora, l'abitudine delle letture tedesche. [...] Lo Svevo [...] non sa scrivere. Ma ha qualche cosa da dire» (l'art. può essere letto in E. Ghidetti, *Il caso Svevo*, cit., p. 25). Anche Debenedetti giunge ad analoghe conclusioni quando ammette che la scrittura di Svevo «è bruttissima senza dubbio». Tuttavia, a suo dire, è una scrittura che si finisce con l'amare perché la si avverte «bizzarramente gustosa» e capace «malgrado tutti gli arbitrii e le cacofonie esterne e interne» di «attaccare e mordere le cose» (l'articolo è apparso in "Il Convegno", gen-feb 1929 ed è poi stato ripubblicato nelle edizione dei *Saggi 1922-1966* di Debenedetti, a cura di F. Contorbia, Milano, Mondadori, 1982. Le citt. sono tratte da E. Ghidetti, *Il caso Svevo*, cit., pp. 57-58). Sul rapporto con le lingue straniere si veda inoltre A.L. Lepschy, *Narrativa e teatro fra due secoli. Verga, Invernizio, Svevo, Pirandello*, Firenze, Olschki, 1984, in particolare il cap. «*M'accorsi che le avevo inviato alcuni accenti di troppo». Svevo e le lingue straniere*, pp. 93-111.

42. I. Svevo, *Una vita*, cit., pp. 114-115. Cfr. il frammento C delle *Pagine di diario* (dicembre 1902), in TO, II, p. 736.
43. *Epist.*, p. 34.
44. Secondo Gabriella Contini la prima «malattia» indicata da Svevo attiene alla natura stessa del letterato e «dell'artista in genere: quella che consiste nel rifiuto della immagine stereotipa della realtà che la convenzione sociale gli consegna e nell'abilità di scomporre l'ordine apparente delle situazioni codificate per porsi di fronte al fenomeno, sottratto all'usura del senso comune, con uno stupore ogni volta nuovo». La seconda è invece legata all'incessante volontà dello scrittore di «rinnova*re* [...] *la* materia autobiografica» e farla diventare adatta alla narrazione (G. Contini, *Le lettere malate di Svevo*, Napoli, Guida, 1979, pp. 18-19).

o meno imperfetto.[45] Il naturalismo di Svevo va declinato con una qualche cautela ed è ben nota la sua sfiducia circa i cosiddetti documenti umani. In un frammento più tardo, intitolato così, egli torna ancora sull'idea di scrittura come atto immaginativo che non tollera di essere irregimentato. Il taccuino dello scrittore naturalista è per Svevo una prigione più che un mezzo per fissare qualcosa che poi sarà riutilizzato: «Io non ci credo. – esordisce – Certo sembrano preziose certe ideuccie che ci capitano nel riposo. Vengono e vanno via apparentemente molto lontano se non si fissano sulla carta. Fissate sulla carta sono tolte all'evoluzione e si cristallizzano per non essere mai più adoperate e per stonare in qualche cosa in cui saranno cacciate a forza. Invece così del tutto dimenticate fertilizzano come quella materia organica che si decompone per meglio ricostituirsi quando viene la sua stagione (TO, II, p. 781)». La libertà di chi scrive non deve essere confusa con l'allontanarsi dalla realtà: al contrario, come si legge in una delle "pagine di diario" datata 5/6/1927, la verosimiglianza è il punto di incontro per chi legge («chi legge un romanzo deve avere il senso si sentirsi raccontare una cosa veramente accaduta»), come per chi scrive («chi lo scrive maggiormente deve crederci anche se sa che in realtà mai si svolse così»). E aggiunge: «l'immaginazione è la vera avventura. Guardati dall'annotarla troppo presto perché la rendi quadrata e poco adattabile al tuo quadro. Deve restare fluida come la vita stessa che è e diviene». Il romanziere in grado di fare tutto ciò è molto più vicino alla realtà di quanto non lo sia lo scrittore-scienziato alla Zola, perché la realtà stessa è mutevole. Ma il nuovo romanziere ha una *chance* in più rispetto al suo collega naturalista, nella misura in cui raffigura sì la realtà ma attraverso l'immaginazione, quella stessa immaginazione che induce Svevo a vivere una vita apparentemente monotona, in quanto la forza di «una cosa immaginata con tanta precisione non *ha* bisogno di succedere».[46] L'immaginazione è «meno monotona della realtà solo perché vi si muovono creature che dalla realtà nacquero ma isolate dal nostro desiderio, dalla nostra passione».[47] Desiderio e passione che

---

45. Luti parla di una «congenita predisposizione sveviana ad intrufolarsi nella pagina, a violare l'individualità dei suoi personaggi, camuffando nella loro la propria personalità, in un perenne gioco di interferenze e combinazioni» (G. Luti, *Un «giallo» psicologico di fine secolo*, in *Letteratura e società tra Otto e Novecento. Pratesi, Svevo, Pirandello e Zena*, Milano, Vita e Pensiero, 1979, p. 102).
46. L'osservazione appartiene al frammento G delle *Pagine di diario*. Aggiunge Svevo: «io ora so perché durante tutta la mia vita non mi sia avvenuto niente di sorprendente, nessuna avventura inaspettata o, per esprimermi volgarmente, nessun colpo di fortuna. Tutte queste cose stavano per succedermi ed io le presentivo, ma certamente con troppa energia» (TO, II, p. 770).
47. La polemica relativa ai documenti umani in rapporto con l'immaginazione creativa aveva segnato larga parte della letteratura di fine secolo. Così scriveva Fogazzaro nel racconto-manifesto con il quale chiude la sua prima raccolta (*Fedele e altri racconti*): «documenti umani? Ne tenevo parecchi, ma davano pessimo odore. I rispettabili personaggi delle mie collezioni ne erano stomacati; qualcuno ne soffriva addirittura

certo non si addicono a chi osserva la realtà con occhio da scienziato e con l'intento di descriverla aseticamente.[48]

La «passione per il romanzo francese».

Émile Zola, si diceva. Non facile, in quegli anni, prescindere dalla sua lezione. Frequentemente si incontrano, nelle pagine di Svevo, il nome di Zola, o cenni alla di lui teoria del romanzo sperimentale. L'interesse per il romanziere francese risale al 1881, quando il fratello Elio registra nel *Diario* il cambio «di partito in arte» di Ettore. Così continua Elio: «è verista. Zola lo ha confermato nell'idea che lo scopo della commedia e l'interesse devono essere i caratteri e non l'azione».[49] Se di verismo si parla non desta stupore il rapporto che Svevo istituisce fra Zola e Verga. L'occasione è offerta dalla pubblicazione di *Mastro-Don Gesualdo*, un romanzo che a Svevo piace di più dei *Malavoglia*, forse perché vicino alla sua sensibilità di lettore: «ci troviamo in un contorno di nobili e di popolani molto vicini alla borghesia: è un ambiente che ci è più vicino, più facile di quello del basso popolo di una provincia lontana». Il punto di incontro fra Verga e Zola è da ricercarsi, a detta di Svevo, non nella modalità narrativa, ma piuttosto nella scelta di uno sfondo storico. I loro romanzi sono ambientati in una dimen-

---

nella salute. [...] Ho dovuto gittare dalla finestra quanto avevo di poco pulito, beneficando forse, senza saperlo, qualche spazzaturaio della letteratura, qualche povero collega, avido di lettori, di quattrini e di fama. Non dico mica di non possederne ancora, documenti umani. Ne ho di rari e curiosi che mi costarono un occhio quando li raccolsi, con infinita compiacenza, nel taccuino. [...] Quando osservo la vita, e la penso e la porto nel mio petto, essa vive ancora, dentro a me, del mio stesso calore, del mio sangue; quando la scrivo nel taccuino, vi muore miseramente, vi si dissecca, io vi cerco invano una ispirazione, la mia fantasia la sdegna, il mio cuore non la sente più. I miei migliori documenti umani non sono miei; mi vivono bensì intorno o almeno passano davanti a me» (A. Fogazzaro, *Liquidazione. Lettera al direttore d'un giornale*, in *Racconti*, a cura di P. Nardi, Milano, Mondadori, 1931, pp. 205-206). Ancora da ricordare la prefazione di *Documenti umani* dove Federico De Roberto attribuisce l'«osservazione immediata» all'autoanalisi dello scrittore: «mettendosi direttamente in iscena, o prestando la propria coscienza a uno dei suoi attori, egli – lo scrittore – potrà sviscerare gli stati d'animo più complessi, rari e delicati che nel campo di questa coscienza e sotto la propria diretta percezione si formano» (la *Prefazione* può essere letta in *Romanzi, novelle e saggi*, a cura di C. A. Madrignani, Milano, Mondadori, 1984).

48. I. Svevo, *Frammenti* e *Pagine di diario*, TO, II, pp. 781, 760. Rimando all'esauriente nota di Clotilde Bertoni per ricostruire i differenti luoghi della produzione di Svevo in cui tornano, differentemente modulati, i testi testé citati, dalle lettere a Montale (28 marzo 1927) e a Jahier (11 febbraio 1928), alla novella *Proditoriamente* (cfr. ivi, pp. 1441-1442).
49. Nell'estate dell'82 Elio scrive ad Ettore: «io, Elio Schmitz (Mitti), farò poesie. M'immagino che tu ridi, meglio detto mi deridi. È una malattia che però altre volte hai patito anche tu. Se ora hai trovato il tuo dottore, Zola, non per questo sei del tutto guarito ed una ricaduta potrebbe avvenire di giorno in giorno, anzi potrebbe il male essere peggiore, cioè carduccino» (*Lettere a Svevo. Diario di Elio Schmitz*, cit., pp. 54, 89).

sione che appartiene al passato: la ragione di tale scelta è legata al desiderio dei due narratori di «trovarsi in un periodo storico già chiuso e giudicato» per poter esprimere sui loro personaggi un parere più sicuro. Quando, al contrario, l'attenzione del recensore si concentra sulla modalità d'analisi dei personaggi, Svevo fa il nome di «Tourgueneff», ovvero di chi ha saputo prima «studia*re*, anatomizza*re* con la pazienza dello scienziato» poi, nel trasferire le sue «creazioni» sulla pagina, «abbelli*rle*, eleva*rle*», detta diversamente ha saputo studiare «con la pazienza dello scienziato», ma scrivere con la «compassione del poeta».[50] Ancora una volta arte e scienza, insomma. In un frammento tardo, intitolato *Ispirazione*, Svevo oppone la «pazienza», testé nominata, all'«ispirazione»: «io all'ispirazione ci credo e non credo affatto nella pazienza. L'ispirazione capita, crea, poi se ne va e lascia solo l'animale che essa per un istante animò pieno del ricordo e impegnato in un lavoro che oramai è lasciato solo privo dell'ispirazione ch'egli ricorda più o meno chiaramente». Non solo: a rendere l'ispirazione momento lontano da qualsivoglia studio scientifico del dato materiale, Svevo chiarisce la sua subitaneità che certo non consente di «imita*re*» o «simula*re*» la vita. Si aggiunga ancora che il frammento è databile negli anni della *Coscienza*, ovvero quando Svevo sperimenta in prima persona la forza dell'ispirazione che lo spinge a scrivere dopo un lungo periodo di silenzio, e pare difficile non pensare ad una relazione fra i due testi.[51]

Per prendere atto di quanto lontano dalla lezione naturalista si collochi l'opera di Svevo, non è il caso comunque di attendere fino agli anni della *Coscienza*. Si guardi al personaggio di Adolfo nell'«atto unico» *Una commedia inedita. Scherzo drammatico*, sorta di caricatura del letterato verista con «il fronte molto basso... schiacciato», capace di battute sconcertanti: «a noi veristi piacciono più le mani ossute dei quasi scheletri»[52]. Svevo non crede alla "ricetta" naturalista. Lo dimostra bene l'aver scelto di farla illustrare dal dottor Prarchi, il medico-letterato di *Una vita*. Questi è autore di un «romanzo naturalista» e depositario della perfetta ricetta per comporre un'azione narrativa: «rimarrò medico – diceva – anche essendo romanziere. Si tratta di studiare un lento corso di paralisi progressiva. I medici cominciano a studiarla quando è già completa; io invece allora l'abbandonerò. La studierò nel suo formarsi. Carattere da paralitico, organismo da paralitico, idee da paralitico e che arrechino dei disturbi alle per-

---

50. L'articolo, firmato E. Samigli, è uscito sull'"Indipendente" del 17 dicembre 1889. Si deve a Brian Moloney il merito di averlo ripubblicato (*Italo Svevo e l'"Indipendente": sei articoli sconosciuti*, in "Lettere Italiane" ott-dic 1973, pp. 554-556). Oggi lo si può leggere in TO, III, pp. 1079-1082 (la frase cit. è a p. 1081). A Turgenjeff Svevo dedica anche un articolo (*Poesie in prosa di Iwan Turgenjeff*) apparso sempre sull'"Indipendente" il 29 gennaio 1884 (ora in TO, III, pp. 989-992).
51. Il frammento è ricordato da A. Cavaglion in *Italo Svevo*, Milano, Bruno Mondadori, 2000, pp. 80-81.
52. I. Svevo, *Una commedia inedita. Scherzo drammatico in un atto*, TO, III, pp. 11, 13.

Italo Svevo ovvero «l'ultimo prodotto della fermentazione di un secolo»

sone che lo contornano e... il romanzo è fatto».[53] Ancora la malattia, insomma, questa volta come ingrediente per scrivere.

La teoria del romanzo sperimentale non convince completamente Svevo: fin dal 1884, nel recensire *La joie de vivre* di Zola, è colpito dall'organicità della narrazione: il tessuto narrativo è talmente denso da rendere impossibile riassumerne il contenuto. I "fatti" assumono significato solo se analizzati nel loro insieme e così devono essere presentati. Interessante la chiusa dell'articolo, dove Svevo sfiora appena uno degli argomenti più discussi dalla critica di fine Ottocento, ovvero l'essere, quello di Zola, un romanzo a tesi.[54] Osserva il recensore: «un malizioso [...] che volesse cogliere Zola in contraddizione con le sue stesse teorie potrebbe considerare Paulina quale un ideale realizzato ed allora apparirebbe chiaro che, il fondo, lo scopo del romanzo è veramente di tesi e di polemica». Tuttavia, quand'anche sia vera questa ipotesi e il profeta dell'oggettività si sia «messo ad insegnare e dimostrare», a detta di Svevo, se l'«insegnamento rimarrà inutile, la dimostrazione è riuscita»: ovvero non è in discussione la tesi che il romanzo appoggia, ma bensì la tecnica narrativa impiegata e sulla quale Svevo esprime un giudizio positivo.[55] La sua posizione si chiarisce ulteriormente in un articolo di qualche mese più tardi dedicato al *Libro di don Chisciotte* di Scarfoglio. Svevo prende spunto dalle critiche che questi muove al romanzo sperimentale, in particolare da quella che indica in esso una prosecuzione di quello romantico. L'affermazione non convince Svevo, al quale non dispiace affatto la derivazione del romanzo sperimentale da quello di Balzac, così come Zola stesso aveva indicato. E ancora: a sua detta Zola «non scienziato ma artista [...] descrive la vita servendosi di una teoria scientifica che gliela spiega», quella del-

---

53. I. Svevo, *Una vita*, cit. p. 126. I curatori dell'ed. critica dei romanzi non rimandano al ben noto *Romanzo sperimentale*, quanto piuttosto alla *Prefazione* di *Thérèse Raquin* (cfr. ivi, p. 1281). Su questa curiosa figura di medico-romanziere si vedano le osservazioni di B. Montagni, *Angelo consolatore e ammazzapazienti. La figura del medico nella letteratura italiana dell'Ottocento*, Firenze, Le Lettere, 1999, pp. 314-316.
54. Su questo punto mi permetto ancora di rimandare al mio saggio *Fantasmi del corpo fantasmi della mente. La malattia fra analisi e racconto (1870-1900)*, cit., in particolare al paragrafo *Dal romanzo naturalista al romanzo psicologico: il dibattito critico*, pp. 169-215.
55. I. Svevo, *«La joie de vivre» di Emilio Zola*, TO, III, pp. 995, 996. «Cosa possiamo ricavare allora da questo articolo?» si chiede Saccone e continua «un atteggiamento fermo e non troppo consenziente [...] nei confronti di Zola, con una distinzione tuttavia [...] tra il comportamento in concreto del romanziere recensito e quello prospettato in altra sede dal teorico del Naturalismo. Questo per un verso. Sul piano estetico, poi – insieme con una richiesta di verosimiglianza al reale del personaggio di Paulina, che conferma le esigenze realistiche dello Svevo [...] – si ritrova qui [...] un atteggiamento di rifiuto nei confronti di un'arte che sia dimostrazione di una tesi, insegnamento o polemica, personale per giunta» (E. Saccone, *Il poeta travestito: otto scritti su Svevo*, Pisa, Pacini, 1970, pp. 46-47).

l'ereditarietà.[56] È evidente qui, e la critica lo ha largamente sottolineato, la mediazione di De Sanctis,[57] grazie al quale non solo Svevo arriva al romanziere naturalista, ma anche al fondatore della teoria ereditaria, ovvero a Darwin. Scrive Svevo: «egli – Zola – non si prefisse di provare le teorie di Darwin che ammise *a priori* per provate, e l'idea della tesi, [...] non appare dai suoi romanzi. Più logico, più completo il suo sistema non poteva essere, e precisamente, prescindendo dal valore artistico dell'opera letteraria, l'idea scientifica dell'ereditarietà è entrata al luogo che occupava il destino nella tragedia greca e con il medesimo diritto». Non ha senso, dunque, voler ancora imparentare il romanzo sperimentale con quello romantico, una distanza incolmabile li separa. Il romanticismo aveva avuto il merito di allargare i confini del mondo («spostò le colonne d'Ercole a segnare le frontiere del territorio allargato»), ma aveva indicato per sempre dei limiti da non superare. La letteratura di fine Ottocento ha guardato verso un oltre cui procedere e tutto questo, conclude con forza Svevo, è una «rivoluzione» non un semplice «contributo». «La differenza [...] grande» di «metodi e di scopi» fra scrittori romantici e scrittori quali «Balzac, Zola, i fratelli Goncourt» va rispettata per comprendere la vera natura di tale rivoluzione.[58]

Anche ai Goncourt Svevo dedica una recensione nel 1887. In quell'occasione il volume preso in esame è il primo delle *Memorie*; Svevo dimostra di esse-

---

56. I. Svevo, *«Il libro di Don Chisciotte» di Edoardo Scarfoglio*, TO, III, pp. 1011-1012. In un articolo di poco antecedente rispetto a quello di Svevo, Vittorio Pica aveva, a sua volta, ricostruito la nascita del romanzo naturalista partendo da Balzac, che «applicò per primo il metodo esatto e l'inchiesta scientifica alle dipinture della moderna società», attraverso *Madame Bovary*, fino ai Goncourt, a Zola e a Daudet. Nel naturalismo Pica indica la continuazione delle «sane tradizioni del decimottavo secolo» articolata «sulle conquiste della scienza moderna e sulle teorie filosofiche dell'evoluzione» (V. Pica, *Romanticismo, realismo e naturalismo* (1882), in *All'avanguardia. Studi sulla letteratura contemporanea*, Napoli, Luigi Pierro editore, 1890, p. 32).
57. L'influenza di De Sanctis è cosa nota e sottolineata dallo stesso Svevo. Nel *Profilo autobiografico* (cit., p. 801) si legge al riguardo: «poi fu introdotto nei suoi studi un qualche ordine dalla conoscenza delle opere di Francesco De Sanctis». A tale testimonianza può essere accostata quella della figlia dello scrittore. Nel suo ritratto della figura paterna si legge: «nella critica di mio padre si sente l'influenza benefica di De Sanctis, la cui *Storia della letteratura italiana* era da lui ritenuta un'opera fondamentale, un lavoro critico d'altissimo livello e d'indiscussa autorità. Si deve proprio a questo fondamento desanctisiano se le pagine critiche di mio padre, le quali prendono in esame disparati argomenti [...] hanno una loro interna organicità e coerenza» (*Iconografia sveviana.*, cit., pp. 78-79). Per la mediazione di De Sanctis riguardo a Zola, Saccone chiama in causa lo *Studio sopra Emilio Zola* e *Il principio del realismo* «con cui sembrano ritenere delle somiglianze alcuni articoli del triestino, un termine favorevole, che si aggiunse a quelli del temperamento e dell'intelligenza sveviana, per una valutazione quanto mai equilibrata dell'importante fenomeno letterario [...] del Naturalismo» (E. Saccone, *Il poeta travestito: otto scritti su Svevo*, cit., p. 42).
58. I. Svevo, *«Il libro di Don Chisciotte» di Edoardo Scarfoglio*, cit., p. 1014.

re un lettore attento ai principi oggettivi della scuola naturalista, che riassume in questi termini: «il proposito degli autori era di darci delle fotografie raccolte nella luce in cui s'erano prodotte nei loro occhi, e quando l'impressione avuta dall'oggetto, dall'idea dal fatto o dal personaggio, fosse ancora tanto recente che la sua produzione potesse essere per quanto possibile esatta». La lettura dei Goncourt non è considerata pregevole dal punto di vista squisitamente letterario: terminate le *Memorie* non si rimpiange tanto il «bel libro», quanto piuttosto di dover «abbandonare una compagnia tanto grata»: il che significa che quantomeno il fine di catturare l'attenzione del lettore, fargli sentire, grazie alla capacità descrittiva, la veridicità di quanto narrato, senza cadere nell'aseticità, era stato raggiunto.[59]

Balzac, Renan, Bourget.

Nel *Profilo autobiografico* Svevo ripercorre gli anni della sua formazione e ricorda la «passione per il romanzo francese» e l'influsso che i «veristi francesi» hanno avuto su *Una vita*. I nomi fatti subito dopo vanno, in un certo senso, a completare la breve galleria delineata nell'articolo dedicato a Scarfoglio, di cui si è detto: «lesse molto Flaubert, Daudet e Zola, ma conobbe molto di Balzac e qualche cosa di Stendhal. Nelle sue letture disordinate si fermò lungamente al Renan». Insomma, un *parterre* di letterati che certo non consentono di circoscrivere il discorso su Svevo negli angusti ambiti di un naturalismo applicato alla lettera: al contrario, come ha sottolineato Lavagetto, la presenza di Flaubert e del suo «réalisme misanthropique», è definizione di Brunetière, sta ad indicare un indubbio rapporto con la scuola naturalista, ma con qualche «inadempienza».[60] Si noti, innanzitutto, il venir meno fra gli esponenti del naturalismo dei fratelli Goncourt; parimenti, continuando il gioco delle assenze e delle presenze, viene fatto nel *Profilo* il nome di Daudet unitamente a quello di Zola. La simpatia di Svevo per Daudet è nota. Nel giugno del 1888, recensendo il romanzo di Cherbuliez *La vocazione del Conte Ghislain*, Svevo spende parole di grande ammirazione nei confronti di Daudet e delle sue doti di narratore che «non ha bisogno di espedienti, né per spiegare caratteri né per far camminare il racconto; le cose si adattano, si fondono, si separano sotto la sua mano ch'è tanto abile da non sembrarlo». Ancor più entusiasta è la recensione all'*Immortel*, in cui Svevo definisce il protagonista a «una figura degna dello Shakespeare», in più «tracciata con una chiarezza meravigliosa, senza esitazioni» e conclude: «così forte, così

---

59. Id., *Le memorie dei fratelli Goncourt*, TO, III, pp. 1063-1066.
60. Id., *Profilo autobiografico*, cit., p. 801. M. Lavagetto, *Il romanzo oltre la fine del mondo*, TO, I, pp. XIX, XVII. Il naturalismo è stato per Svevo, sono parole di Leone De Castris, «un possente tentativo di allargare la visione del mondo, una rivoluzione salutare (mentre ne criticava, di volta in volta, taluni schematismi e taluni eccessi), un ritorno alle fonti della vita» (A. Leone De Castris, *Italo Svevo*, Pisa, Nistri Lischi, 1959, p. 63).

violento non avevamo mai conosciuto il Daudet e la disposizione eccezionale del suo spirito dà maggior rilievo alle sue qualità d'osservatore e di scrittore o meglio ce le fa conoscere più intiere».[61] Volendo tirare delle conclusioni provvisorie si potrebbe dire che Daudet è vicino a Zola nella sua capacità di guardare al reale con oggettività, ma, a differenza di quest'ultimo, è riuscito a spingersi oltre la semplice osservazione e farsi scrittore, ovvero è in grado di descrivere la realtà fondendone con naturalezza gli elementi.

Ancora su due nomi citati nel *Profilo* è opportuno dire qualcosa: Balzac e Renan. Balzac è senza dubbio uno dei maestri riconosciuti da Svevo: fin dal 1884, in occasione della già citata recensione al *Libro di don Chisciotte*, Svevo polemizza con Scarfoglio in margine al tentativo di fare di Balzac un narratore in qualche modo ancora legato al «romanticismo sentimentale». L'interpretazione di Svevo mira, al contrario, ad attribuirgli il merito di aver segnato un distacco ormai incolmabile tra il romanticismo e la nuova letteratura fondata sull'osservazione e sulla rappresentazione oggettiva: «si sente troppo di sovente in Balzac la gioia dell'osservazione e della parola esatta per poter ammettere ragionevolmente quest'asserzione – relativa alla «latente aspirazione al romanticismo sentimentale» – è la gioia dell'artista che si compiace di essere come è, che ha tutta la coscienza della propria grandezza». Importante, a mio giudizio, l'aver messo accanto termini che appartengono alla dottrina sperimentale e il concetto di gioia da intendersi, piuttosto, in rapporto con l'atto creativo, come a voler suggerire che se la lezione naturalista non è certo in discussione, per farsi narratori c'è bisogno di qualcosa in più. Soprattutto Svevo romanziere riconosce quale suo primo maestro uno scrittore che non si è limitato ad applicare alla letteratura un metodo scientifico. Balzac è, a suo dire, il maestro di Zola e, per alcuni versi superiore a lui.[62] Nel romanzo *Una vita* Svevo fa di Balzac la lettura prediletta da Alfonso Nitti e da Macario, seppur limitatamente al romanzo *Louis Lambert*. I due si incontrano in biblioteca dove si recano per leggere di filosofia l'uno e di letteratura l'altro. Macario si dichiara subito «adepto risoluto» del naturalismo, mentre Alfonso che pur «aveva letto qualche [...] romanzo poi qual-

---

61. I. Svevo, *La vocazione del Conte Ghislain*, «L'immortel», TO, III, pp. 1070, 1073-1074.
62. Non si tratta di un'opinione nuova, ed è per altro largamente condivisa dai letterati di fine Ottocento. Fin dal 1879 nel recensire il saggio di Charles De Lovenjoul, *Histoire des oeuvres de H. de Balzac* (Paris, Lévy, 1879), Capuana fa di Balzac non solo il maestro di Zola, ma addirittura il padre del romanzo moderno: «oggi noi vediamo benissimo come tutto il romanzo moderno sia già nel Balzac, anch'il *naturalista*, anche lo *sperimentale*» (L. Capuana, *Studii sulla letteratura contemporanea. Seconda serie*, Napoli, Liguori, 1988, p. 45). Per quanto riguarda Svevo, Camerino ritiene che «l'incontro con Balzac [...] serva per correggere le teorie rigide che Zola, al di là degli effettivi esiti artistici del suo "romanzo sperimentale", intendeva comunicare ai letterati del suo tempo» (G. A. Camerino, *Italo Svevo*, Torino, Utet, 1981, p. 62). La cit. di Svevo è tratta dalla recensione al *Libro di don Chisciotte*, cit., p. 1012.

che recensione [...] se ne era fatta un'idea sua con la calma dello studioso disinteressato» e, come tale, «ammirava qualche parte, biasimava qualche altra». Ben presto il discorso si sposta su Balzac «che i naturalisti dicevano loro padre». «Non lo era affatto – continua Svevo ironicamente – o almeno Macario non lo riconosceva. Classificava Balzac quale un retore qualunque, degno di essere vissuto al principio di questo secolo». Ben diversa è l'opinione di Alfonso, il quale però, per meritare l'amicizia di Macario, decide di "rinnegare" Balzac: «come si poteva non essere lusingati di tanta gentilezza e come si poteva mettersi in discussione per difendere Balzac dalla taccia di retore? In risposta alla gentile offerta – il percorrere insieme un tratto di strada – Alfonso risolutamente sacrificò Balzac». Ma su almeno un romanzo i due lettori paiono accordarsi, *Louis Lambert*: «"Bellissimo!" esclamò una sera Macario alla biblioteca, e pose dinanzi ad Alfonso un libriccino ch'egli aveva finito di leggere: *Louis Lambert* di Balzac. Lo lesse anche Alfonso in due o tre giorni e la sua ammirazione non fu minore». Tuttavia le motivazioni paiono molto differenti: ad Alfonso, futuro autore di un saggio epocale di filosofia, piace «non tanto [per] i pregi artistici [...] quanto [per] l'originalità di tutto un sistema filosofico esposto alla breve ma intero, con tutte le sue parti indicate», a Macario perché è «l'unico di Balzac che sia veramente impersonale, e lo divenne per caso». A questa lapidaria osservazione fa seguito una dettagliata interpretazione di Macario, «altrettanto originale quanto falsa», che fa dell'opera un capolavoro del romanzo d'osservazione: «Louis Lambert è matto, è composto di matti tutto il suo contorno e, per compiacenza, l'autore in questa occasione rappresenta matto anche se stesso. Così è un piccolo mondo che si presenta intatto, da sé, senza la più piccola ingerenza dall'esterno». Insomma, a Macario piace quanto egli pensa esservi, di squisitamente naturalista.[63]

---

63. I. Svevo, *Una vita*, cit., nell'ordine alle pp. 96, 97, 100, 101. La conversazione fra Macario ed Alfonso raffigura il «tentativo di ciascun interlocutore di affermare la propria superiorità camuffandosi». Dietro a questo goffo tentativo si cela ben altro: la «degradazione del fatto letterario scaduto a puro pretesto», innanzitutto, e «la prima serie di riflessioni sul Naturalismo» (cfr. L. Fava Guzzetta, *Tra ipotetiche naturalistiche e istanze metadiscorsive: il primo romanzo* Una vita, in AA.VV., *Italo Svevo scrittore europeo*, cit., p. 155. Sempre dedicato a *Una vita*, si legga ancora della Fava Guzzetta, il saggio *Il primo romanzo di I. Svevo. Una scrittura della scissione e dell'assenza*, Messina-Firenze, D'Anna, 1991). Il «programme» esplicitato da Balzac è «conforme [...] aux normes scientifiques», scrive Juan Rigoli, e continua: «les emprunts de Balzac aux nembreux traités qu'il lit ne se limitent pas aux "classifications nosographique alors en vogue", mais s'étendent tout aussi bien aux contraintes formelles que le discours médical s'impose à lui-même. Adoption d'une "forme inusitée", qui est comme l'envers "des ressources que l'art prête aux romanciers"; ancrage énonciatif du discours dans la personne de l'observateur, authentification des faits rapportés, devoir de généralisation du singulier, rejet, trés précisément, du "procédé des littérateurs et des romanciers"» (*Lire le délire. Aliénisme, rhétorique et littérature en France au XIXe siècle*, préface de J. Starobinski, Paris, Fayard, 2001, p. 488).

Al di là delle motivazioni addotte da Macario, il romanzo di Balzac piace a Svevo che, pochi anni più tardi, nel 1901, lo consiglia alla moglie: «domani ho da fare la conoscenza di due alti ufficiali russi e ho da passare qualche ora con Lambert che non è il ns. Louis Lambert di Balzac. Cercalo nella mia biblioteca e portalo con te a Salsomaggiore. Sorpassando alcune pagine che a te daranno noia arriverai ad alcune pregne di passione». Balzac diventa per Ettore e Livia una lettura comune a cui rifarsi anche quando la lettera non verte su argomenti letterari: «"tutti parlano del primo amore: se si parlasse un po' dell'ultimo, poi!". Il mio primo amore tu disgraziatamente non sei, ma il mio ultimo certo dal momento che dell'ultimo ha tutta la forza che Balzac sentì».[64] Ma cosa piace a Svevo di Balzac? Un aiuto può venire da Montale, interprete attento di *Una vita*, a suo dire «notevole libro», che «ricorda Balzac come [...] nessun altro romanzo italiano: lo stesso dono elementare e profondo, ed un affine procedimento realistico che qui appare, tuttavia, depurato e alleviato in modo singolare». Un Balzac rivisto, dunque, e adattato alla sensibilità di Svevo, ma non basta. Aggiunge Montale: «c'è una folla di gente viva, un gusto di situazioni difficili e di psicologie a doppia chiave».[65] Forse la fascinazione che i romanzi balzacchiani esercitano su Svevo è da ricercarsi in questa direzione. Lo scrittore francese aveva rappresentato, per i letterati di fine Ottocento, un certo tipo di romanzo «psicologico», basato sulla «storia fina e conscia dell'anima»; a questa psicologia si era poi sostituita quella di Zola, una psicologia che non fa più discendere i «fenomeni psichici» da un «primo filosofico», ma bensì da una zona incondita di «storia psicologico-naturale» grazie alla quale lo scrittore sarebbe arrivato al romanzo «a base fisiologica». L'interpretazione è autorevole: a offrirla è Francesco De Sanctis in uno dei saggi dedicati a Zola, a cui si è già fatto cenno.[66] Ebbene a Svevo tale esito "fisiologico" non interessa più. È tempo di guardare oltre Zola e, per farlo, di recuperare, in parte s'intende, la lezione balzacchiana per poi superare anch'essa. Di «psicologie a doppia chiave» discorre Montale: per raffigurar-

---

64. I. Svevo, *Epist.*, nell'ordine alle pp. 250, 264.
65. E. Montale, *Omaggio a Italo Svevo*, cit., p. 77. Accanto al nome di Balzac è bene aggiungere, a detta di Crémieux, quello di Flaubert, in particolare della *Éducation sentimentale* e di *Madame Bovary*: «*Una vita*, libro di saggio, scritto in pieno periodo naturalista, può, a rigore, passare per un romanzo verista [...]. Ma sarebbe più esatto dire che si tratta di un romanzo flaubertiano (l'uno dei pochi, il solo forse della letteratura italiana): la tragedia interiore di questo piccolo impiegato, imbottito di scienza, di gloria e d'amore, tiene dell'*Éducation sentimentale* e di *Madame Bovary*. È un "Monsieur Bovary" triestino che Italo Svevo ha rizzato in piedi nel suo libro d'esordio» (l'articolo di Crémieux apparve su "Le Navire d'Argent", il 1 febbraio 1926 e in traduzione italiana sul "Popolo di Trieste", l'11 febbraio dello stesso anno. Il testo dell'articolo può essere letto in E. Ghidetti, *Il caso Svevo*, cit., p. 21).
66. F. De Sanctis, *Studio sopra Emilio Zola* (1877), in *L'arte, la scienza e la vita. Nuovi saggi critici, conferenze e scritti vari*, Torino, Einaudi, 1972, pp. 396, 409.

le né Balzac né Zola sono sufficienti. A tale convinzione erano arrivati anche altri letterati di fine secolo: un nome per tutti quello di Fogazzaro, per tanti versi accostabile a Svevo. Il romanziere al quale si guardava, colui che si riteneva essere il fondatore del metodo psicologico era piuttosto Bourget: ma neppure questo è l'approdo di Svevo. Giunto fino a Zola e al suo modo di declinare la lezione scientifica, Svevo sceglie, forse cosciente della propria «decisa attitudine a trattare problemi psicologici»,[67] di fare da sé, di applicare le competenze scientifiche che possiede, soprattutto nel campo della medicina, senza la mediazione di altri letterati.

A condurre Svevo fino ed oltre Bourget non è stato certo solo Balzac. Un altro nome il romanziere aveva fatto nel *Profilo autobiografico*, quello di Renan. Come Svevo stesso afferma la lettura degli scritti di Renan è destinata ad accompagnarlo nell'intero arco dell'esistenza: fin dal 1884, in un articolo pubblicato sull'«Indipendente», lo scrittore istituisce un rapporto che riprenderà, diversi anni dopo nella *Coscienza di Zeno*, fra *La vita di Gesù* di Renan e l'*Esame critico della vita di Gesù* di David Frederich Strauss.[68] Nell'articolo come nel romanzo, la sua preferenza va a Renan. Nella *Coscienza* il testo di Renan entra nel coacervo degli «studi di religione» ai quali Zeno si dedica: la motivazione che lo spinge non attiene però al desiderio di approfondire la propria conoscenza o di rendere più salda la propria fede, ma bensì, ancora una volta, a guidarlo è il tentativo di sottrarsi alla malattia, grazie ad Augusta e alla «salute» che la donna incarna.[69] La di lei religiosità non è certo fondata su letture complesse o su riflessioni, ma piuttosto su di una pratica che si risolve in «un inchino e l'immediato ritorno alla vita». Per Zeno non è così: «non bastava andare a messa con lei» chiarisce «dovevo andarci altrimenti, leggendo cioè Renan e Strauss, il primo con diletto, il secondo sopportandolo come una punizione».[70] Svevo è lettore attento di Renan e non solo della *Vita di Gesù*: basti ricordare il richiamo agli *Studi di storia religiosa* nel saggio, databile al 1887, *Del sentimento nell'arte*.[71]

---

67. Era stato Paul Heyse, in una lettera inviata a Svevo il 19 giugno 1897 a riconoscere nello scrittore triestino tale dote unitamente a «una seria ricerca della verità interiore» (la lettera può essere letta in E. Ghidetti, *Il caso Svevo*, cit., p. 6).
68. I. Svevo, *La verità*, TO, III, pp. 1008-1009.
69. Svevo indulge spesso sull'immagine di donna-infermiera e sul matrimonio come cura. Il tema riaffiora tanto in chiave privata, ad esempio nel *Diario per la fidanzata*, quanto come spunto letterario (cfr. TO, III, pp. 1263-1264).
70. I. Svevo, *La coscienza di Zeno*, cit., p. 800.
71. A Renan è dedicato il già citato articolo intitolato *La verità*, apparso sull'"Indipendente" il 14 agosto 1884, che prende spunto da un discorso tenuto da questi «nella sua città natale [...] ad un banchetto datogli dai suoi colleghi del *Dîner celtique*». In quella circostanza egli avrebbe affermato con forza il proprio amore per la verità, al punto di chiedere che la sua sepoltura fosse in un convento e che sulla sua tomba vi fosse scritto «*Veritatem dilexi*» (TO, III, pp. 1008-1009).

In quello stesso anno, Renan serve a Svevo per meglio interpretare un altro scrittore francese che gli è molto caro, Hippolyte Taine, l'autore delle *Origini della Francia contemporanea*. Qui Renan non è chiamato in causa come scrittore di cose religiose, ma bensì per il suo atteggiamento politico. I due intellettuali sono accomunati dal non aver mai preso posizione o messo la propria penna a sostegno di questo o di quel partito, ma tale indipendenza era differentemente motivata: Renan «civettò un poco con tutti i partiti», Taine «li offese tutti». A Svevo piace il Taine storico, studioso di Napoleone e della sua psicologia: «Taine rimane estatico ad ammirare lo strumento cerebrale dell'eroe».[72] Viene da chiedersi quanto vi sia, dietro le parole di Svevo, del celebre saggio di Taine *De l'intelligence*, noto in Italia fin dal 1870 e dedicato a un argomento che avrebbe dovuto interessare lo scrittore triestino, ovvero lo studio della psiche in quanto malata. Ma non si tratta solo di questo: grazie a Taine la psicologia francese esce dalla palude della psicofisiologia alla Comte (citato genericamente come «il fondatore del positivismo moderno» una volta sola nel saggio *Del sentimento in arte*)[73] e si avvicina a una concezione della psiche che si affermerà a fine secolo grazie, per rimanere sempre in terra di Francia, a Théodule Ribot (altro grande assente fra gli autori sveviani).[74] Di fatto, se si è visto bene, fra i tanti saggi di Taine citati da Svevo, il *De l'intelligence* è meno presente.[75] Si potrebbe forse ipotizzare un disinteresse di Svevo per quel tipo di indagine psicologica, che, sebbene prenda le mosse dalla patologia, intrattiene ancora intensi rapporti con la psicofisiologia che tanto era piaciuta a Zola.[76] In tal direzione pare orientare il silenzio di Svevo anche su Taine critico letterario, in quanto, per usare le parole di Graf, più che di critica letteraria si sarebbe dovuto parlare di «estopsicologia», ovvero non della «critica d'arte», ma bensì «della psicologia sociale e storica». Analogamente si era pronunciato anche Paul

---

72. I. Svevo, *Del sentimento in arte. Per un critico*, TO, III, pp. 829, 1047. Parrebbe che almeno un altro importante saggio di Taine fosse presente a Svevo, ovvero la *Philosophie de l'art*, 1865, che, a detta di Federico Bertoni, viene utilizzato in *Del sentimento in arte* per sostenere che l'opera d'arte non è mai frutto «della testa dell'individuo», ma bensì «della collaborazione di popoli» (ivi, p. 837).
73. I. Svevo, *Del sentimento in arte*, cit., p. 847.
74. A dire il vero, in uno dei racconti di Svevo, *Marianno*, Clotilde Bertoni coglie una probabile eco del saggio che Ribot dedica alla memoria e alle sue patologie. Il testo, edito in Francia nel 1881, era stato tradotto presso l'editore Sandron nel 1923.
75. Citato è il saggio di Taine sull'Inghilterra (*Notes sur l'Angleterre*) sia in *Uomini e cose in un distretto di Londra*, sia in *Londra dopo la guerra*, da leggersi entrambi in TO, III, p. 853, 1119.
76. Da leggere una lettera inviata, nel 1868, da Taine a Zola proprio in margine all'uso della malattia come argomento che cattura l'attenzione del lettore, il quale resta «imprigionato [...] in una storia eccezionale, faccia a faccia con un mostro, un pazzo o un malato» (in "Bullettin de la Société Littéraire des Amis d'Émile Zola", 5, 1931).

Bourget, che proponeva di sostituire al temine stesso di «critique» quello di «psychologie».[77]

Leggere Bourget significa avvicinarsi al romanzo psicologico che questi ha «rimesso in onore», sono parole di De Roberto. E ancora, un critico attento come Vittorio Pica, appena due anni più tardi, nel 1888, in occasione di un'altra opera di Bourget, *Mensonge*, riassume così la formula del nuovo romanzo bourgettiano: «poca o nessuna importanza data a quell'ambiente, che forma invece la grande preoccupazione degli scrittori naturalisti, e dello Zola sopra tutti; per la scarsità e la brevità delle descrizioni; per l'importanza massima data all'analisi psicologica».[78] Bourget è l'autore a cui guardare, ma, così come l'interesse di Zola era ancora troppo condizionato dalla psicofisiologia, altrettanto quello di Bourget non pare essersi del tutto affrancato dalla letteratura «intima», ovvero non scientifica e pertanto poco convincente. I romanzi psicologici di Bourget, sentenzia Guido Villa, «stanno alla vera psicologia come i romanzi di Giulio Verne alla vera geografia e alla vera astronomia» («un'applicazione spirituale del metodo sperimentale», li aveva definiti Pica). Forse allora è da cercare qui la ragione del silenzio di Svevo su Bourget: tanto Zola quanto Bourget paiono al romanziere italiano ormai francamente superati, almeno dal punto di vista letterario.[79] Infatti, se si è visto bene, solo una volta appare il nome di Bourget come autore del romanzo *Crime d'amour* in una lettera che Svevo invia alla moglie. Non si tratta certo di uno dei romanzi più importanti dello scrittore francese, ma come ha sottoli-

---

77. A. Graf, *Questioni di critica*, Torino, Loescher, 1889, da leggersi in A. Borlenghi, *La critica letteraria postdesanctiana*, Milano, Cisalpino-Goliardica, 1972, p. 146; P. Bourget, *Le De profundis de la critique*, in *Essais de psychologie contemporaine. Études littéraires*, Paris, Gallimard, 1993, pp. 447-448.
78. V. Pica, *Paul Bourget. Mensonges*, in *All'avanguardia. Studi di letteratura contemporanea*, cit., p. 235.
79. G. Villa, *La psicologia contemporanea*, Torino, Bocca, 1899, pp. 234-235. È questa l'opinione di Benjamin Crémieux, il quale discutendo di *Una vita*, commenta: «non si tratta […] di un romanzo psicologico alla Benjamin Constant o alla Bourget; l'analisi s'immerge nella vita, si confonde con la vita stessa, non è lo spettacolo che l'eroe si dà della propria vita, ma è l'intera sua vita psicologica che ci si presenta a proposito dei suoi minimi atti. E non soltanto al protagonista Svevo rivolge la sua attenzione; ma tutte le persone che lo contornano sono evocate ed analizzate con lo stesso acume» (l'articolo apparso sulla "Fiera Letteraria" nel 1926, può essere letto in I. Svevo-E. Montale, *Carteggio*, cit., p. 180). Di un possibile rapporto tra *Una vita* e *Le Disciple* di Bourget parla invece Roberto Bigazzi (cfr. *Da Verga a Svevo. Polemiche sul romanzo*, in *I colori del vero. Vent'anni di narrativa 1860-1880*, Pisa, Nistri-Lischi, 1978, p. 480). Interessante notare che Bourget, sempre negli *Essais*, aveva dedicato un intero capitolo a Renan discutendo di lui nei termini di un «dilettante […] par éducation, par milieu et par théorie» (P. Bourget, *Renan*, in *Essais de psychologie contemporaine. Études littéraires*, cit., p. 44). Sul «dilettantismo», Svevo aveva scritto un articolo sull'"Indipendente" di Trieste nel 1884. Secondo Mario Sechi Svevo conosce queste pagine di Bourget, e da qui prende spunto per l'articolo di cui si è detto testé (*Il giovane Svevo: un autore "mancato" nell'Europa di fine Ottocento*, Roma, Donzelli, 2000, p. 50).

neato Maier, era certamente uno dei più letti dalle «signore dell'alta borghesia». Anche Svevo lo ha letto e ne ha ricavato un'impressione che francamente non riguarda tanto la letteratura, quanto piuttosto l'aspetto «morale» del romanzo. «A me – scrive Ettore a Livia – a suo tempo fece grande impressione ma meno artistica che morale o ... immorale. Per dirti il vero se avessi mai creduto che i libri possano avere influenza su una donna te ne avrei proibita la lettura. Perché il *crime* non è là dove dice l'autore ma altrove».[80]

Freud, anzi Charcot.

«Io pubblicai *Senilità* nel 1898 ed allora Freud non esisteva o in quanto esisteva si chiamava Charcot»: con queste parole nel *Soggiorno londinese* Svevo indica al lettore quale sia stata la sua strada per arrivare al nuovo romanzo: quella scientifica sebbene ancora di matrice ottocentesca.[81] Si è lontani dall'incontro con Freud, incontro dal quale deriverà la *Coscienza di Zeno*[82] (fatte salve le

---

80. Clotilde Bertoni ha richiamato l'attenzione su una frase del racconto sveviano *Vino generoso*, in cui il protagonista fa proprio il titolo del romanzo francese: «strano e grave era invece che io ora ricordassi il mio delitto d'amore, che veniva ad appesantire la mia coscienza già tanto turbata» (TO, II, p. 137). A Svevo, è noto, non piace nemmeno D'Annunzio, autore che in terra francese era stato accostato a Bourget. In particolare, si vedeva una somiglianza fra l'*Innocente* di D'Annunzio e i romanzi di Bourget. Scrive René Doumic: «M. D'Annunzio a profité, comme c'était son droit, des ses – del Bourget – exemples et des ses leçons». Il saggio di Doumic, *Écrivains d'aujourd'hui* esce a Parigi nel 1894 e provoca in Italia un'immediata risposta, come si può leggere nell'articolo di Riccardo Forster, *Paul Bourget in un recente profilo*, uscito sul "Fanfulla della Domenica", a. XVI, n. 22, 3 giugno 1894. Per tornare a Svevo, si fa cenno ad un romanzo di D'Annunzio, *Il Fuoco*, ancora in una lettera alla moglie, nel 1901. Il giudizio di Svevo è lapidario: «lessi buona parte del *Fuoco* che m'interessa molto e mi piace poco» (*Epist.*, p. 225). Sul difficile, o meglio inesistente, rapporto tra Svevo e D'Annunzio scrive Livia: «non aveva – Svevo – fatto mai alcun tentativo d'avvicinarsi a D'Annunzio, per il quale veramente non aveva simpatia, e questi a sua volta l'aveva sempre ignorato» (L. Veneziani Svevo, *Vita di mio marito*, cit., p. 153).
81. I. Svevo, *Soggiorno londinese*, cit., p. 894. Il legame tra Svevo e la psichiatria di fine Ottocento è ribadito da Salvatore Battaglia, secondo il quale «la psicologia rappresentata da Svevo è ancora fondata sui dati della tradizione e continua ad essere intuita come perpetua rivelazione della coscienza». Così, continua Battaglia «la stessa indagine psichica, protratta fino alle radici del sentimento, finisce col cercare fatalmente le zone nevrotiche e patologiche, senza peraltro volerle sostituire con l'inconscio e il primordiale» (S. Battaglia, *La coscienza della realtà in Svevo*, in "Il Veltro", ago. 1962, da leggersi ora in E. Ghidetti, *Il caso Svevo*, cit., p. 92).
82. Impossibile ripercorre qui tutti i luoghi "freudiani" della *Coscienza*. Mi limito a ricordare quanto scrive Lavagetto a commento dell'affermazione di Svevo, ovvero l'esservi «due o tre idee nel romanzo che sono addirittura prese di peso dal Freud». Osserva Lavagetto: "'due o tre idee": la morte del padre? Le risposte somatiche di Zeno? La triplice proposta di matrimonio? Le reincarnazioni della figura paterna? Le successive e fallimentari rivalse di Zeno? L'elenco si allunga e la garanzia di Svevo ci ha già abbandonato» (M. Lavagetto, *L'impiegato Schmitz*, cit., p. 49).

Italo Svevo ovvero «l'ultimo prodotto della fermentazione di un secolo»

Pierre André Brouillet, *Lezione clinica con il Dottor Charcot alla Salpêtrière*, 1887, part. (cortesia del Musée d'histoire de la Médecine - Paris; riproduzione di Thomas Haus). L'opera di Jean Martin Charcot, da molti considerato il padre delle neuroscienze, ebbe un'enorme risonanza all'epoca grazie alla mole e ai risultati dei suoi studi sperimentali e alla spettacolarità delle sue dimostrazioni incentrate sulle manifestazioni isteriche delle sue pazienti (cfr. pp. 64 e 148 n. 42).

perplessità espresse da Weiss sull'argomento).[83] Per il primo Svevo, quello di *Una vita* e di *Senilità*, è altrove che bisogna cercare. A dire il vero, ancor prima di guardare alla sperimentazione psichiatrica condotta in Francia da Charchot e dalla scuola di Nancy, è opportuno fare un passo indietro alle conoscenze sveviane nel campo della frenologia, ovvero dello studio della psiche condotto da un'ottica squisitamente organica. Svevo non pare troppo convinto della bontà di questo metodo di studio: il voler indagare le anse della mente utilizzando cognizioni mutuate dalla fisiologia gli pare francamente insufficiente. All'inizio del nuovo secolo uno scienziato importante quale Sante De Sanctis, nel fare un bilancio degli studi psicologici dati alle stampe in anni recenti, conclude essere ormai impossibile «incorporare la psicologia nella fisiologia»:[84] insomma la lezione frenologica di Gall, diffusa in Francia da Comte, prima, e dal suo allievo Littré poi, non è più praticabile, per lo meno se presa alla let-

83. Nel *Soggiorno londinese* Svevo ricorda l'inquietudine di Weiss, il quale credeva di essere stato ritratto da Svevo nel dottor S. della *Coscienza*: «in quei giorni capita da me l'unico medico psicanalista di Trieste e mio ottimo amico il Dr. Weiss e, inquieto, guardandomi negli occhi, domanda se il medico psicanalista di Trieste di cui m'ero burlato nel mio romanzo fosse lui. Risultò subito che non poteva essere lui perché durante la guerra egli la psicanalisi a Trieste non l'aveva praticata. Rasserenato accettò il mio libro con tanto di dedica, promise di studiarlo e di farne una relazione in una rivista psicanalitica di Vienna. [...] quando lo rividi il Dr. Weiss mi disse che non poteva parlare del mio libro perché con la psicanalisi non aveva nulla a vedere». A sua volta, il primo febbraio del '27, Svevo scrive a Jahier ricordando la «dichiarazione» di un «dottore psicanalista» circa la «assoluta ignoranza di psicanalisi» che il romanzo tradiva. Ed infine diversi anni più tardi, lo stesso Weiss torna ancora sull'argomento per ribadire il legame di amicizia che lo legava allo scrittore, sostenendo di essere stato il «tramite» grazie al quale Svevo ha incontrato la psicoanalisi. Weiss conclude con un giudizio sulla *Coscienza* che, se da un lato riconosce i meriti dell'opera «psicologica in senso tradizionale», dall'altro ne ribadisce l'estraneità dal punto di vista squisitamente psicoanalitico: «non credevo di poter ravvisare in esso nulla che si ricollegasse al metodo psicoanalitico, rettamente inteso, o che potesse portare un contributo, sia pure indiretto, a questa disciplina» (nell'ordine: I. Svevo, *Soggiorno londinese*, cit., pp. 894-895; *Cart.*, p. 248; infine la lettera di Weiss al direttore della rivista "Umana" può essere letta in G. Voghera, *Gli anni della psicanalisi*, Pordenone, Studio Tesi, 1980, p. 42. Sul rapporto tra Svevo e Weiss si vedano le fondamentali osservazioni di Lavagetto contenute nel capitolo intitolato allo psicanalista in *L'impiegato Schmitz e altri saggi su Svevo*, cit., pp. 53-58. In generale sulla possibile individuazione del dottor S. si vedano le ipotesi formulate da C. Musatti, *Svevo e la psicanalisi*, in "Belfagor", a. XXIX, f. II, 31 marzo 1974, pp. 129-141 (ora in Id., *Riflessioni sul pensiero psicoanalitico*, Torino, Boringhieri, 1976); G. Palmieri, *Schmitz, Svevo, Zeno*, cit., pp. 58 e sgg.; S. Carrai, *Breve inchiesta su Svevo e dottor S.*, in "Moderna", 2003, n. 1, pp. 79-83. Proprio Musatti osserva autorevolmente: «Svevo, pur essendo rimasto affascinato dal pensiero di Freud, non aveva idee chiare sulla tecnica di un trattamento psicoanalitico» (p. 129).
84. S. De Sanctis, *La psicologia nelle recenti pubblicazioni*, in "Nuova Antologia", vol. 173, settembre 1900, pp. 163-164.

tera e se ne erano accorti in molti in Italia, a partire da Bertrando Spaventa.[85] Raramente si incontrano nell'opera di Svevo rimandi alla frenologia, ma ve n'è uno esplicito nel romanzo *Senilità*, dal quale è bene partire. Ad applicare i suggerimenti frenologici è Emilio quando, osservando Angiolina, si accorge del di lei vezzo di «portare la testina eternamente inclinata sulla spalla destra. – Segno di vanità, secondo il Gall – osservava Emilio, e con la serietà di uno scienziato che fa degli esperimenti, aggiungeva: – Chissà che le osservazioni del Gall non sieno meno errate di quanto generalmente si creda?». Non è difficile cogliere l'ironia di Svevo, la stessa che si è già incontrata nella *pièce* teatrale, *Le teorie del conte Alberto*, laddove, ancora una volta, un uomo spia la fisionomia della donna che vorrebbe per sé, nel tentativo di scoprirne il carattere e conclude, rivolgendosi al suo perplesso interlocutore: «vedi, Lorenzo, [...] io [...] indovinai subito che con quell'angolo facciale non si fa del male».[86] Il rimando ironico alla fisiognomica e quello ancor più tagliente alla frenologia di Gall non lasciano dubbi in margine all'opinione di Svevo. C'è un mistero nella vita, così come nella morte, che sfugge all'occhio indagatore dello scienziato. Interessante, al riguardo, quanto Svevo scrive nel saggio *Ottimismo e pessimismo*, citando gli studi sulla vecchiaia e sulla morte di Metchnikoff: «la vita da lontano è amore, gloria, godimento e tutto si perde per un insignificante accidente che poi talvolta sfugge persino all'occhio esperto del sezionatore».[87] La scommessa fatta dalla scienza di possedere ogni cosa è ormai persa. L'ironia dello scrittore corrode la fascinazione che l'ipotesi di comprendere i segreti della vita grazie al bisturi e al microscopio porta con sé e gli impedisce altro atteggiamento che non sia questo. Dissezionare i corpi o attraverso l'osservazione o, più concretamente, nell'ambito di una seduta settoria non porta a

---

85. Spaventa aveva polemizzato duramente con «il gran pontefice» Auguste Comte riguardo alla necessità di non ridurre tutto a puro studio frenologico. A suo dire la funzione psichica «non esclude l'organica, anzi la presuppone e la continua; e la organica suppone la psichica, sebbene non la contenga nello stesso modo che essa è contenuta dalla psichica» (*Critica della psicologia empirica* (1881-82), in *Opere*, a cura di G. Gentile, vol. III, Firenze, Sansoni, 1972, p. 568). Comte aveva sostenuto con forza la «physiologie phrénologique» di Gall, in opposizione alla «méthode psychologique», fondandosi sulla impossibilità di praticare l'«observation intérieure». A sua volta Littré proponeva di sostituire al termine psicologia quello di «psychophysiologie», ovvero a una disciplina che riconduceva «les phènomenes intellectuelles et moraux» a «phénòmenes appartenant au tissu nerveux» (A. Comte, *Considérations générales sur l'étude des fonctions intellectuelles et morales, ou cérébrales*, in *Cours de philosophie positive*, Paris, au siège de la Societé Positiviste, 1864, pp. 613-616; E. Littré, *De quelques points de physiologie psychique*, in "La philosophie positive", mars-avril 1860, nel vol. misc. *La science au point de vue philosophique*, Paris, Didier, 1873, pp. 307-08).
86. I. Svevo, *Senilità*, cit., p. 431; *Le teorie del conte Alberto*, TO, III, p. 32.
87. Id., *Ottimismo e pessimismo*, cit., p. 882. Un probabile cenno agli studi di Metchnikoff è stato individuato da Clotilde Bertoni nel racconto *La morte* (cfr. TO, II, pp. 415, 427).

Ritratto di Élie Metchnikoff (Prints & Photographs Division. The Library of Congress - Washington). In seguito alla pubblicazione della sua teoria della "fagocitosi", che gli valse il Nobel, compì studi sull'eccezionale longevità dei pastori bulgari e caucasici sostenendo che essa era dovuta al consumo di grandi quantità di yogurt e che seguendo il loro esempio la vita dell'uomo si sarebbe facilmente allungata fino a toccare i 120 anni. (cfr. pp. 67 e 173).

nulla e non funziona nemmeno più come spunto narrativo, come era stato per Boito.[88]

Sempre in margine alla frenologia possono essere letti anche i due richiami contenuti nel saggio *Del sentimento in arte*: Svevo nel primo evoca, senza citarlo esplicitamente, uno scritto di Lombroso, che pur era stato piuttosto critico riguardo a tale scienza,[89] nel secondo coniuga Descartes e Comte. Come è stato ripetutamente sottolineato dalla critica, si tratta di un saggio giovanile nel quale lo scrittore ripercorre le sue letture, il che, almeno in parte, giustificherebbe il doppio rimando. Si guardi ancora un attimo al testo. Il primo cenno richiama indirettamente le teorie lombrosiane sulla megalomania in rapporto al sogno: «i sognatori hanno più facilmente questo interesse spontaneo per cose che per la prima volta percepiscono [...]. Ho veduto citare da un frenologo grandi artisti e critici in cui riscontrava tratti di megalomani; credo che sieno stati prima megalomani poi grandi artisti. Si capisce che il megalomane è il critico naturale della più bella qualità». In discussione c'è il tema della ricezione dell'opera

---

88. Scrive pagine importanti sul rapporto tra fisiognomica e letteratura, in margine alla novella di Boito, Alberto Carli: «desiderando studiare il corpo di Carlotta, Gulz si avvicina strettamente agli studi fisiognomici e, pur criticando i precedenti di Johann Caspar Lavater [...] e di Franz Joseph Gall [...], si pone, tuttavia, sulla loro medesima pista. Gulz, ricercando una ragione materialista e scientifica del carattere e dell'attitudine, è particolarmente interessato alla bellezza. [...] La fisiognomica, postulando un rapporto di interdipendenza tra il carattere di un individuo e il suo aspetto esteriore, si proponeva di ricavare le caratteristiche psicologiche e morali degli uomini dalla loro costituzione fisica, e segnatamente dai lineamenti del volto. [...] Allo scienziato di *Un corpo* interessa comprendere come la bellezza della modella si imponga all'occhio di chi osserva e quale organo sensibile ne determini l'esistenza fisica. A partire dalle fattezze somatiche, scrupolosamente esplorate con l'anatomia, Gulz cerca il dato sensibile che determina l'attitudine morale, o comunque non tangibile» (A. Carli, *Anatomie scapigliate. L'estetica della morte tra letteratura, arte e scienza*, pref. di G. Langella, Novara, Intelinea, 2004, pp. 191, 192-93). Circa le cognizioni fisiognomiche Federico Bertoni ricorda che «Svevo conosceva quasi certamente l'opera di uno dei fondatori della moderna fisiognomica, Johan Kaspar Lavater (1741-1801), presente con diversi volumi nella Biblioteca Civica di Trieste e citato direttamente [...] nel diario del fratello Elio (TO, III, p. 1205). Non sono infrequenti i richiami ironici: si pensi, oltre ai luoghi già citati, alla battuta del protagonista della commedia *Le ire di Giuliano*, quando osserva che una donna bionda e con «miti occhi azzurri» deve essere caratterialmente dolce ed arrendevole (TO, III, p. 161). Sulla fisiognomica si vedano almeno: P. Getrevi, *Le scritture del volto. Fisiognomica e modelli culturali dal medioevo a oggi*, Milano, Angeli, 1991; F. Caroli, *Storia della Fisiognomica*, Milano, Leonardo, 1995; L. Rodler, *Il corpo specchio dell'anima. Teoria e storia della fisiognomica*, Milano, Bruno Mondadori, 2000. Infine su Gall: G. Lantieri-Laura, *Histoire de la phrénologie. L'homme et son cervau selon F.J. Gall*, Paris, PUF, 1970 e l'ed. curata da F. Pogliano di F.J. Gall, *L'organo dell'anima. Fisiologia cerebrale e disciplina dei comportamenti*, Venezia, Marsilio, 1985.
89. «Una favola ben architettata da Gall e Spurzheim», così Lombroso aveva definito la frenologia (C. Lombroso, *Delitto, Genio, Follia. Scritti scelti*, Torino, Bollati Boringhieri, 1995, p. 56).

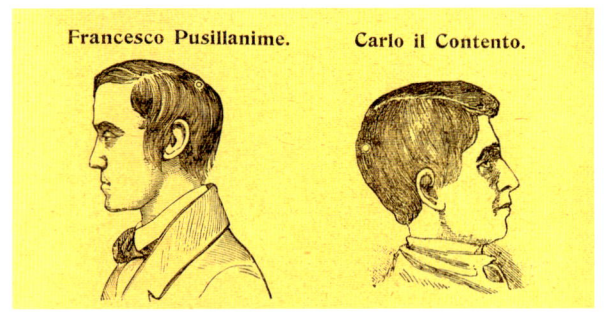

Esemplificazione dei caratteri e delle disposizioni in base alla fisiognomica (da Friedrich Eduard Bilz, *La nuova medicina naturale*). I cenni di Svevo alle dottrine fisiognomiche e alla frenologia sono sempre conditi da grande ironia (cfr. p. 69).

d'arte, ricezione che Svevo descrive con meccanismi analoghi a quelli della ispirazione artistica. La citazione lombrosiana suona ironica perché si basa sul presupposto di poter interpretare organologicamente un processo difficile da comprendere: «il cervello non è mica uno schiavo obbediente», commenta Svevo. Poche pagine dopo, il saggio si conclude in nome di Comte, un Comte mediato da Descartes: «Descartes lasciò detto che l'uomo sa di essere perché pensa, Auguste Comte, invece il fondatore del positivismo moderno, asserì che sappiamo di essere perché sentiamo. Credo che meglio di tutti saprà di vivere chi sente la verità di tutt'e due le prove». Insomma, se si vuole tentare un'interpretazione, l'uomo moderno deve trovare una via di compromesso fra il pensiero astratto e il sentire fisico: psicologia e fisiologia devono potersi incontrare.[90]

---

90. I. Svevo, *Del sentimento in arte*, cit., pp. 838, 847. Il tema del sogno è frequente nell'opera di Svevo. Il sogno rappresenta, è Camerino a suggerirlo, «un modo più autentico di conoscenza. Lo scrittore instaura quasi un rapporto di continuità tra la realtà e il sogno, nel quale tuttavia il contemplativo personaggio sveviano crede come ai sintomi più

Italo Svevo ovvero «l'ultimo prodotto della fermentazione di un secolo»

Svevo dunque più che partire da Charcot arriva a Charcot, e, più in generale, agli studi di psicofisiologia condotti, in Francia, alla Salpêtrière. L'immagine di Charcot come scienziato sperimentale era peraltro nota in Italia e passava attraverso le pagine di romanzi di larga diffusione. Si pensi, ad esempio, ad *Anima sola* di Neera, laddove la scrittrice accosta i nomi di Jenner e Charcot, «sommi scienziati [...] benefattori [...] scopritori», che «nel loro laboratorio pieno di animali squartati» portano avanti la ricerca per aiutare gli uomini a guarire.[91] Ma da noi Charcot non è solo questo. In un articolo intitolato, programmaticamente, *Charcot artista* lo psichiatra francese viene presentato come un medico «moderno», capace di essere un «investigatore di anime» e di comprendere che «il primo requisito per uno che esercita la medicina è di esser psicologo».[92] Forse a tale interpretazione aveva collaborato l'enorme eco destata dagli esperimenti ipnotici condotti dall'alienista,[93] ai quali assistevano letterati ben noti a Svevo come i fratelli Goncourt o Daudet, che al medico francese aveva dedicato addirittura un romanzo, *L'evangelista*, recensito da Rod per la "Gazzetta letteraria" nel 1883.[94] Anche in Italia erano noti gli studi condotti da Charcot. Così Aurelio, protagonista del romanzo di Graf *Il riscatto*, si rivolge al celebre alienista nella speranza di essere guarito: «levavano allora molto rumore in Parigi alcune esperienze d'ipnotismo che un professore celebre veni-

---

attendibili del suo essere originario». Ma il sogno richiama anche un'altra fondamentale lettura di Svevo: Friedrich Richter (Jean Paul), ricordato dallo stesso scrittore nel *Profilo autobiografico* (cit., p. 800). Come ha scritto Camerino, che a «Svevo lettore di Jean Paul» ha dedicato pagine importanti, lo scrittore tedesco «fa del sogno il motivo centrale della sua poetica romantica e mistica [...] il sogno esprime in generale nella poetica di Jean Paul un incanto e un mondo di stupore sconosciuti al quotidiano vivere dei mortali». A Svevo interessa soprattutto «la possibile intercambiabilità di realtà e sogno». Sempre Camerino chiama in causa, in margine al sogno, anche Nietzsche rifacendosi a un appunto di Svevo così intitolato (G.A. Camerino, *Italo Svevo e la crisi della Mitteleuropa*, cit., pp. 97, 147).

91. Neera, *Anima sola*, Milano, Baldini Castoldi & C., 1904, pp. 49-51.
92. C. Giachetti, *Charcot artista*, in "Nuova Antologia", vol. 198, novembre 1904, pp. 119-124. Sull'argomento si vedano almeno le osservazioni di G. Ponnau, *La légende fantastique de Charcot, savant, sage ou mage des temps modernes?*, in *La folie dans la littérature fantastique*, Paris, Editions du Centre National de la Recherche Scientifique, 1987, pp. 67-72.
93. Scrive Ellenberger: «nel 1878, probabilmente per influsso di Charles Richet, Charcot estese il proprio interesse all'ipnotismo; egli ne intraprese uno studio cui attribuiva la qualifica di scientifico [...] ricavando i soggetti su cui effettuare esperimenti dalle sue pazienti malate di isteria. Charcot comunicò le sue scoperte in una conferenza tenuta all'Académie des sciences all'inizio del 1882. [...] Il clamoroso lavoro di Charcot conferì all'ipnotismo una dignità nuova, e l'argomento, fino allora evitato, divenne nuovamente il soggetto d'innumerevoli pubblicazioni» (H.F. Ellenberger, *La scoperta dell'inconscio*, Torino, Bollati Boringhieri, 1980, p. 105).
94. É. Rod, *Il nuovo romanzo di Alfonso Daudet. L'evangelista*, in "Gazzetta Letteraria", a. VII, n. 2, 13 gen. 1883.

va facendo alla Salpêtrière. Di quegli strani fenomeni, materia di congetture e disputazioni infinite, avevo già da qualche tempo notizia. Conoscevo la forza della suggestione; sapevo che si può col suo aiuto frenare una inclinazione spontanea, sovrapponendole in un certo qual modo una inclinazione artefatta; curare più maniere di delirio; mutar quasi l'umana persona, sì che voglia ed operi in tutt'altro modo che non avrebbe per se stessa voluto e operato».[95]

Psicologia e spiritismo.

Chiamare in causa Charcot significa aprire uno spiraglio all'irrazionalità, ovvero guardare a una "disciplina" che conosce, in questi anni, molti seguaci, lo spiritismo. In un celebre discorso pronunciato nel 1894, Fogazzaro aveva indicato nell'ipnotismo il colpevole d'aver spianato la strada a «mostruosi fantasmi medievali», ovvero «telepatia, sdoppiamento o forza psichica, chiaroveggenza, spiritismo, materializzazione, apparizioni di morti, di fantasmi, di vivi».[96] Il rapporto fra ipnotismo, spiritismo e isteria, in nome degli studi del famoso alienista francese, è rapporto che Svevo coglie a sua volta, diversi anni dopo. In un racconto dal titolo suggestivo, *Il medio ingenuo*, descrive le vicissitudini di un *medium* alle prese con una padrona di casa ideale per farsi tramite con l'al di là e con un libro che offre un fondamento scientifico al legame esistente fra le pratiche spiritiche e la sperimentazione ipnotica. «La signorina ch'era abbastanza isterica per essere supposta fornita di qualità medianiche» e il libro «*Ipnotismo e spiritismo*» «chiuso in un armadio» insieme a molti altri manuali del genere sono i protagonisti, con l'immancabile «tavolino» di cui si dirà a breve, di questo racconto.[97] Tanto Fogazzaro quanto Svevo non si limitano a fare dello spiritismo spunto letterario: entrambi indulgono a pratiche spiritiche. Lo dimostrano alcuni manoscritti che registrano puntualmente quanto accade durante alcune sedute a cui prendono parte Fogazzaro e il figlio Mariano,[98] e, per quanto riguarda Svevo, una «favoletta inedita» firmata Ettore Schmitz trovata fra le carte della poetessa triestina Nella Doria Cambon, di cui ha dato recentemente notizia Riccardo

---

95. A. Graf, *Il riscatto*, a cura di A. Cavalli Pasini, Bologna, Clueb, 1988.
96. A. Fogazzaro, *Per una nuova scienza*, in *Discorsi*, a cura di P. Nardi, Milano, Mondadori, 1941, p. 266.
97. Il testo citato da Svevo è stato identificato da Giovanni Palmieri. Si tratta del saggio di Giuseppe Lapponi, del 1896, edito a Roma nel 1906. Il racconto sveviano può essere letto in TO, II, p. 632-33.
98. Il manoscritto è conservato presso la Biblioteca Bertoliana di Vicenza, sotto la voce *Annotazione e minute* (Cfo. 4r. D. 11). Fogazzaro prende «quattro pezzettini di carta, li vol*ta*, li mesco*la* ne to*glie* uno a caso e propo*ne* la domanda che vi è scritta e che *lui* non può sapere quale sia»; le risposte del *medium* non sono convincenti e, dopo diversi tentativi, Fogazzaro decide di porre fine all'esperimento (il frammento potrà essere letto nell'ed. dei *Racconti*, a mia cura, in corso di stampa).

Cepach.[99] Non si dice certo niente di nuovo: a fine Ottocento l'interesse per lo spiritismo era assai diffuso, innanzitutto in campo scientifico e scienziati assai noti, come Janet e Binet, se ne erano occupati. Il secondo, in particolare, aveva pubblicato, nel 1892, un fondamentale studio sull'«alterazione della personalità» dedicando un intero capitolo al rapporto fra lo sdoppiamento della personalità e lo spiritismo: in quelle pagine lo scienziato si era soffermato ad illustrare i metodi usati dai *medium* durante le sedute. In particolare Binet ne aveva indicati due: «la table tournante ou parlante» e la «écriture automatique». Grazie a queste metodologie la personalità del *medium* si sdoppia e dà origine a «deux personnalités coexistantes», ovvero a un caso di «désagrégation mentale»: insomma dietro la pratica spiritica si annida un pericolo da non sottovalutare, quello di favorire la frammentazione dell'io.[100]

Ma lo spiritismo non è solo un'ennesima forma di sperimentazione, al contrario, in questi anni, diventa una sorta di passatempo da salotto. In tal direzione si incontrano ancora Fogazzaro e Svevo entrambi autori di testi in cui le apparizioni fantasmatiche vengono trattate con qualche ironia. Si pensi a uno dei *Racconti brevi* dello scrittore vicentino, *Il folletto nello specchio* e, specularmente, al racconto testé citato *Un medio ingenuo* e alla quasi contemporanea «fantasia in un atto» *Terzetto spezzato*, o ancora alle pagine della *Coscienza di Zeno*. In una sola occasione il fantasma evocato appare realmente, «sola aria... vestita» la definisce l'amante, e compare per ricostituire un «terzetto» adulterino.[101] Tuttavia, anche in questo caso non vi è nulla di orroroso, ma al più la borghesizzazione di un tema, quello dell'apparizione del fantasma, che aveva ben altra origine.

---

99. Si veda, al riguardo, *Italo Svevo e la spiritista. Una favoletta inedita del celebre scrittore*, in "La Repubblica", 16 set. 2005, p. 58 e il successivo saggio *Passeri e fantasmi. Una favoletta inedita di Svevo fra le carte della spiritista Nella Doria Cambon*, in "Aghios. Quaderni di Studi Sveviani", in corso di pubblicazione, pp. 79-106. Quanto a Svevo, a detta della figlia Letizia lo spiritismo era argomento comune fra le pareti domestiche: «si faceva un gran parlare di spiritismo e spesso a casa nostra nel 1912 organizzavano sedute spiritiche e provavano a far ballare il tavolino [...]. Un giorno poi il tavolino ballò davvero» (dall'intervista rilasciata a C. Baiocco, in *Analisi del personaggio sveviano in relazione alle immagini di lotta e di malattia*, Roma. C. I. S. U., 1984, pp. 125-132). La data del '12 può essere ulteriormente anticipata al 1907, quando Svevo scrive alla moglie di una riunione mondana alla quale vorrebbe invitare «anche uno spiritista» (*Epist.*, p. 466, la lettera è datata 4 dicembre 1907). Qualche anno più tardi, nel 1913, sempre la moglie è la destinataria di una importante confessione, ovvero quella di praticare lo spiritismo e per di più di crederci: «adesso che mi occupo di spiritismo ci credo» (ivi, p. 636. La lettera è datata 4 giugno 1913).
100. Di questo possibile approdo era consapevole Fogazzaro, il quale, sempre nel discorso citato, discute di una «ripugnante ipotesi» a cui gli scienziati erano giunti, ovvero la «scissione della personalità», che faceva dell'individuo umano «una colonia», una «pluralità di persone» (A. Fogazzaro, *Per una nuova scienza*, cit., p. 277). Lo studio di Paul Janet a cui si fa riferimento si intitola *L'automathisme psychologique. Essais de psychologie expérimentale sur les formes inférieures de l'activité humaine*, Paris, Alcan, 1889. Quello di Alfred Binet, *Les altérations de la personnalité*, è uscito a Parigi, sempre per Alcan, nel 1892.
101. I. Svevo, *Terzetto spezzato. Fantasia in un atto*, TO, III, p. 431.

Nei rimanenti testi ricordati protagonista, più che il fantasma, è la «table tournante» muta, nel migliore dei casi, usata a pretesto per altri fini, o ancora strumento di intrattenimento sociale. Nel racconto fogazzariano, uscito per la prima volta sulla "Letteratura" nel 1889, ad esempio, il tavolino è usato per smascherare il «folletto» che tira un brutto scherzo a un gruppo di gentiluomini riunitisi a casa di «una vecchia dama, la contessa X». Grazie all'intervento di una «spiritista che faceva spesso esperienze con la padrona di casa» viene portato nel salotto un «piccolo tavolino» che «si me*tte* subito a girare, scricchiolando come se ridesse»: curiosamente che il tavolino parli non sembra destare nei presenti alcun stupore. Gli uomini «schiamazza*no*», le donne «rid*ono* come pazze», quasi a voler suggerire che, a quella data, evocare gli spiriti era un gioco di società.[102] Con altrettanta ironia è descritto «il tavolino che mai voleva moversi» nel racconto sveviano: ad interrogarlo insistentemente è il «medio ingenuo», che spera di sciogliere, grazie alle risposte fornitegli proprio dal tavolino, i suoi dubbi circa la veridicità delle pratiche spiritiche.[103] E ancora: si pensi alla «evocazione» a cui partecipa Zeno, un'occasione per dichiarare il suo amore ad Ada, o almeno queste sono le sue intenzioni: «intuivo la dolcezza delle stoffe tepide che sfioravano i miei vestiti e pensavo anche che così stretti l'uno all'altra, il mio toccasse il suo piedino che di sera sapevo vestito d'uno stivaletto laccato». Il «tavolino parlante» è tale grazie a Zeno, come si legge subito dopo: «dopo una lieve esitazione feci alzare il tavolino per sette volte così che la lettera G era acquisita. L'idea mi parve buona e per quanto la U che seguiva costasse innumerevoli movimenti, dettai netto netto il nome di Guido. Non dubito che dettando il suo nome, io non fossi diretto dal desiderio di relegarlo tra gli spiriti». Zeno decide di far funzionare la seduta semplicemente perché ha «bisogno di un po' di oscurità» per portare a termine il suo piano di seduzione.[104] Viene alla mente un'altra celebre seduta in cui il protagonista approfitta dell'oscurità per sedurre una donna: penso a Pirandello, anch'egli lettore di Binet, nel *Fu Mattia Pascal*. Mentre il tavolino «si agit*a*», e non certo per merito degli spiriti, Adriano Meis stringe la mano di Adriana «fredda e tremante» che si abbandona a quella di lui.[105]

---

102. A. Fogazzaro, *Il folletto nello specchio*, in *Racconti brevi*, a cura di P. Nardi. vol. X, Milano, Mondadori, 1931, pp. 331, 337-338.
103. I. Svevo, *Il medio ingenuo*, TO, II, p. 633.
104. Id., *La coscienza di Zeno*, cit., pp. 745, 736, 746-749, 746.
105. L. Pirandello, *Il fu Mattia Pascal*, in *Tutti i romanzi*, a cura di G. Macchia e con la collaborazione di G. Costanzo, intr. di G. Macchia, Milano, Mondadori, 1973, vol. I, p. 501. Si ricordi che i rapporti fra Svevo e Pirandello non sono felici. Il primo rimprovera al secondo di aver ignorato *La coscienza di Zeno* che gli aveva inviato. Così ne scrive, nel 1925, alla moglie di Crémieux: «quell'indimenticabile Suo salotto, funestato solo dalla fotografia di Pirandello (cui mandai il mio romanzo e scrissi quattro mesi fa senza che si degnasse di rispondermi e perciò non lo posso soffrire perché non basta scrivere dei capolavori, ma bisogna saper intendere La Coscienza)». Commenta Livia: «è un fatto che Pirandello non lo comprese e questa incomprensione fu una delle sue ultime amarezze» (entrambe le testimonianze possono essere lette in L. Veneziani Svevo, *Vita di mio marito*, cit., pp. 113, 153).

Tornando a Svevo su un altro punto merita soffermarsi, quando, nel racconto che sto ripercorrendo, ad essere chiamata in causa è la celebre *medium* Eusapia Paladino. Scrive Svevo: «anche la nostra Eusapia Paladino una o più volte era stata squalificata ciò che naturalmente non prova altro che talvolta essa – una sempliciona – non essendo riuscita di andare in *trance* non aveva voluto rischiare di perdere il salario di quella serata e s'era aiutata col trucco». Citare, seppur ironicamente, le sedute della Paladino significa essere ben informati e a conoscenza degli esperimenti di costei e dei risultati che otteneva: uno fra i tanti la conversione a sorpresa dello scettico Lombroso.[106] Non solo: le doti di Eusapia erano state studiate dal celebre Enrico Morselli, nel saggio dedicato al rapporto fra psicologia e spiritismo, di cui è bene tenere conto.[107]

«Il malcontento e torvo uomo. [...] Animale disgraziatissimo»: Spencer e Darwin.

È probabile che Svevo conosca *Psicologia e spiritismo* di Enrico Morselli, ma si tratta di un'ipotesi che porta a chiedersi quale fosse la famigliarità di Svevo con l'importante rivista di cui Morselli stesso era stato direttore, ovvero la "Rivista di filosofia scientifica". Fin dal primo numero, nell'*Introduzione*, Morselli prende le difese delle «indagini filosofiche» e chiarisce la vera natura della moderna filosofia, non più «metafisica»: «la filosofia era [...] davanti e sopra la scienza, oggi è la scienza che dà i materiali alla filosofia». Questa nuova filosofia ha un campione Herbert Spencer, che prende il posto di Auguste Comte e della filosofia positiva. Così scrive Morselli: «noi [...] non sapremmo comprendere la filosofia, se non come l'ultima fase della evoluzione progressiva dei concetti scientifici, e non troveremmo meglio definiti i rapporti di essa con la scienza di quel che abbia fatto lo Spencer. [...] Egli è appunto secondo l'indirizzo contenuto in codesti rapporti fra scienza e filosofia stabiliti da H. Spencer che la nostra *Rivista* intende procedere a svolgersi».[108] Come è noto Svevo è lettore attento di Spencer, attento e, frequentemente, ironico. Lo stupisce il disinteresse

---

106. I. Svevo, *Un medio ingenuo*, cit., p. 632. In un articolo apparso sulla "Lettura" del 1906 Lombroso sostiene che durante la *trance* hanno luogo dei fenomeni che non appartengono né al mondo dei vivi, né alla personalità del *medium*, ma che provengono dal mondo dei trapassati. Tre anni più tardi, lo scienziato dichiara di credere ad una forza, che integra quella del *medium* durante le sedute: tale forza si genera dall'«azione residua dei defunti» (il primo intervento porta il titolo *Sui fenomeni spiritici e la loro interpretazione*; il secondo è un saggio pubblicato dalla Utet nel 1909, il cui titolo recita *Ricerche sui fenomeni ipnotici e spiritici*, p. 188). Su questo argomento si veda il saggio dedicato a Lombroso e alla cultura di quella fine secolo di D. Frigessi, in particolare il capitolo *Ipnotismo e spiritismo*, pp. 397-412 (*Cesare Lombroso*, Torino, Einaudi, 2003).
107. E. Morselli, *Psicologia e spiritismo. Impressioni e note critiche sui fenomeni medianici di Eusapia Paladino*, Torino, Bocca, 1908.
108. Id., *Introduzione*, in "Rivista di filosofia scientifica", a. I. vol. I, 1 (1881), pp. I, V-VI.

sulla di lui opera,[109] anche se, a dire il vero, egli stesso non pare troppo convinto delle teorie spenceriane relative all'evoluzione. Si legga la «favola» dedicata a un uomo caduto in disgrazia, ma pur sempre determinato a non togliersi la vita fino al giorno in cui incontra «Erberto Spencer che gli spieg*a* come la sua sventura fosse evidentemente la conseguenza della sua incapacità e come non meritasse né compassione né aiuto perché l'aiuto dato a lui avrebbe corrotta la legge sociale che vuole la soppressione del vinto». A fronte di tale argomentazione non resta all'uomo altro da fare che uccidersi.[110] E ancora, nel *Mio ozio*, il protagonista trova la forza di sottoporsi a una dieta durissima non tanto grazie ai suggerimenti del medico, il dottor Raulli, o del nipote «tornato da poco dall'Università e che perciò conosce i medicinali più moderni», ma bensì «in seguito ai consigli assennati di un filosofo, Erberto Spencer il quale scoperse una certa legge per cui gli organi che – per sovranutrizione – si sviluppano troppo rapidamente, sono meno forti di quelli che impiegano maggior tempo a crescere».[111] Svevo non sembra interessato all'apertura spenceriana in materia di fede, mi riferisco alla famosa teoria dell'Inconoscibile illustrata nei *Primi Principi*, né tanto meno alle teorie psicologiche dei *Principles of psychology* (1855, poi rieditati in edizione ampliata nel 1870), forse perché la psicologia spenceriana continuava a mantenere rapporti molto stretti con la fisiologia e con l'evoluzionismo darwiniano, pur avendo riconosciuto all'analisi interiore l'importanza che Comte aveva risolutamente negato. Parimenti Svevo non è colpito dal differente tipo di evoluzionismo spenceriano rispetto a quello darwiniano, differenza, questa, che aveva permesso al «cavaliere della fede» Antonio Fogazzaro di dirsi, nel saggio *Ascensioni umane*, evoluzionista e credente. L'evoluzionismo di Spencer, lo scrive Morselli, è «tratto dalle doti naturali della sua mente ai concetti sintetici del filosofo», in quello di Darwin «predomina lo spirito analitico dello scienziato».[112]

Si ritrova la stessa ironia che guida la lettura di Spencer anche quando Svevo si cimenta con l'evoluzionismo darwiniano. Come si diceva, il mediatore delle idee darwiniane applicate alla letteratura è stato Francesco De Sanctis, ma non va dimenticato che, negli anni della fine Ottocento, Darwin era assai

---

109. In *Londra dopo la guerra* si legge: «in complesso uno degli inglesi più altamente intellettuali – e parlo nientemeno che di Herbert Spencer, – a Brighton era più noto per il grande suo rifiuto di pagare la tassa per supplire alla spesa della banda cittadina che per la sua filosofia» (TO, III, p. 1139). Questo, insieme ad altri quattro articoli, sono stati ritrovati da Brian Moloney, al quale va il merito di averli ripubblicati in "Italian Studies" XXXI, 1976, pp. 59-81 e poi in *Italo Svevo narratore*, cit., pp. 171-191. Si tratta di articoli firmati «E. S.» pubblicati fra il dicembre del 1920 e il gennaio del 1921, a puntate, sulla "Nazione" di Trieste.
110. I. Svevo, *Favole*, TO, II, p. 654. Clotilde Bertoni identifica l'opera di Spencer qui adombrata con i *Principles of Morality* (1879) tradotti in Italia per l'editore Bocca di Torino nel 1904.
111. I. Svevo, *Il mio ozio*, TO, I, p. 1200-1201.
112. E. Morselli, *Carlo Darwin*, in "Rivista di filosofia scientifica", a. I, vol. 6, maggio-giugno 1882, pp. 613-668.

noto.[113] Si incontrano, nei romanzi sveviani e non solo, alcune idee darwiniane quali la teoria dell'ereditarietà, l'atavismo, la lotta per la vita, impiegate, generalmente, in senso ironico.[114] Si veda il saggio il *Sentimento in arte*, steso da Svevo nel 1887, dove nel descrivere il processo evolutivo dell'elefante, egli cita il ben noto principio della «*struggle for life*»: «che l'elefante sia brutto povera bestia non è sua colpa; secondo Darwin divenne così nella lotta per l'esistenza». E ancora continua con un buffo paragone fra il pachiderma e lo scienziato, a sua volta obbligato, dai rapidi mutamenti del sapere, a modificare il suo aspetto: «che allo scienziato si possano attribuire le forme dell'elefante è forse ammissibile. La scienza è esattezza e lo scienziato abbisogna di qualche organo simile alla proboscide, la scienza è solidità e le fan d'uopo di gambe solide che la portino lentamente ma sicuramente alla meta».[115] Insomma se la scienza lo interessa, certo Svevo non nutre nei suoi riguardi quel rispetto che i naturalisti manifestavano.

Il romanziere torna ancora sull'argomento nei frammenti intitolati programmaticamente *L'uomo e la teoria darwiniana*: nel secondo, Svevo insiste sul tema della evoluzione degli organi legata alla lotta per la sopravvivenza. Nel primo, prende le mosse dalle conferenze «tenute a Berlino nel contraddittorio 1907 fra il P. Wasmann della Compagnia di Gesù e varii scienziati tedeschi». In discussione non è tanto il principio evoluzionista in sé quanto la presunta derivazione dell'uomo dalla scimmia. In tal senso si era pronunciato Wasmann «che consentiva con Darwin e Haeckel finché si rimaneva nel campo dell'evoluzione delle speci ma non dell'evoluzione da specie a specie. Insomma l'uomo fu sempre uomo ed ebbe un'anima; poté perfezionarsi ma non assurgere ad uomo da stadii inferiori».[116] È questo uno dei temi più dibattuti a fine secolo, sul quale anche il «cava-

---

113. A detta di Langella, «l'entusiasmo» di Svevo per l'opera di Darwin è «indice di un interesse cui non devono essere rimaste estranee [...] le radici etniche di Svevo. La sua condizione di ebreo cresciuto nel contesto storico di una travagliata assimilazione rendeva infatti Ettore Schmitz particolarmente sensibile alle problematiche razziali, e le pubblicazioni di Darwin gli fornivano abbondante materia su cui meditare, venendogli incontro proprio sul terreno per lui più scottante dell'adattamento all'ambiente, della lotta per la vita, della trasmissione ereditaria dei caratteri e delle dinamiche evolutive» (*Italo Svevo*, Napoli, Morano, 1992. p. 30).
114. La polemica di Svevo contro Darwin è, per usare le parole di Camerino «comprensibile nel quadro di una polemica più generale contro i nuovi ideali del positivismo assai diffusa nella borghesia del tempo e contro l'ottimismo che postulava un immancabile progresso dell'umanità, come se l'evoluzione della scienza dovesse di necessità contemplare una migliore condizione morale» (G.A. Camerino, *Italo Svevo e la crisi della Mitteleuropa*, cit., p. 179).
115. I. Svevo, *Del sentimento in arte*, cit., p. 833.
116. Al riguardo sono da leggere le osservazioni di Lavagetto, il quale, anziché soffermarsi a dimostrare che *L'origine della specie* appare negli scritti sveviani come una «sinopia vincolante e decisiva», analizza i luoghi in cui «le infrazioni alla lettera darwiniana sono rilevanti». In particolare, Lavagetto discute l'«abbandono» di Darwin sul tema dell'«evoluzione da specie a specie» (M. Lavagetto, *L'impiegato Schmitz e altri saggi su Svevo*, cit., p. 177).

liere della fede» Fogazzaro era intervenuto. Importante, inoltre, l'aver nominato, accanto a Darwin, uno dei suoi discepoli più discussi, che aveva applicato i principi evoluzionisti come una sorta di dogma estendibile non solo ai fenomeni naturali, ma anche alla vita dello spirito. Detta altrimenti quello che per Darwin era una teoria scientifica, per Haeckel era un'indiscutibile principio filosofico.[117]

La teoria darwiniana interessa Svevo che torna a scriverne nella *Corruzione dell'anima*, un testo tardo considerato, a dire il vero, uno dei meno darwiniani, nella misura in cui in queste pagine lo scrittore sembra mettere a punto una sua personale interpretazione dell'evoluzionismo: «il signor Iddio aveva conchiusa la sua opera di creazione. Stancatosi dell'immane lavoro riposò dopo di aver detto: Io riposerò ma la creazione continuerà a ricreare se stessa. Io diedi all'essere animato un'anima e questa continuerà l'opera mia». E così è stato: l'evoluzione è continuata e a muoverla è stato il «malcontento». Alla fine di tale originale processo evolutivo «nacque il malcontento e torvo uomo. [...] Animale disgraziatissimo»: la sua evoluzione si completa con l'acquisizione degli «ordigni». «Alcuni di questi ordigni erano idee» e, conclude Svevo, «non doveva mai venire per l'uomo l'epoca in cui il tempo si fermi e i suoi ordigni opera della sua anima non più si sviluppino?».[118] L'ironia della sua teoria torna

---

117. I. Svevo, *L'uomo e la teoria darwiniana*, TO, III, pp. 848-849. Di Haeckel non piaceva la chiara impostazione filosofica data alle sue teorie. «La teoria naturale dell'evoluzione ha illuminato e rischiarato, nonché tutto il campo dei fenomeni materiali, anche quello della vita spirituale che non si può separare dal primo» (le osservazioni di Haeckel possono essere lette in A. Pacchi, *Materialisti dell'Ottocento*, Bologna, il Mulino, 1978, pp. 278-279). Riguardo al pensiero evoluzionista di Fogazzaro, come è noto, egli condivise i principi evoluzionisti non avvertendoli in alcun modo in contrasto con la propria fede religiosa. Fin dal 1833 si legge in una sua lettera: «io ho sempre inclinato un poco alla teoria darwiniana che non è affatto irreligiosa. Darwin credeva con fervore alla creazione» (cfr. T. Gallarati Scotti, *La vita di Antonio Fogazzaro. Dalle memorie e dai carteggi inediti*, Milano, Mondadori, 1982, p. 68). Il suo interesse per la teoria evoluzionista, lo spinge a scrivere, nel 1891, la memoria *Per un recente raffronto delle teorie di Sant'Agostino e di Darwin circa la creazione*. Tuttavia, l'incontro che determina la definitiva adesione di Fogazzaro all'evoluzionismo avviene alcuni anni più tardi grazie alla lettura del saggio di Joseph Le Conte, *Evolution and its relations with religious thought*, come si legge nella dedica al discorso testé citato. Il testo di tale discorso, unitamente ad altri sempre sull'evoluzionismo, è stato raccolto da Fogazzaro nelle *Ascensioni umane*. Nel proemio lo scrittore tenta di spiegare ai lettori il proprio evoluzionismo «spiritualista» o «cristiano» in questo modo: «gli scritti del presente volume hanno per comune origine la mia fede in un supposto modo di operare della Intelligenza Suprema nella creazione dell'Universo e nel governo delle sorti umane: la profonda convinzione che vi è armonia fra l'ipotesi evoluzionista e l'idea religiosa» (A. Fogazzaro, *Ascensioni umane*, Milano, Baldini e Castoldi, 1900, p. V).
118. I. Svevo, *La corruzione dell'anima*, TO, III, pp. 884, 885, 886. Sugli «ordigni» si vedano almeno le osservazioni di Lavagetto, *L'impiegato Schmitz*, cit., pp. 174-175. Come è stato sottolineato da Federico Bertoni sono evidenti, in queste righe, i richiami alla *Coscienza di Zeno*, laddove Svevo descrive «l'occhialuto uomo – che – inventa gli ordigni fuori del suo corpo» (I. Svevo, *La coscienza di Zeno*, cit., p. 1084).

anche nel già citato *Soggiorno londinese*, laddove, impiegando ancora il termine «ordigno» questa volta riferito ai suoi «grossi mustacchi» Svevo commenta: «guarda, guarda, certi grossi mustacchi! Darwin ne attribuiva la nascita al bisogno di quei roditori e molti altri mammiferi di essere avvisati quando i buchi in cui si muovono per celarsi o per aggredire si restringono [...] rido ancora allo scoprirmi un rudere di bestia che impomata l'ordigno oramai tanto inutile». Il riso di Svevo e della sua immagine, che vede riflessa nello specchio, introducono al tema del saggio stesso, ovvero la scoperta della psicoanalisi, certo un metodo meno rudimentale di indagare la natura dell'uomo. Non è casuale, a mio avviso, che dal riso su Darwin si passi, poche righe dopo, a Freud o meglio, guardando a *Senilità*, allo scienziato che lo precedette sulla strada dello studio delle psicopatologie, il celebre Charcot di cui si è detto.[119]

Si guardi ancora un attimo agli scritti sveviani non teorici. Nella più volte ricordata commedia *Le teorie del conte Alberto*, le teorie darwiniane, e non solo, diventano argomento di conversazione da salotto, un sapere che si addice alle signorine: «ah! la signorina Anna si occupa molto volentieri di cose scientifiche», commenta il protagonista della *pièce*. Sono argomenti che egli ben conosce, al punto di averne fatto un codice di comportamento, una guida sicura a cui affidarsi: «uso nella vita della scienza e questa mi dà la legge dell'ereditarietà; il metodo più sicuro per conoscere il carattere di un individuo è di raccogliere i dati che possono avere intorno al carattere dei genitori».[120] Analogamente, nella *Buonissima madre* si incontra «l'ottima» Amelia, che «veniva molto lodata specialmente per le materie positive. Le scienze naturali specialmente. Balbettava Darwin. [...] Essa sapeva che l'antenato dell'uomo era fatto in un dato modo e che perciò l'uomo ed anche la donna erano fatti così e così». Anche Amelia, come Svevo, ama guardarsi allo specchio per indagare su di sé, ma anziché concludere con una risata si interroga su cosa appartenga ai suoi antenati e cosa no. Commenta ironico Svevo: «del resto anche Darwin aveva parlato degli antenati dell'uomo e non dei suoi proprî. E Amelia aveva l'abitudine di leggere i libri come erano scritti con quel cieco ordine, una pagina dopo l'altra in modo che fra una e l'altra non ci fosse tempo per applicazioni e derivazioni. Le antiche illusioni egotistiche vivevano indisturbate in mezzo alla scienza moderna». Tutta la vicenda della *Buonissima madre* si snoda in un continuo contrappunto con le teorie darwiniane: dal momento in cui, per darsi una spiegazione della malformazione dell'uomo che sta per sposare, chiama in causa «certi studi di Darwin sugli astici che hanno il lato destro più grosso del sinistro», al momento in cui, usando sì in questo caso una terminologia corretta, il medico si appella al prin-

---

119. I. Svevo, *Soggiorno londinese*, cit., pp. 893-894. Sempre sull'origine dei mustacchi si veda *Corto viaggio sentimentale*, cit., p. 525.
120. Id., *Le teorie del conte Alberto*, cit., pp. 27, 30.

cipio darwiniano della «eredità di una qualità acquisita», o a quello della «variazione», o ancora quando parla di «tabe».[121]

«Nevrastenia», «autosuggestione» e l'«ambigua e sotterranea corrente della psicanalisi».

La poca fiducia nelle teorie evoluzioniste ha tenuto Svevo lontano non solo da coloro che le avevano fondate, ma anche dagli scrittori che ne avevano tentato un'applicazione in letteratura: mi limito a un nome, quello di Paolo Mantegazza. Darwiniano convinto, Mantegazza è autore di un romanzo di larga diffusione, *Un viaggio a Madera*, una sorta di *vademecum* dedicato ai malati portatori di morbi trasmissibili (non si dimentichi il sottotitolo dell'opera: «una pagina dell'igiene d'amore»).[122] Svevo fa il nome di Mantegazza una sola volta nell'ambito di un articolo che prende le mosse dal romanzo di Claretie, *La Cigarette*, per discutere un argomento che gli sta molto a cuore, ovvero il rapporto tra il fumo e la nevrastenia.[123] Ad essere chiamato in causa è il celebre psichiatra Beard «analizzatore di tutte le forme di nevrastenia» e convinto sostenitore del rapporto tra nevrastenia e fumo, lo stesso a cui si appellerà Zeno, diversi anni più tardi, sempre tentando una cura farmacologica destinata a fallire.[124] Nell'articolo Svevo sposta il centro del discorso dalla medicina alla letteratura e, una volta ammesso che il vizio del fumo è una malattia, finisce col sostenere che la condizione malata, o almeno anormale, non è dannosa a colui che crea. Al contrario, «l'esperienza fatta sul proprio organismo di una malattia o almeno di uno stato anor-

---

121. Id., *La buonissima madre*, TO, II, pp. 269-270, 271, 273, 283. Per quanto concerne il principio della «variazione», Clotilde Bertoni ha chiamato in causa un preciso capitolo del saggio darwiniamo *Variazioni degli animali e delle piante allo stato domestico*, in particolare, nel capitolo XI, il paragrafo *Intorno all'azione diretta ed immediata dell'elemento maschile sulla forma materna*. In quelle pagine Darwin cita l'episodio della cavalla di Lord Morton. Lo stesso episodio si ritrova nella *Coscienza di Zeno* nel dialogo fra Zeno e Carla: «nella mia testa – è Zeno a parlare – si moveva la prova scientifica di quanto voleva dire, cioè quel celebre esperimento di Darwin su una cavalla araba, ma, grazie al Cielo, sono quasi sicuro di non averne parlato» (cit., p. 901). Come ha sottolineato Alberto Cavaglion il medesimo spunto era stato utilizzato da Otto Weininger in *Sesso e carattere*: «uno degli esempi riportati in *Sesso e carattere* è quello della cavalla di Lord Morton, la quale "dopo che una volta ebbe un bastardo da un *quagga*, molto più tardi partorì da uno stallone arabo due puledri che presentavano chiare caratteristiche del *quagga*"» (A. Cavaglion, *Italo Svevo*, cit., p. 177).
122. P. Mantegazza, *Un giorno a Madera. Una pagina dell'igiene d'amore*, Milano, Rechiedei, 1868.
123. Clotilde Bertoni ha rilevato un'analogia fra le idee esposte da Mantegazza nella celebre *Fisiologia dell'amore* e i racconti *La novella del buon vecchio e della bella fanciulla* e *Una burla riuscita* (TO, II, pp. 453, 971).
124. Le teorie di Beard sono spesso ricordate nei testi di Svevo dalle «pagine di diario», al *Romanzo di Elio* e non ultimo nel capitolo della *Coscienza di Zeno*, intitolato *Psicoanalisi*, è ancora all'opera di Beard che Svevo si richiama. Accanto al nome di Beard, sempre in margine alla nevrastenia, è bene aggiungere quello di Nordau, in particolare del celebre saggio *Degenerazione* (1892). In un frammento teatrale, databile fra il 1899 e il 1900,

male» aumenta la «finezza nervosa [che] quasi mai si ritrova nella persona perfettamente sana e robusta». Si è, ancora una volta, di fronte alla difesa dello stato di salute alterato come di una condizione non negativa: in tal senso non stupisce il reciso rifiuto per qualsivoglia forma di cura e la sfiducia profonda nella farmacopea,[125] che in queste pagine Mantegazza rappresenta: «s'inganna il Mantegazza – scrive Svevo – quando crede di poter aiutare il fumatore a liberarsi dal suo vizio con qualche prescrizione farmaceutica. Il vizio del fumo è tanto complesso che la farmacia è impotente a levarlo. Nel vero fumatore fumano gli occhi, lo stomaco, i polmoni e il cervello; ogni singolo organo del vizioso è un vizioso».[126] È il 1890 quando esce sull'"Indipendente" questo articolo: passano diversi anni e, lo si è appena ricordato, nella *Coscienza di Zeno* appare nuovamente il nome di Beard in riferimento ai suoi studi sulla nevrastenia. Ma soprattutto, dopo un così lungo lasso di tempo, Svevo torna sul tema che più gli è caro e che percorre, lo si diceva in apertura, come un filo rosso, l'intera opera, ovvero il tema della malattia e delle prerogative che tale stato "alterato" mantiene. Qui alla malattia del vizio si sostituisce la malattia del corpo, il diabete, una malattia «dolce», che come la tisi ottocentesca consente al malato di spegnersi lentamente senza sconvolgerne la fisionomia: «scopersi [...] che la mia malattia era sempre o quasi sempre molto dolce. – commenta Zeno – Il malato mangia e beve molto e di grandi sofferenze non ci sono [...]. Poi si muore in un dolcissimo coma». Non solo: il diabete prende il posto, nella vita di Zeno, della nevrosi. La malattia del corpo è amata da Zeno perché «era tanto semplice: bastava lasciarla fare». «Addio propositi: – conclude Zeno – finalmente ne ero libero. Tutto avrebbe seguito la sua via senz'alcun mio intervento». Si potrebbe concludere che laddove la malattia della psiche affina la sensibilità e pone chi la prova in una condizione di sofferenza, per dir così, creativa, la malattia del corpo regala all'individuo una inattesa libertà che gli consente di sottrarsi a tutto, persino ai propositi che egli stesso ha formulato. Nel momento in cui la malattia del corpo viene meno, Zeno tenta di arginare il ritorno di quella della mente affrontandola come se tale non fosse. In tal senso gli viene in soccorso l'opera di Beard: «seguii il suo

---

Svevo ha messo in scena, con il medesimo titolo, due personaggi, di cui uno medico «specialista per le malattie nervose». A questi tocca narrare le traversie di un suo paziente nevrastenico e le proprie. Medico e paziente sono infatti accomunati dalla medesima patologia, la nevrastenia (*Degenerazione*, TO, III, p. 780). Il saggio di Nordau è forse ricordato anche nel *Diario per la fidanzata* (cit., p. 683). Sull'opera di Nordau e la letteratura, si veda almeno A. Sfragaro, *Max Nordau, dégénérescence et littérature*, in *Littérature et pathologie*, sous la direction de M. Milner, Paris, PUV, 1989, pp. 184-192 e M. Sechi, *Svevo, Nordau e la «fin de siècle». Altre ipotesi sulla derivazione dell'inetto*, in "Intersezioni", 1994, n. 1, pp. 21-51.

125. «La liste des médicaments proposés par la pharmacopée était restreinte», commenta la Lalanne-Olive, che dedica un interessante articolo alle cognizioni mediche di Svevo, sia sul piano dell'identificazione delle patologie, sia su quello della farmacopea indicata per curarle (A. Lalanne-Olive, *Svevo et le savoir médicale*, in "Revue des études italiennes", 1993, nn. 1-4, p. 142).
126. I. Svevo, *Il fumo*, TO, III, pp. 1085, 1807.

consiglio e cambiai di medicina ogni otto giorni [...]. Per alcuni mesi la cura mi parve buona. [...] Poi passò anche quella fede, ma intanto io avevo rimandato di giorno in giorno il mio ritorno alla psico-analisi».[127]

Dalla psicoanalisi si è partiti ed attraverso la psicoanalisi, in un certo senso, ci si avvia alla conclusione. Sono stati fatti i nomi di Beard, di Charcot e della grande tradizione di studi psichiatrici in Francia. Manca ancora un importante tassello per potersi ricondurre a Freud. La scuola di Nancy, a cui è già stato fatto cenno. Anche qui si praticava l'ipnosi con successo fin dagli anni della fondazione: la fama della scuola era tale da indurre lo stesso Freud a trascorrevi, nell'estate del 1889, alcune settimane. A detta di Palmieri, tuttavia, Svevo conosce ed applica, nella *Coscienza di Zeno*, gli studi dei fondatori della seconda scuola di Nancy, in particolare di Charles Baudouin, allievo dell'altrettanto celebre Émile Coué. Tra i libri posseduti da Svevo si trova la seconda edizione del saggio di Baudouin *Suggestion et autosuggestion. Étude psychologique et pédagogique d'après l'école de Nancy* e lo stesso romanziere, in una celebre lettera a Valerio Jahier (27 dicembre 1927) consiglia al suo corrispondente di «prov*are* la cura dell'autosuggestione con qualche dottore della scuola di Nancy» e aggiunge: «ella probabilmente l'avrà conosciuta per ridere. Io non ne rido. [...] Ma provi l'autosuggestione. Non bisogna riderne perché è tanto semplice. Semplice è anche la guarigione cui Ella ha da arrivare».[128]

Zeno applica, dunque, i suggerimenti della nuova scuola di Nancy, non solo, l'ipnosi a cui si sottopone, «ipnosi leggera» specifica Palmieri,[129] provoca in lui fenomeni di tipo allucinatorio: la rosa dei nomi da fare a questo punto si allarga. Ancora un medico, innanzitutto, italiano questa volta, Eugenio Tanzi, che Svevo conosce personalmente. In una lettera indirizzata a Montale nel giugno del 1927, Svevo scusandosi di non poter mandare a Tanzi una copia di *Senilità*, in quel momento in ristampa, aggiunge: «ricordo con piacere il Dr. Tanzi geniale studioso

---

127. Id., *La coscienza di Zeno*, cit., pp. 1063-1064. L'aver chiamato in causa Beard viene interpretato da Mario Fusco non tanto come «conferma de*ll*'interesse da lungo tempo portato da Zeno ai problemi di psicopatologia», quanto come un segno dello spazio che Svevo riserva a Freud: «le ricerche di Beard sulla nevrastenia sono abbastanza vicine ad alcune di quelle condotte da Freud e riguardano appunto quel che Freud ha chiamato [...] nevrosi ossessiva» (*Italo Svevo. Conscience et réalité*, Paris, Gallimard, 1973, trad. it. di P. Bimbi, da leggersi in E. Ghidetti, *Il caso Svevo*, cit., p. 134). Sul tema della malattia nella *Coscienza*, è bene leggere *L'ultima bomba di Zeno*, in G. P. Biasin, *Malattie letterarie*, Milano, Bompiani, 1976, pp. 92-98.

128. Non si tratta di un consiglio dato a cuor leggero, ma di una cura sperimentata in proprio e non solo sulla carta. Scrive, al riguardo, Palmieri: «abbiamo lungamente interrogato Letizia Svevo sui rapporti tra "Nancy" e suo padre; è così emerso che lo scrittore triestino, forse prima della guerra [...], si era recato alla clinica di Nancy per "motivi personali" – legati, aggiungiamo noi, a disturbi nervosi – e il soggiorno si era protratto per parecchi giorni». Circa la terapia proposta da Baudouin e sulla grande circolazione che ha avuto si vedano le osservazioni di Palmieri, *Schmitz, Svevo, Zeno. Storia di due biblioteche*, Milano, Bompiani, 1994, pp. 35-45, la cit. è a p. 39. La lettera cit. può essere letta in *Epist.*, pp. 859-60.

129. G. Palmieri, *Schmitz, Svevo, Zeno*, cit., p. 45.

Italo Svevo ovvero «l'ultimo prodotto della fermentazione di un secolo»

della Paranoia. [...] In altri paesi la dottrina del Tanzi [...] sarebbe certamente entrata nella letteratura». E ancora, pochi mesi dopo, sempre a Montale: «sono lieto che il Dr. Tanzi mi ricordi. Quanti comuni amici spariti».[130] Il rapporto con Tanzi è importante anche perché è stato questo celebre psichiatra, con l'aiuto del suo allievo, Roberto Assagioli, a far conoscere Freud a Firenze. L'approdo freudiano della *Coscienza* avviene dunque sulla scorta della psichiatria di fine Ottocento da Charcot alla scuola di Nancy senza escludere la mediazione italiana di psichiatri come Lombroso e Tanzi. Indubbiamente il quadro sarebbe incompleto se ai nomi degli scienziati non si accostassero quelli già fatti di Schopenhauer, innanzitutto, e di Taine. Suggestiva l'ipotesi che Palmieri formula mettendo le due biblioteche, di Svevo e di Zeno, a confronto. La prima con in bella vista i saggi più noti di Tanzi, dalla «psicologia introspettiva» agli «studi sull'ipnotismo», del suo allievo, Roberto Assagioli e di Charles Baudouin; la seconda, più ottocentesca, con testi di Schopenhauer, Taine e Paul Dubois.[131] Come a dire che Svevo, in un qualche modo, guarda già verso la nuova psichiatria, ma regala al suo personaggio una dimensione ancora pienamente ottocentesca. La fiducia nella scienza che tutto risolve dall'esterno, attraverso l'osservazione, prima, e la sperimentazione poi è ormai tramontata; Svevo si rivolge con interesse alla nuova psichiatria, a Nancy, o meglio, alla nuova scuola di Nancy, al «metodo misto» che consente non solo al medico, ma anche al malato di intervenire su se stesso. L'approdo, al di là della trama, è un romanzo costruito secondo modalità ben distanti da quelle naturaliste.[132] Insomma, se alle spalle di *Una vita* c'è Charcot e la Salpêtrière, ovvero il sapere sperimentale ancora tanto diffuso nella letteratura di fine Ottocento, alle spalle della *Coscienza* c'è Baudouin, la seconda Nancy e, nei limiti di cui si è detto, la psicoanalisi. Certo nella *Coscienza* non c'è solo questo: c'è Weininger, ad esempio, e ci sono altri importanti scienziati che Svevo ha modo di conoscere in

---

130. I. Svevo - E. Montale, *Carteggio con gli scritti di Montale su Svevo*, cit., pp. 58-59. Anche la lettura dei lavori del celebre psichiatra trova un suo utilizzo letterario. A Tanzi, in particolare al *Trattato sulle malattie mentali* del 1905, Svevo si rifà nel racconto *Lo specifico del dottor Menghi* (TO, II, pp. 59-92).
131. G. Palmieri, *Schmitz, Svevo, Zeno*, cit., pp. 45-51. Più precisamente negli «scaffali» sveviani Palmieri elenca i seguenti volumi: di Tanzi *Intorno alla associazione delle idee. Appunti staccati di psicologia introspettiva* (1888) e *Studi sull'ipnotismo. La così detta "Polarizzazione cerebrale" e le leggi associative* (1887); di Baudouin *Suggestion et autosuggestion. Étude psychologique et pédagogique d'après les résultats de la nouvelle école de Nancy* (1921) e di Roberto Assagioli *La psicologia del subcosciente. - I La psiconalisi* (1921). Nella biblioteca di Zeno trovano posto invece i *Parerga e paralipomena* (1851) di Schopenhauer, il *De l'Intelligence* di Taine (1870) e il saggio sulle «psychonévroses et leur traitement moral» (1909) di Dubois (ivi, pp. 56-57).
132. Di «romanzo d'analisi psicologica» discute Montale, ma «non si tratta solo di psicologismo». A suo dire Svevo ha fatto ben di più, ovvero ha «*fuso* mirabilmente l'analisi con la rappresentazione in modo che il caso psicologico, il caso clinico se vogliamo, sia totalmente incarnato in fatto di poesia» (E. Montale, *Italo Svevo nel centenario della nascita*, in *Il secondo mestiere*, cit., p. 2509).

quegli anni, da Weiss a Canestrini fino a René Arpad Spitz.[133] Svevo tenta, appellandosi ad un vasto sapere scientifico-filosofico ottocentesco, di «riflettere al pari di pochissimi altri gli impulsi e gli sbandamenti dell'anima contemporanea», è Montale a sostenerlo, facendosi romanziere in una delicata fase di transizione fra il «romanzo mistico-erotico dell'ultimo Fogazzaro e prima che la nostra prosa narrativa si perdesse nel sontuoso equivoco dannunziano». Romanzi «di vita e psicologia borghese» sono quelli sveviani secondo la tradizione narrativa iniziata dal «primo Verga». Se dunque il patrimonio di cognizioni scientifiche a cui Svevo attinge lo lega ancora all'Ottocento, i suoi romanzi tentano di trovare una propria strada fra modelli narrativi diversi e, in quegli anni, saldamente affermati. In tal direzione Svevo appare a Montale come un precursore, un letterato dominato dal «desiderio continuo di sondare, ben al di là delle parvenze fenomeniche dell'essere, in quella zona sotterranea e oscura della coscienza dove vacillano e si oscurano le evidenze più accettate». La sua modernità insomma non nasce dal rifiuto della cultura di fine Ottocento, ma piuttosto dalla sua rielaborazione.[134]

Nel momento in cui la realtà sembra sfuggire le «evidenze» «vacillano e si oscurano» la letteratura è il solo *medium* che resta per continuare ad indagare e a sforzarsi di comprendere o, perlomeno, di descrivere innanzitutto la propria realtà individuale. Così il 4 aprile 1928 scrive Svevo: «e ora che cosa sono io? Non colui che visse ma colui che descrissi».[135]

Sestri Levante, 25 maggio 2006

---

133. La «relazione», per usare le parole di Svevo, con lo psicanalista viennese Spitz è testimoniata da una lettera del '27 trovata da Giuseppe Antonio Camerino (*Italo Svevo*, cit., p. 432) e ulteriormente certificata da Piero Rismondo, amico di Svevo (si veda, al riguardo, sempre di Camerino, *Piero Rismondo tra Svevo, Bobi Bazlen e la psicoanalisi*, in "Il banco di lettura", n. 3, 1989, ora in G.A. Camerino, *Italo Svevo e la crisi della Mitteleuropa*, cit., pp. 249-251).
134. A detta di Guido Piovene la cultura di Svevo prende le mosse dal positivismo, ma «sviluppa in forme più moderne e complesse, in cui però rimangono fondamentali l'osservazione, la ricerca, la scoperta» (in "La Fiera Letteraria", 18 luglio 1946, da leggersi ora in E. Ghidetti, *Il caso Svevo*, cit., p. 34).
135. Enrico Ghidetti così commenta questa frase: «Ettore Schmitz si rivela allora il *corpus vile* di un esperimento che Italo Svevo, notturno osservatore di anime, protrae lungo l'arco di una intera esistenza, il tramite verso quella "vita orrida vera" che Italo Svevo rifiuta, ma scruta ansiosamente per decifrarne un impossibile significato. È forse questo il senso più profondo del faticoso compromesso raggiunto fra la solida realtà del borghese e l'inquietante chiaroveggenza del suo "doppio", l'uno operoso nella concreta e storica vita di Trieste, l'altro impegnato a raccogliere e collezionare i frammenti e le schegge della vita del primo per leggervi riflesse, come nei frantumi di uno specchio, le immagini di crisi di un'epoca, di una classe, di una condizione umana» (E. Ghidetti, *Italo Svevo*, cit., p. 19). Di una sorta di "sdoppiamento" Svevo aveva parlato in un frammento recuperato oggi dalla edizione critica dei suoi scritti. In quella sede si legge: «un letterato sa sempre di essere composto di due persone. Non parlo qui di quella in carne ed ossa ma visibile, e quella scoperta dalla scienza composta di sole ossa e che non si vede. Dal letterato una persona è compiacente e lo acclama, L'altra è più dura e irride. Che quest'ultima sia stata creata dalla critica?» (il frammento D può essere letto in TO, II, p. 784). Infine per Montale si veda *Omaggio a Svevo*, cit., pp. 72-73, 79; la cit. di Svevo è tratta da *Le confessioni del vegliardo*, TO, I, p. 1116).

Anna Maria Accerboni Pavanello

La sfida di Italo Svevo alla psicoanalisi: guarire dalla cura

La psicoanalisi e l'"ultima sigaretta"

«L'ho finita con la psico-analisi» esordisce risentito Zeno nel capitolo conclusivo del romanzo di Italo Svevo, che lo vede protagonista e insieme antagonista del dr. S., rappresentante spocchioso di quella nuova pretenziosa scienza, che lo ha indotto a scrivere di sé come paziente. La terapia della nevrosi ideata da Freud per l'appunto, che ha l'intento "di spiegare ad un uomo come è fatto".[1] «Dopo averla praticata assiduamente per sei mesi interi, – afferma ancora il nostro personaggio – sto peggio di prima», aggiungendo più avanti «tanto fiduciosamente m'ero abbandonato al dottore che quando egli mi disse ch'ero guarito gli credetti con fede intera». La cura infatti – gli aveva spiegato sentenzioso il dr. S. – «doveva essere finita perché la mia malattia era stata scoperta. Non era altra che quella diagnosticata a suo tempo dal defunto Sofocle sul povero Edipo: avevo amata mia madre e avrei voluto ammazzare mio padre».[2] Zeno, in un crescendo di fastidio e antipatia, intende però liquidare definitivamente le convinzioni del suo analista, concludendo drastico qualche riga più in basso: «Ne rido di cuore. La miglior prova ch'io non ho avuta quella malattia risulta dal fatto che non ne sono guarito».[3] La non guarigione ovvero la liberazione dalle pretese della cura, viene riaffermata nelle pagine successive, in cui Zeno ribadendo le sue difficoltà con il fumo si oppone alla "rieducazione" tentata su di lui dal dr. S. La fissazione edipica, diagnosticata "in primis", viene a questo punto della narrazione assimilata con abile spostamento tout coeur a quella del fumo. Se Zeno infatti fosse arrivato a persuadersi della non nocività del fumo, molti dei suoi effetti negativi – come aveva tentato di persuaderlo invano il suo analista – sarebbero quasi del tutto svaniti. Ma Zeno avrebbe dovuto dimostrare di aver acquisito tramite il lavoro analitico "un giudizio di adulto", per arrivare a riconoscere: «che avevo assunto quel

---

1. I. Svevo, *Soggiorno londinese*, TO, III, p. 897.
2. I. Svevo, *La coscienza di Zeno*, TO, I, pp. 1048-49.
3. Ibidem.

Ritratto di Sigmund Freud nel 1907 (Freud Museum – Wien). Il ruolo della psicanalisi nella tarda opera di Svevo è oggetto di una lunga, controversa discussione presso gli specialisti. Non ancora conclusa.

vizio per competere con mio padre e attribuito un effetto velenoso al tabacco per il mio intimo sentimento morale che volle punirmi della mia competizione con lui».[4] «Quel giorno – conclude Zeno a conferma della sua decisa refrattarietà alla cura psicoanalitica – lasciai la casa del dottore fumando come un turco».

Che il fumo sia stato per Zeno la maggiore delle sue ossessioni e l'obiettivo dei suoi tanti proponimenti, assumendo il significato di tutto ciò che lo separava dalla salute, ma anche una pervicace resistenza al cambiamento, una sorta di alibi ingegnoso, emerge chiaramente da queste riflessioni che Svevo mette, con la solita ironia, in bocca al suo personaggio, solo apparentemente sprovveduto: «Adesso che son qui, ad analizzarmi, sono colto di un dubbio; che io forse abbia tanto amato la sigaretta per poter riversare su di essa la colpa della mia incapacità? Chissà se cessando di fumare io sarei divenuto l'uomo ideale e forte che m'aspettavo? Forse fu tale dubbio che mi legò al mio vizio, perché è un modo comodo di vivere quello di credersi grande di una grandezza latente».[5] L'impellenza di smettere di fumare, ricorrendo all'esorcismo, drammatico nella sua comicità, di fissare sempre un nuovo, cervellotico termine per dare l'addio al fumo, è comunque il principale motivo per cui Zeno, dopo averle provate apparentemente tutte, fino al punto da farsi ricoverare per esserne impedito con la forza, si rivolge come risorsa estrema alla psicoanalisi. Ed è anche la motivazione principale per sottoporsi al trattamento del dr. S., il quale nella prefazione al romanzo, per mitigare l'interruzione dovuta ad una sua forzosa lontananza, si prende la responsabilità di aver indotto Zeno, infrangendo le regole del trattamento ortodosso, a scrivere la sua "autobiografia", da cui prende contemporaneamente le mosse il racconto di Zeno ed il romanzo di Svevo. Il tema del fumo, per la sua valenza autobiografica, costituisce dunque nel romanzo non solo quello «spazio tematico dove più che in qualsiasi altro spazio del testo realtà e finzione s'incontrano»,[6] ma rivela anche strette connessioni con un altro dei suoi temi portanti, quello per l'appunto della cura psicoanalitica. Connessioni molto più sottili e rilevanti di quanto finora sia emerso a proposito della conoscenza della psicoanalisi da parte di Svevo e dell'interesse da lui sviluppato, in anticipo sui tempi, per la scienza di Freud. Anche per queste implicazioni *La coscienza di Zeno* è uno dei casi più paradigmatici dell'influenza delle concezioni freudiane su di un romanzo, all'interno di un quadro che travalica la letteratura italiana per imporsi sulla più ampia scena della cultura europea del '900. Se l'importanza intrinseca della creatività letteraria e artistica per la psicoanalisi fu ampiamente riconosciuta da Freud – come documentato in alcuni suoi saggi fondamentali[7] – al punto da diventare tema frequente di discussio-

---

4. Ivi, p. 1059.
5. Ivi, p. 633.
6. Fabio Vittorini, nota 1 a p. 632 de *La coscienza di Zeno*, cit. (TO, I, p. 1565).
7. Cfr. S. Freud, *Il delirio e i sogni nella "Gradiva" di Wilhelm Jensen*, *Il poeta e la fantasia*, *Il Mosè di Michelangelo*, *Un ricordo d'infanzia di Leonardo Da Vinci*, in *Opere di Sigmund Freud* voll. 5, 7, 9, Torino, Bollati Boringhieri.

ne[8] già nelle cosiddette riunioni del "mercoledì" tenutesi a Vienna nella sua casa di Berggasse 19, molto meno noto è che il tema scelto per la prima di tale riunioni, iniziate nel 1902, fu per l'appunto il vizio del fumo.

Siamo agli albori della creazione di quel gruppo intorno a Freud, che si trasformerà con l'adesione di altri discepoli, alcuni anni più tardi, nell'Associazione Psicoanalitica Viennese. Siccome tali riunioni vennero verbalizzate appena a partire dal 1906,[9] fu solo per merito di uno dei primi medici viennesi aderenti alla psicoanalisi, Wilhelm Stekel, che se ne venne in qualche modo a sapere in precedenza, perché descrisse in un *feuilleton*[10] questa prima riunione riportandovi il relativo dibattito su motivazioni e significati legati al vizio del fumo. Si tratta di quel Wilhelm Stekel, che non fu soltanto uno dei primi seguaci ad essere analizzati da Freud e a suggerirgli di creare le riunioni del "mercoledì", ma che fu anche insieme a Edoardo Weiss e a Renè A. Spitz, in ordine differenziato d'importanza, tra gli analisti in carne ed ossa che Svevo ebbe più o meno modo di praticare e di conoscere.

L'interesse di Svevo per la psicoanalisi va contestualizzato quindi all'interno di un ambiente e di un momento storico preciso, che non è esclusivamente quello della Trieste degli anni venti, avamposto delle teorie freudiane in Italia per la presenza in città di Edoardo Weiss, formatosi direttamente a Vienna alla scuola di Freud e futuro fondatore del movimento psicoanalitico italiano. Anche se è ben vero che un confronto così diretto come quello verificatosi tra Svevo e Weiss su di un romanzo, che entrava a tal punto nel merito da fare della psicoanalisi il motore iniziale del racconto per arrivare poi dal suo interno, adottando apparentemente la stessa ottica psicoanalitica, a liquidarla, non era fisiologicamente possibile che in quel contesto e non prima di quegli anni. Come non va affatto sottovalutata l'impressione negativa derivante in Svevo dalla cura fallita con Freud e con altri analisti del cognato Bruno Veneziani. Ma prima di

---

8. Ben 42 sedute dell'Associazione Viennese furono dedicate nel corso degli anni a temi di "psicoanalisi applicata", in particolare alla letteratura. Tali riunioni dedicate a tematiche letterarie sono state pubblicate in italiano con il titolo di *Palinsesti freudiani* a cura di M. Lavagetto presso la Bollati Boringhieri nel 1998.
9. Si affidò la verbalizzazione delle riunioni a Otto Rank che svolse le funzioni di segretario dal 1906. I verbali delle sedute che si protrassero fino al 1918 furono conservati da Paul Federn, che rivestì l'incarico di Vicepresidente dell'Associazione Psicoanalitica Viennese dal 1921 al 1938. Costretto ad emigrare in America, in seguito all'Anschluss dell'Austria, Federn portò con sé i verbali che furono pubblicati nel 1962 a cura del figlio Ernst e da H. Nunberg con il titolo di *Minutes of the Vienna Psychoanalytic Society*.
10. Nella sua *Autobiografia*, pubblicata postuma, Stekel, entrando nel merito della sua attività giornalistica, chiarisce il posto riservato sui giornali al *feuilleton*: «Era costume in Austria dividere la prima pagina in due parti, la parte superiore era prevalentemente dedicata alla politica, la parte inferiore riservata alla scienza e all'arte»; W. Stekel, *The Autobiography*, ed. by E. A. Gutheil, New York, Liveright Publishing Corporation, 1950, p. 103 (trad. dell'a.). I contenuti di un feulleiton avevano dunque l'evidenza della prima pagina.

soffermarci sul confronto suddetto e sull'influenza esercitata dalla vicenda di Bruno Veneziani sull'atteggiamento intriso di ambivalenza nei confronti della psicoanalisi da parte di Svevo, sarà opportuno riflettere su certe reticenze dello scrittore in merito alla psicoanalisi come terapia. Lo scrittore precisa infatti in una lettera a Valerio Jahier,[11] dopo avere ammesso però la conoscenza «di alcuni di quei medici» che all'epoca circondavano Freud, di aver fatto la cura «nella solitudine senza medico». Da tale esperienza sarebbe nato il romanzo «nel quale se c'è una persona fatta senz'averla conosciuta è quella del medico S.». Se Svevo rivendica quindi a buon diritto la non verosimiglianza del dr. S, in nome della libertà ovvia per uno scrittore di modellare a suo piacimento i personaggi di fantasia, tace invece su quanto gli sia derivato dalla conoscenza diretta dei tre psicoanalisti personalmente frequentati. Dei tre l'influenza più rilevante ai fini del romanzo, anche se sottesa ma non esplicita, è stata senz'altro quella di Wilhelm Stekel, conosciuto da Svevo durante una vacanza a Bad Ischl nel 1911. Non solo perché dietro le parti più esplicitamente psicoanalitiche de *La Coscienza di Zeno* – come è già sapientemente rilevato dalla Mahler-Schachter[12] – fa capolino più che altro un Freud mediato dalle concezioni di Stekel, ma anche perché è molto probabile che Svevo proprio dallo psicoanalista viennese sia venuto a sapere del tema del fumo, scelto per la prima riunione ufficiale in casa Freud. Svevo infatti, dato l'interesse in lui suscitato dalla psicoanalisi, non poteva che sfruttare al massimo, durante il mese trascorso a Bad Ischl,[13] l'occasione offertaglisi di conoscere personalmente uno psicoanalista, che era per di più in stretto contatto con lo stesso Freud. Mentre Stekel, a cui premeva sicuramente far conoscere l'importante ruolo avuto nella psicoanalisi viennese degli esordi, potrebbe aver raccontato all'imprenditore triestino, appena conosciuto, che era stato proprio lui a proporre a Freud la creazione di un gruppo disposto a riunirsi periodicamente e che l'argomento scelto per la prima riunione era stato proprio il fumo.

Ma il fumo, insieme croce e delizia, è anche la molla che mette in moto le confessioni di Zeno per compiacere l'insistente dr. S., che, arrabbiato con il suo paziente, in seguito all'abbandono della cura, prende per vendetta nella prefazione del romanzo la decisione di pubblicarle. Un altro spunto non psicoanalitico ma abbastanza suggestivo inoltre è che Stekel nella sua

---

11. Lettera del 10 dicembre 1927 in *Cart.*, p. 239.
12. E. Mahler-Schachter, *Svevo, Trieste and the Vienna Circle: Zeno's Analyst Analysed* in "European Studies Review", vol.12, London, 1982.
13. Svevo trascorse il mese di agosto del 1911 a Bad Ischl, come risulta da una lettera alla moglie Livia indirizzata il 1 settembre da Murano, appena conclusosi il loro periodo di vacanza. Nella lettera Svevo l'informa: «Domani – tempo permettendo – scriverò una carta a Steckel». Cfr. *Epist.*, p. 594. I rapporti con Stekel furono poi per qualche tempo mantenuti attraverso il fratello di Svevo, Ottavio, che sarebbe andato a trovarlo a Vienna. Fulvio Anzelotti afferma «che i discorsi di Stekel avrebbero affascinato Svevo»; cfr. *Il segreto di Svevo*, Pordenone, Studio Tesi, 1985, p. 144.

Autobiografia[14] racconta di essersi ammalato di pleurite e di esserne guarito su consiglio del prof. Nothnagel, un'eminenza medica viennese, con l'applicazione di mignatte.[15] Metodo considerato invecchiato già nei primi anni del secolo scorso eppure – osserva Stekel – rivelatosi valido. Ma nel drammatico episodio, connesso nel romanzo alla morte del padre, l'impiego delle mignatte è l'oggetto cruciale della disputa tra Zeno e il dr. Coprosich, divenendo poi argomento del primo sogno del protagonista in cui si assiste ad un significativo ribaltamento delle volontà e dei ruoli. Si tratta di pura e semplice casualità? Ed ancora è proprio Stekel molto probabilmente ad apparire nel terzo capitolo del romanzo, intitolato non a caso *Il fumo*, sotto le mentite spoglie di un ricco signore, «che abbelliva i suoi ozii con studi e lavori letterari» e in cui Zeno trovò, dopo essergli diventato amico, «chi meglio intendesse me e la mia malattia».[16] Zeno aggiunge tra i particolari forniti di averlo conosciuto mentre questi stava facendo, sicuro di riuscirci per la costanza e la sistematicità impiegate, una cura dimagrante. Ciò fa supporre che il personaggio reale a cui si è ispirato Svevo sia stato incontrato per l'appunto in un luogo di cura. Stekel sempre nella sua *Autobiografia* precisa che Bad Ischl, salutare luogo termale preferito dallo stesso imperatore Francesco Giuseppe, era stato da lui scelto per risiedere metà dell'anno, dove riceveva i pazienti in un ambiente meno formale della sua casa viennese ma assai più gradito.[17] Due altri particolari avvalorano inoltre l'ipotesi da noi avanzata: Stekel affiancò con successo molto presto alla sua attività di medico internista e poi di psicoanalista quella di scrittore pubblicista e, più o meno, negli anni del suo incontro con Svevo, rivela nell'*Autobiografia* di essere preoccupato per l'aumento di peso, causato dalla sedentarietà della sua professione.[18] L'argomento senz'altro più persuasivo però è che il ricco signore, «che parlava meglio che scrivesse», invidiato da Zeno «perché sapeva fare quello che voleva», è colui che, molto più dell'odioso e saputo dr. S., riesce a centrare il busillis di Zeno alle prese con il fumo:

Poi con aria dottorale che gli competeva data la sua grande superiorità in argomento, mi spiegò che la mia vera malattia era il proposito e non la sigaretta. Dovevo tentar di lasciare quel vizio senza farne il proposito. In me – secondo lui – nel corso degli anni erano andate a formarsi due persone[19] di cui una comandava e l'altra non era altro che uno schiavo

---

14. L'autobiografia, già citata, fu pubblicata postuma, dopo 10 anni dalla morte di Stekel, a cura di un allievo e con una introduzione della seconda moglie di Stekel, Hilda.
15. Cfr. W. Stekel *The Autobiography*, cit, p. 108.
16. Cfr. I. Svevo, *La coscienza di Zeno* cit., p. 638.
17. Cfr. W. Stekel, *The Autobiography* cit., p. 100. A Bad Ischl Stekel, possedeva un cottage con giardino dove era solito, dato che per natura non dava granché importanza alle regole, tenere, tempo permettendo, le sedute con i pazienti.
18. Ivi, p. 126.
19. Lo sdoppiamento dell'Io, per cui una parte subisce il controllo inconscio dell'altra, è stato teorizzato da Freud introducendo nel modello strutturale l'istanza del Super-Io accanto a quelle dell'Es e dell'Io. Cfr. *L'Io e l'Es* (1922), *Opere di Sigmund Freud* vol. 9, Torino, Bollati Boringhieri, 1977.

il quale, non appena la sorveglianza diminuiva, contravveniva alla volontà del padrone per amore alla libertà. Bisognava perciò dargli la libertà assoluta e nello stesso tempo dovevo guardare il mio vizio in faccia come se fosse nuovo e non l'avessi mai visto. Bisognava non combatterlo, ma trascurarlo e dimenticare in certo modo di abbandonarvisi volgendogli le spalle con noncuranza come a compagnia che si riconosca indegna di sé.[20]

«Semplice nevvero?» commenta con ironia Zeno e, dietro Zeno, Svevo, che personalmente ne sapeva quanto il suo personaggio di propositi e di difficoltà a mantenerli nello smettere di fumare. Ma lo scrittore fa anche dire a Zeno che tale spiegazione, pur senza averne tratto grande vantaggio, divenne «nella mia vita una nota nuova ch'echeggia tuttora». A questo punto s'impone da sé la curiosità di conoscere le considerazioni di Freud e dei suoi discepoli sul fumo, quali emergono dal vivace resoconto che ne fa Stekel in forma di feuilleton.

A proposito del fumo: Freud, Stekel e Svevo

Il 28 gennaio 1903, Wilhelm Stekel, che già da qualche anno aveva iniziato la sua attività di pubblicista, collaborando a diversi giornali con rubriche fisse e articoli divulgativi di medicina, pubblica sul "Prager Tagblatt" il *Gesprach uber das Rauchen*.[21] Il medico giornalista, neofita della psicoanalisi, vi riporta nella forma di una vera e propria sceneggiatura il dibattito svoltosi qualche mese prima a Vienna in casa di Freud. Un'occasione questa che Stekel sfrutta abilmente per introdurre il punto di vista della nuova scienza dell'inconscio su un'abitudine così normale e diffusa, anche se nociva, come il fumo. Un modo anche questo di presentare a un pubblico più vasto di lettori la psicoanalisi che ingenerava molta curiosità ma era anche già bersaglio di grossi pregiudizi e riserve. In quegli anni pionieristici Stekel in effetti «con le sue doti giornalistiche contribuì molto alla diffusione delle concezioni freudiane a Vienna e in tutta la Germania»,[22] animato da un entusiasmo che aveva contagiato i primi seguaci di Freud e che egli stesso descrive con enfasi rievocando nell'*Autobiografia* l'atmosfera che aleggiava tra i partecipanti alle riunioni del mercoledì:

C'era una completa armonia tra i partecipanti, non esistevano dissonanze. Eravamo come pionieri in una terra recentemente scoperta e Freud era colui che ci guidava. Pensieri come scintille passavano da una mente all'altra e ogni serata era una sorta di rivelazione. Eravamo

---

20. I. Svevo, *La coscienza di Zeno* cit., p. 639.
21. *Il dibattito sul fumo*, pubblicato da Stekel sul "Prager Tagblatt" in data 28.1.1903, è stato ritrovato e riprodotto da B.H. Handbauer nel 1989 in "Werkblatt" 20\21, p. 63-71 poi in *Die Adler-Freud Controverse*, Frankfurt a\M., Fischer, 1990.
22. Cfr. F. Wittels, *Sigmund Freud. Der Mann, die Lehre, die Schule*, Leipzig-Wien, Tal, 1924, p. 116.

in queste riunioni esclusive talmente presi e coinvolti da decidere che solo per consenso unanime nuovi membri avrebbero potuto aggiungersi al nostro gruppo.[23]

Insomma uno spirito quasi da aderenti ad una società segreta, presente già in quella prima riunione serale, che ci viene proposta da Stekel con abilità più di narratore, attento agli effetti, che di semplice verbalizzante, in cui i cinque partecipanti alla riunione, contraddistinti ognuno con un soprannome, discutono tra di loro come personaggi su di una scena:

Un piccolo confortevole studio di un rinomato medico per le malattie nervose. Il padrone di casa siede alla scrivania e sta fumando da una piccola pipa inglese. "L'inquieto", appoggiato semigirato su di una poltrona, fuma come il suo maestro con un piacere, se possibile, ancora maggiore una pipa inglese. "Il silenzioso" gira tra le mani una sigaretta con aria da fine ed elegante intenditore. "Il socialista" aspira con lievità il fumo di un sigaro Virginia, col viso atteggiato a grande serietà. Suonano alla porta ed entra "Il calmo". Il padrone di casa gli offre un sigaro.[24]

Da questa scena introduttiva e dall'ultimo personaggio presentato, che prende subito la parola, inizia il vero e proprio dialogo. Prima di entrare nel merito delle argomentazioni avanzate, vanno rivelati però i nomi dei personaggi reali che hanno animato il dibattito sul fumo e che sono stati anche i primi seguaci viennesi della psicoanalisi. Il padrone di casa è ovviamente Freud che verrà in seguito connotato come "*Il maestro*". Stekel ha scelto invece di celarsi sotto i panni de "*L'inquieto*", mentre Rudolf Reitler[25] è "*Il silenzioso*", Alfred Adler[26] "*Il socialista*" e Max Kahane[27] "*Il calmo*".[28] La discussione inizia con Kahane, che decli-

---

23. W. Stekel, *The Autobiography*, cit., p. 116, (le traduzioni dal tedesco di questo e dei seguenti passaggi sono dell'a.).
24. Cfr. *Das Gesprach uber das Rauchen*, in "Werkblatt", 20/21, cit., p. 68.
25. Rudolf Reitler (1865-1917) era un eminente medico viennese quando aderì alla Società del "mercoledì". Conosciuto per le sue doti terapeutiche fu uno dei primi a praticare a Vienna la psicoanalisi. Uomo colto e appassionato all'arte, morì relativamente giovane in seguito ad una grave malattia protrattasi per lungo tempo.
26. Alfred Adler (1870-1937) fu uno dei più noti seguaci di Freud ed il primo ad entrare in aperta polemica con le sue concezioni, il che lo portò nel 1911 ad abbandonare il movimento psicoanalitico. Socialista convinto, fu fortemente influenzato dalle sue idee politiche nell'attribuire all'Io un ruolo predominante rispetto all'Inconscio nella vita psichica. Contrappose alla "Psicoanalisi" freudiana la sua "Psicologia individuale", fondata sull'Aggressività come istinto primario e sul Complesso d'inferiorità.
27. Max Kahane (1867-1924), giovane medico, decise di diventare seguace di Freud dopo aver frequentato le sue lezioni di neurologia all'Università. Kahane esercitò come specialista in malattie nervose la propria professione in un Sanatorio a Vienna. Pubblicò insieme ad altri colleghi nel 1908 un *Mediziische Handlexicon fur praktische Artze* (Enciclopedia medica per i medici di base). In quello stesso anno decise di non partecipare più alle riunioni del "mercoledì", essendosi guastato per motivi mai chiariti con Freud.
28. Il soprannome tedesco è "Der Bequeme", che, tradotto alla lettera, sarebbe "Chi se la prende comoda".

nando l'offerta di un sigaro da parte di Freud si giustifica con il fatto di avere praticamente quasi smesso di fumare, essendosi persuaso di poter «pensare molto più liberamente» astenendosene. Il fumo infatti – secondo Kahane – stimolerebbe, a causa del piacere connessovi, la creatività ma con uno scotto alto da pagare, perché «priverebbe come l'alcool di una visione chiara, disturbando l'influsso positivo dell'autocritica». Freud interviene subito precisando che la motivazione addotta si rivela come una forma di difesa, perché non viene tollerato «che il fumo possa rubare neanche un atomo della propria libera volontà». Ad opporsi all'opinione di Kahane è proprio Stekel, secondo il quale la sua riuscita di scrittore era stata all'opposto favorita non impedita dal fumo. Il ché – ribatte prontamente – Kahane avvalorerebbe proprio la sua tesi, sottintendendo che Stekel – a suo parere – era più brillante come scrittore che come scienziato. Stekel controbatte allora a Kahane che il fumo appena negli ultimi due secoli era entrato come costume diffuso e che proprio a questo fattore era da attribuire probabilmente l'incremento significativo della creatività registrato in tutti i campi. A questo punto Freud osserva che vanno precisate le caratteristiche del lavoro creativo, affermando che Stekel sembra non conoscerne bene l'essenza, e, a riprova di ciò, descrive il suo modo di procedere insieme all'effetto del fumo provocato su di lui:

Io sono solito lavorare almeno in due tappe. Nei primi giorni concepisco i miei pensieri sotto l'impressione dell'entusiasmo. Quindi la fantasia deve lavorare secondo un certo ordine per cogliere quanto concepito nelle sue linee generali. L'autocritica nel mio caso sopraggiunge al secondo giorno. Con o senza fumo. Un nocciolo di verità sembra esserci in questa procedura. Quando devo leggere un libro contrario alle mie idee, che prevedo mi farà arrabbiare, non fumo invece affatto. Lo leggo rapidamente con grande irritazione e, solo dopo averlo finito, fumo. Il fumo agisce decisamente come una lieve narcosi, una sorta di benessere per i nervi.[29]

La discussione prende quindi una piega diversa perché interviene Reitler, "*il silenzioso*", a proporre d'interrogarsi sulle motivazioni per le donne del fumare, che potrebbe far scoprire aspetti nuovi e interessanti. Prima di procedere ad esaminare le considerazioni successive dei dialoganti, è forse opportuno ritornare a Svevo, per indagare quale significato abbia attribuito personalmente al fumo e per chiedersi se le sue difficoltà a rinunciarvi, come Zeno, possano esser state legate alla sua creatività di scrittore fatta convivere con l'attività prosaica del suo alterego, l'imprenditore Ettore Schmitz. Molti anni prima che Svevo concepisse Zeno come personaggio letterario messo alle strette dal fumo, lo scrittore affronta il tema in un articolo scritto il 17 novembre 1890 per "L'indipendente". Nell'articolo, intitolato *Echi mondani*, Svevo s'interroga con taglio giornalistico su un vizio tanto diffuso e fa intendere, soppesando ragioni pro e contro, di non poter personalmen-

---

29. *Das Gesprach* cit., p. 69.

te rinunciare a tale piacere. Esordisce infatti nell'articolo affermando di ritenere superfluo leggere un romanzo appena uscito in Francia, *La Cigarette*, perché «tutti noi, i fumatori, siamo convinti che il fumo non ci fa bene e non abbiamo bisogno di venirne convinti, ma continuiamo a fumare perché... o anzi senza perché».[30]

Siccome poi sarebbe un comportamento «da persona poco intelligente rattristarsi allo spettacolo della propria debolezza», Jules Claretie con il romanzo in questione non riuscirebbe per Svevo ad essere più convincente «del dottor Beard,[31] il celebre analizzatore di tutte le differenti forme di nevrastenia», il quale aveva attribuito alla nicotina da se sola l'effetto di produrre una sorta di nevrastenia. Troviamo già qui avanzata, con fine ironia da parte di Svevo, l'ipotesi che il fumo possa indurre o potenziare dei disturbi nervosi. Non sorprende allora che, dopo aver conosciuto la psicoanalisi nei suoi risvolti dottrinari e terapeutici, se ne sia maliziosamente servito nella *Coscienza di Zeno* come tentata e fallita terapia del protagonista per smettere di fumare. Ma ci sono altre considerazioni nell'articolo che entrano nel merito dell'effetto del fumo sulla creatività, che oltre a non scostarsi da certe tesi emerse nel dibattito in casa Freud, permettono di cogliere aspetti della personalità di Svevo, legati a quella malattia "inguaribile" rappresentata per lui dalla scrittura. Dopo aver constatato che un'indagine fatta in Francia per acquisire il parere di alcuni scrittori famosi, «sulla parte ch'essi attribuiscono al fumo nello sviluppo del loro carattere artistico» non aveva portato a conclusioni significative, Svevo, da fumatore incallito ed esperto, dimostra di dar più credito a Gustave Flaubert che a Emile Zola. Infatti dal fatto che Zola lavorava troppo e fosse «troppo conseguente a se stesso» gli era stato facile comprendere, «anche se non ce lo avesse detto, che non è un fumatore».[32] Mentre Svevo non stenta a credere che Flaubert abbia fumato con passione, perché sarebbero «da fumatore quelle sue terribili lotte a tavolino..., quelle ripugnanze alla penna per vincere le quali gli occorrevano più ore di tempo».[33] Il fumo in effetti più che facilitare il lavoro lo interromperebbe, perché – afferma Svevo – «il fumatore è prima di tutto un sognatore, è il più immediato effetto del suo vizio che lo rende tale; un sognatore terribile che si logorerà l'intelligenza in dieci sogni e si ritroverà con l'aver notata una sola parola».[34]

---

30. I. Svevo, *Echi mondani. Il fumo*, TO, III, p. 1085.
31. George M. Beard (1839-1893), neurologo americano, pubblicò nel 1890 un *Trattato pratico dell'esaurimento nervoso (Nevrastenia) sintomi, natura, conseguenze, trattamento*, dal quale Svevo trae, citandola puntualmente, la tesi della nocività del fumo sul sistema nervoso. Beard era stato introdotto in Italia tramite la traduzione nel 1880 di una sua opera precedente, *Il Nervosismo americano: le sue cause e le sue conseguenze*, che lo aveva reso celebre e aveva destato parecchio interesse, sollevando molte discussioni per l'impostazione sociologica.
32. *Il fumo*, cit., p. 1088.
33. Ivi, pp. 1088-89.
34. Ibidem.

Non siamo poi tanto lontani dalle riserve avanzate da Max Kahane, che attribuiva al fumo l'inibizione del libero esercizio delle facoltà intellettuali, se Svevo aggiunge ancora che «il sognatore non è mai conseguente a se stesso perché il sogno porta lontano e non in linea retta mentre la persona conseguente a se stessa si move in uno spazio più ristretto e simmetrico».[35] Ma il procedere di chi va dietro ai propri sogni e indulge per sua natura al fumo – come insegnerebbe l'esempio di Flaubert – si discosta da quello più rigoroso di una mente positiva e scientifica. Ciò che Svevo rivendica è in fondo un altro modo di confrontarsi con il reale, proprio di colui che è portato alle fantasticherie e si è consacrato alla scrittura. Ecco che allora la sigaretta viene ad acquisire una valenza di significato in più, configurandosi per lo scrittore triestino come «un lasciapassare figurativo della penna». Un piacere per sua natura trasgressivo, «metonimia dell'affermazione che Svevo desiderava procurarsi attraverso la scrittura letteraria».[36]

Ma ritorniamo alla serata in casa Freud e agli ulteriori sviluppi della discussione, innescati dall'osservazione di Rudolf Reitler che le donne fumerebbero mosse dal desiderio di emanciparsi. Il fumo nei soggetti femminili – era intervenuto subito dopo Kahane – si colorirebbe «di sfumature sessuali molto vicine alla perversione». Parere niente affatto condiviso da Stekel, che aveva obiettato: «perché mai il piacere procurato dal fumo alle donne non dovrebbe essere simile a quello provato dagli uomini, senza andarvi a cercare "peccati più profondi"?». Freud, "*il maestro*", si era rammentato allora di una ragazza ricca di spirito e fumatrice appassionata, la quale per giustificare il proprio vizio era ricorsa ad una storiella, il cui senso riassunto in breve era stato: «Fumo così tanto perché vengo baciata così poco». Stekel, apprezzando la storiella, aveva osservato che poteva prestarsi però ad una interpretazione dalle implicazioni opposte, perché «l'effetto della nicotina contribuirebbe ad abbassare l'intensità del bisogno d'amore fisico» come avrebbe dimostrato del resto una certa casistica. A questo punto la discussione nel gruppo si sposta sulle ragioni per cui la maggior parte delle donne risultavano invece provar antipatia per il fumo, permettendo sempre a Stekel di affermare che una ragazza da lui amata gli aveva al contrario confessato di apprezzare maggiormente nel bacio l'uomo fumatore, in quanto segno di mascolinità. L'episodio – a parere degli altri partecipanti – non permetteva di generalizzare in tal senso sulle preferenze femminili, mentre l'accordo era stato maggiore sul punto che «il fumo in molti casi poteva avere connessioni intime con la sessualità», come aveva tenuto a sottolineare Alfred Adler, "*il socialista*". La storica riunione si conclude con due dichiarazioni tanto di Stekel che di Freud a proposito delle loro difficoltà personali di smettere di fumare. Stekel, pur dichiarandosi un fumatore moderato soprattutto di sigari, descrive

---

35. Ibidem.
36. Cfr F. Vittorini, *Apparati e commento* a *La coscienza di Zeno*, cit., p. 1547-48.

i suoi reiterati ma inutili tentativi di smettere, insieme ai proponimenti sempre rinnovati che ricordano da vicino quelli di Zeno-Svevo a proposito dell'"ultima sigaretta", mentre Freud conclude con la seguente confessione, che rivela la sua inguaribile natura di fumatore:

Per due anni ho dovuto rinunciare al fumo. Era terribile, avevo la sensazione che mi fosse morto un caro amico e che fossi costretto da mattina a sera a rattristarmene. Anche adesso provo lo stesso tipo di affezione per la mia pipa. Essa è il mio buon amico, il mio consigliere, il compagno di strada, colui che mi rende più facile il percorso.[37]

Possiamo a questo punto immaginare quanto possa aver colpito un fumatore convinto e irriducibile come Svevo venir a sapere che Freud e i suoi primi seguaci viennesi avevano discettato sul fumo, anche se rimane solo un'ipotesi, con un margine però alto di probabilità, che ne sia stato informato da Stekel durante la loro frequentazione. Svevo da parte sua potrebbe anche aver chiesto a Stekel di fargli leggere il feuilleton sul fumo come avrebbe potuto procurarsi senza troppe difficoltà le altre sue opere.[38] Scrittore fantasioso e fecondo ma poco rigoroso, Stekel per il suo piglio giornalistico e narrativo veniva decisamente più di Freud incontro ai gusti di Svevo, che nel *Preambolo* del romanzo fa dire a Zeno: «Comperai e lessi un trattato di psico-analisi. Non è difficile d'intenderlo ma molto noioso».[39] In *Soggiorno londinese* inoltre, senza servirsi come paravento di Zeno, Svevo dichiara esplicitamente di non apprezzare la scrittura di Freud: «Lessi qualcosa del Freud con fatica e piena antipatia. Non lo si crederebbe ma io amo dagli altri scrittori una lingua pura ed uno stile chiaro e ornato. Secondo me il Freud, meno nelle sue celebri prelazioni che conobbi appena nel 16, è un po' esitante, contorto, preciso con fatica. Però ne ripresi sempre a tratti la lettura continuamente sospesa per vera antipatia».[40]

Le confidenze di Stekel poi si prestavano ad essere utilizzate in maniera originale da Svevo, quando cominciò, alcuni anni dopo il suo incontro con lo psicoanalista viennese a Bad Ischl, a concepire «in un momento di travolgente ispirazione» *La coscienza di Zeno*. Sfruttare ironicamente le difficoltà, dai risvolti

---

37. *Das Gesprach*, cit. p. 71.
38. Non è rimasta documentazione dei libri posseduti da Svevo, essendo andata distrutta la sua biblioteca in seguito al bombardamento subito da Villa Veneziani nella seconda guerra mondiale.
39. Cfr. I. Svevo, *La coscienza di Zeno*, cit., p. 626. Comunque malgrado tale affermazione Svevo si accinse insieme al nipote Aurelio Finzi a tradurre nel 1915 il saggio di Freud *Sul sogno*, che espone in forma sintetica quanto da Freud esposto ne *La interpretazione dei sogni*.
40. È abbastanza sorprendente il giudizio di Svevo su Freud, a cui invece furono a tal punto universalmente riconosciute le sue doti di scrittore, da venir insignito nel 1930 del prestigioso premio Goethe.

autobiografici, di congedarsi dall'"ultima sigaretta" per trasformarle in una motivazione debole e improbabile per una richiesta di analisi ma estremamente efficace e originale come artificio letterario, era per Svevo una trovata troppo preziosa, da non lasciar perdere. Anche perché Stekel poteva aver riferito a Svevo che il vizio del fumo tra l'altro – somma ironia! – aveva avuto la consacrazione dello stesso Freud. L'influenza di Stekel non si limiterebbe peraltro solo a tale importante spunto, perché la psicoanalisi quale viene presentata e ironizzata ne *La coscienza di Zeno* è filtrata in gran parte attraverso le sue idee. Per questo sarà opportuno soffermarsi ancora sulla personalità di Stekel e su quelle concezioni decisamente più di Stekel che di Freud, a cui Svevo sembra essersi inspirato scrivendo il suo romanzo.

Lo sguardo del nano sulle spalle del gigante

Stekel era uno psicologo ricco di doti naturali, con un fiuto non comune per scoprire il materiale rimosso, ed i suoi contributi alle conoscenze sul simbolismo, campo nel quale ebbe intuizioni più geniali di Freud, ebbero un considerevolissimo peso negli stadi iniziali della psicoanalisi... presentava però nel suo carattere una grave lacuna: era del tutto privo di coscienza scientifica, ragion per cui nessuno prestava fede alle esperienze che riferiva. Era sua abitudine, per esempio, esordire nelle discussioni, qualunque fosse l'argomento all'ordine del giorno, con questa espressione: "Proprio stamattina ho visto un caso del genere", per cui "il paziente del mercoledì" di Stekel divenne proverbiale.[41]

Ernst Jones nella sua classica biografia di Freud delinea magistralmente con questi pochi tratti la personalità di Stekel, rilevando insieme pregi e difetti ma riconoscendogli un talento indiscutibile di «giornalista nato» per il quale «l'effetto prodotto contava molto più della verità comunicata». Ne risulta un quadro per cui certe caratteristiche positive come quelle di essere «un compagno simpaticissimo, sempre allegro, spensierato e molto divertente» venivano controbilanciate da una certa tendenza alla facioneria, a causa della quale nelle sue numerose pubblicazioni convivevano «molte idee buone e brillanti ma anche molte idee confuse».[42] La mancanza di discrezione di Stekel irritava – sempre secondo Jones – molto Freud come, ad esempio, «l'abitudine di citare, alle riunioni della Società, episodi e tendenze della propria vita che, in base all'analisi che gli aveva fatto in passato, Freud sapeva completamente falsi».[43] Tale tendenza a mescolare nei resoconti clinici dati di realtà con integrazioni di fantasia per rendere più persuasive ed efficaci le sue tesi, chiamando a volte in causa anche se stesso, caratterizza la

---

41. Cfr. E. Jones, *Vita e opere di Sigmund Freud* (1953), ed. ridotta a cura di L. Trilling e S. Marcus, Milano, Il Saggiatore, 1973, p. 410.
42. Ivi, p. 411.
43. Ivi, p. 412.

sua ponderosa produzione scientifica,[44] che spazia su una vasta e varia messe di argomenti ed è infarcita da numerosissime storie cliniche che, pur inducendo la netta sensazione di aggiunte romanzate, avvincono decisamente il lettore.

Stekel era originario di Boyan, un piccolo paese della Bukovina, regione dell'Ucraina compresa nel grande Impero asburgico, dove era nato nel 1868. Rimasto orfano in giovane età del padre, un piccolo commerciante ebreo ligio alla tradizione, aveva potuto continuare a studiare solo per il sostegno economico della famiglia pure ebraica della madre, donna sognatrice e amante della letteratura. Compiuti gli studi ginnasiali a Czernowitz, si era trasferito a Vienna per iscriversi a Medicina, dove per mantenersi durante gli anni universitari aveva dato lezioni di musica e di canto, settori in cui da ragazzo era stato educato e aveva dimostrato di essere molto portato. Negli anni universitari con il suo temperamento di idealista entusiasta aveva aderito ad un movimento socialista pacifista ma, appena laureato, aveva dovuto accettare un posto di medico in un ospedale militare nei dintorni della capitale per assicurarsi subito di che vivere. Avendo acquisito nel frattempo con illustri clinici più di una specializzazione medica, Stekel si ristabilì a Vienna, dove, dopo essersi sposato, aprì uno studio privato come medico di medicina generale, creandosi in breve tempo per il suo notevole intuito una vasta clientela. Ma fu soprattutto per il suo eclettismo e per le sue notevoli capacità di divulgatore che Stekel si fece conoscere ad un più vasto pubblico, tenendo su alcuni giornali delle rubriche fisse di Medicina. Contemporaneamente gli fu offerta la possibilità di pubblicare presso editori specializzati opere più propriamente scientifiche, che pur spaziando su argomenti medici tra i più vari,[45] sono caratterizzate da un taglio psicosomatico ante-litteram, in cui l'accento viene posto sulle componenti psicologiche e sulla rilevanza dell'elemento sessuale. Il primo dei saggi scientifici pubblicati da Stekel già nel 1886 *Ueber Coitus im Kindesalter* (Sul coito in età infantile) colpì l'attenzione di Freud perché le osservazioni ivi riportate confermavano l'esistenza di una sessualità infantile, che assumerà in seguito alle scoperte della psicoanalisi una rilevanza particolare nell'eziologia delle nevrosi. Quando Stekel venne casualmente a sapere da Max Kahane che Freud aveva citato tale suo saggio e che era interessato a conoscerlo, si mise subito in contatto con il "professore" a cui chiese con-

---

44. Stekel fu per tutta la vita uno scrittore molto fecondo. La sua opera omnia, comprensiva però solo degli scritti strettamente clinici, comprende 10 volumi, pubblicati dagli editori Urban e Schwarzenberger (Berlino - Vienna) raggruppati sotto il titolo *Storungen des Trieb-und Affektlebens* (Disturbi della vita pulsionale e dell'affettività), che trattano i seguenti argomenti: Stati d'ansia nervosa e il loro trattamento, Onanismo e omosessualità, La frigidità femminile, L'impotenza maschile, Infantilismo psicosessuale, Azioni coatte, Feticismo, Sadismo e masochismo, Ossessioni e dubbi.

45. Alcuni titoli nella produzione di Stekel confermano la sua versatilità nel campo della pubblicistica medica divulgativa: *Appendicite senza fine, Astinenza e salute, Poesia e nevrosi, La predestinazione nei nomi, Psiche e guerra*. Non basta, perché Stekel si misurò anche con la poesia in una raccolta intitolata *Il saggio e il folle*.

La sfida di Italo Svevo alla psicoanalisi: guarire dalla cura

siglio per alcuni suoi momentanei problemi di potenza sessuale risoltisi dopo una breve analisi.[46] Quella di Stekel fu una delle prime analisi condotte da Freud su di un collega. Stekel da parte sua diventò un'entusiasta sostenitore delle scoperte freudiane, difendendo sui giornali *L'interpretazione dei sogni* come un'opera capitale, tacciata alla sua uscita di astrusità e non scientificità da alcuni critici prevenuti. Cominciò così la sua opera di propaganda della nuova scienza dell'inconscio con un impegno tale da far affermare ironicamente a Fritz Wittels, primo biografo di Freud, «che le stampanti in Europa scricchiolavano sotto il peso degli articoli scritti da Stekel su Freud». A tal proposito Stekel nell'*Autobiografia* enfatizzando il suo ruolo afferma: «Io ero l'apostolo di Freud che era il mio Gesù Cristo!».[47] Quanto Freud lo apprezzasse da una parte e quanto fosse invece perplesso dall'altra di fronte ad un discepolo indiscutibilmente utile alla causa della psicoanalisi ma anche portato per il suo temperamento da "trombettiere" a pregiudicarne a livello scientifico la serietà, ce lo comprova questa uscita presuntuosa di Stekel di fronte a certe perplessità espresse dai colleghi durante le sedute del mercoledì sui casi da lui riportati: «Io sono qui per fare scoperte. Sta agli altri provarle se lo desiderano».[48] È che Stekel, dopo la breve analisi con Freud, era convinto confidando sul suo notevole intuito[49] e sulla sua facilità di scrittura, di essere in grado di sviluppare per conto suo,[50] aderendo alla scienza dell'inconscio, scoperte scientifiche originali, che si discostavano in certi punti dalla teorizzazione freudiana.

Nel 1908 Stekel pubblicò *Nervose Angstzustande und Ihre Behandlung* (Stati nervosi d'ansia e loro trattamento) con una prefazione dello stesso Freud, in cui pur riconoscendo la competenza di Stekel come «uno dei primi colleghi che egli aveva potuto guidare nella conoscenza della psicoanalisi», c'era una presa di distanze del maestro dalle tesi ivi contenute perché «la sua personale influenza scientifica era stata minima». Freud infatti riconosceva come sua in tale opera la sola definizione di "Angsthysterie" (Isteria d'angoscia). Non si trattava di una questione puramente nominalistica, perché Stekel contestava la distinzione teo-

---

46. Da quanto riporta Stekel nella sua *Autobiografia* la sua analisi si risolse velocemente in otto sedute, da cui emersero molte rimozioni a livello di sessualità infantile e una fissazione materna, espressa chiaramente da alcuni suoi sogni incestuosi. Cfr. *The Autobiography*, cit. p. 107-08.
47. Ivi, p. 106.
48. E. Jones, *Vita e opere di Sigmund Freud*, cit., p. 411.
49. In alcune lettere scambiatesi nel 1911 tra Freud e Jung, che tra l'altro non aveva in simpatia Stekel, le sue capacità cliniche basate sull'intuito vengono paragonate a quelle di "un maiale da tartufi", per cui, facendo meno del suo metaforico "odorato", certi "tartufi" sarebbe diventato più difficile individuarli.
50. Stekel modificò la terminologia freudiana, sostituendo a nevrosi parapatia, a psicosi paralogia e a perversione paraphilia, per sottolineare che i disturbi di origine psichica andavano distinti da quelli neurologici, perché «il postino (il sistema nervoso) che porta la lettera non è responsabile dei contenuti della stessa, cioè dei derivati mentali dell'inconscio».

rica introdotta da Freud tra nevrosi di angoscia o attuali e isterie di angoscia: le prime dovute a disfunzioni oggettive della vita sessuale come, per esempio, un eccesso di pratiche masturbatorie, le seconde invece psicogene, basate su una conflittualità inconscia dovuta alla rimozione della libido sessuale. Stekel rivendicherà inoltre un'altra priorità, quella di aver intuito in anticipo la derivazione dell'angoscia dalla distruttività legata all'Istinto di morte, teorizzata da Freud solo successivamente.[51] Anche per quanto riguarda l'opera sua forse più riuscita, pubblicata nel 1911, *Die Sprache des Traumes* (Il linguaggio dei sogni), ricca di intuizioni molto felici soprattutto per l'interpretazione del simbolismo onirico, Stekel si convinse di aver superato Freud. Non si peritò perciò di esprimere in proposito l'alta stima di sé stesso con il dire, con un'aria di mezza modestia, «che il nano sulle spalle del gigante riesce a vedere più lontano del gigante stesso». Quando Freud lo venne a sapere commentò arcigno: «Forse è vero ma un pidocchio in testa a un astronomo non ci riesce».[52]

Alla rottura tra Freud e Stekel si arrivò però per altri motivi, imputabili a problemi di gestione del movimento psicoanalitico, fondato ufficialmente nel 1908 durante il primo Congresso Psicoanalitico Internazionale tenutosi a Salisburgo. Due anni dopo nel 1910 al Convegno Internazionale di Norimberga, Freud, che considerava particolarmente importante l'adesione alla psicoanalisi da parte degli psichiatri svizzeri del Burgholzli di Zurigo, ospedale guidato dall'autorevole Eugen Bleuler, fece in modo che venisse nominato Presidente dell'Associazione Psicoanalitica Internazionale il più promettente dei giovani medici del gruppo svizzero, Carl Gustav Jung. Fu anche decisa la fondazione di una rivista organo ufficiale dell'Associazione Internazionale, lo "Jahrbuch der Psychoanalyse", affidandone la direzione sempre a Jung, che diventava così l'arbitro delle scelte editoriali sui testi ammessi alla pubblicazione. Con questa ulteriore nomina si profilava l'intenzione di Freud di affidare nelle mani di Jung come suo delfino "die Sache", la causa cioè della psicoanalisi e del costituendo movimento psicoanalitico. La reazione dei seguaci viennesi di Freud, la maggior parte di origine ebraica, capitanati proprio da Stekel fu immediata, perché si sentirono ingiustamente defraudati dalla nomina dell'ariano Jung, essendo stati loro i primi ad aderire alla causa della psicoanalisi e a creare le premesse con le "riunioni del mercoledì" della sua futura istituzionalizzazione. Stekel, finita l'Assemblea in cui era stata ratificata la nomina di Jung, invitò i colleghi viennesi ad una riunione segreta per discutere quanto era successo. La riunione fu interrotta da Freud, il quale li rimproverò di non aver compreso le ragioni più che fondate[53] della sua scelta e

---

51. Cfr. S. Freud, *Inibizione. Sintomo e angoscia* (1925), in *Opere di Sigmund Freud* vol. 10, Torino, Bollati Boringhieri, 1978.
52. Jones, *Vita e opere di Sigmund Freud*, cit., p. 412.
53. Freud era convinto che giovasse alla causa del futuro della psicoanalisi la nomina di un presidente come Jung, che proveniva ufficialmente dalla psichiatria ed era ariano in quanto figlio di un pastore protestante. La psicoanalisi avrebbe con tale scelta

La sfida di Italo Svevo alla psicoanalisi: guarire dalla cura

propose loro un compromesso, per cui la presidenza dell'Associazione Internazionale sarebbe stata rimessa ai voti ogni due anni. Rimaneva aperta ancora la questione di una rivista rappresentativa della scienza psicoanalitica ufficiale, che fu risolta con la proposta di Stekel e di Adler di fondare una seconda rivista che affiancasse lo "Jahrbuch" diretto da Jung e fosse espressione del gruppo viennese, il "Zentralblatt fur Psychoanalyse". Stekel e Adler divennero i responsabili della nuova rivista, su cui Freud mantenne comunque il controllo come capo redattore. La direzione dello "Zentralblatt", dopo la defezione nel 1911 di Adler, che ufficialmente aveva preso le distanze da Freud contestando alcuni capisaldi della sua dottrina per fondare una propria scuola di pensiero, la "Psicologia individuale", rimase affidata totalmente a Stekel. Nacquero però ulteriori problemi perchè Freud incaricò Viktor Tausk[54] di assumere la supervisione delle recensioni dello "Zentralblatt", fino allora molto trascurate, destando l'immediata reazione negativa di Stekel. Tra Stekel e Tausk non correva infatti buon sangue ed era successo più di una volta durante le riunioni dell'Associazione viennese che si scontrassero, per cui Stekel comunicò a Freud che «non avrebbe permesso che una sola riga di Tausk apparisse sul suo *Zentralblatt*».[55] Freud considerò la pretesa di Stekel determinata da antipatie personali fuori luogo e scrisse a Bergmann, l'editore dello "Zentralblatt", per informarlo della sua contrarietà, mentre Stekel cercò di guadagnare l'editore dalla sua parte. La disputa comportò la cessazione della pubblicazione della rivista e le dimissioni da parte di Stekel il 6 novembre del 1911 dall'Associazione Psicoanalitica Viennese. Freud, pur colpito dalla recente defezione di Adler, ai suoi occhi molto più grave, fu quasi sollevato dalla decisione di Stekel, che stava diventando un discepolo troppo rissoso, commentandola così in una lettera a Karl Abraham: «Sono felice che Stekel se ne sia andato per la sua strada. Non può immaginare quanto ho sofferto e faticato per difenderlo davanti al mondo intero. È un tipo insopportabile».[56]

Quando dunque nel 1911 Stekel e Svevo ebbero modo di conoscersi e praticarsi con una certa frequenza a Bad Ischl, lo psicoanalista viennese stava attra-

---

    smentito così il pregiudizio di essere una scienza ebraica, visti i timori di Freud di una crescita dell'antisemitismo. I fatti smentirono la fiducia riposta in Jung, che si allontanò nel 1913 dal movimento psicoanalitico e sviluppò un proprio autonomo orientamento di pensiero, quello della "Psicologia analitica".

54. Viktor Tausk (1875-1919), originario della Croazia, arrivò ad interessarsi alla psicoanalisi dopo una formazione giuridica e un'attività di giornalista svolta a Berlino. Trasferitosi a Vienna si iscrisse a Medicina specializzandosi in Psichiatria per entrare nella cerchia dei discepoli di Freud, dove emerse per il suo talento e l'intelligenza brillante. Fu anche amico di Edoardo Weiss. Finita la prima guerra mondiale a cui partecipò come ufficiale medico, ritornò a Vienna scosso da tale esperienza e amareggiato per il rapporto compromesso con Freud. Si suicidò nel 1919 destando sorpresa e impressione tra i colleghi dell'Associazione Psicoanalitica Viennese.
55. Jones, *Vita e opere di Sigmund Freud*, cit., p. 412.
56. Ivi, p. 413.

versando un momento delicato nei suoi rapporti con Freud, che avrebbe portato nel giro di qualche mese alla loro rottura. Una rottura che dispiacque senz'altro più a Stekel che a Freud, ma che non pregiudicò la fortuna professionale di Stekel, anche se non gli riuscì come fecero altri dissidenti freudiani di avere un numero di discepoli sufficienti per poter fondare una propria scuola. Stekel continuò invece ad avere molto successo con i pazienti, essendo dotato di notevole intuito clinico e capacità di empatia oltre che di una certa spregiudicatezza nella gestione dei tempi e dei modi della cura,[57] che dal suo punto di vista gli permetteva di raggiungere prima rispetto al procedimento freudiano ortodosso risultati soddisfacenti.[58] Stekel si considerò essenzialmente «un uomo pratico» in rapporto a Freud «gran pensatore e teorico», esemplificando così il loro diverso modo di porsi nei confronti dei pazienti: «Mentre Freud si chiedeva quanto un dato caso poteva apportare in termini di conoscenza alla scienza, io mi interrogavo su che cosa la scienza poteva offrire a quel dato caso».[59]

Che Svevo e Stekel possano aver avere tra loro simpatizzato è molto probabile, perché per entrambi l'occasione di conoscersi arricchì la loro esperienza. Se Stekel infatti come pioniere della psicoanalisi e versatile giornalista aveva parecchi numeri per destare la curiosità intellettuale di Svevo, un imprenditore riuscito dalla fine ironia sulla vita come lo scrittore triestino, che coltivava una passione segreta per la letteratura, era indubbiamente agli occhi di uno psicoanalista un soggetto interessante. E, in base a quanto riportato,[60] condividevano in più l'amore per i cani. Ma che tale incontro abbia lasciato più di una traccia, al di là delle scarse testimonianze rimaste sul loro rapporto, risulta sopratutto da come la psicoanalisi nei suoi aspetti teorici e clinici viene presentata ne *La Coscienza di Zeno*. Elisabeth Mahler-Schachter in un saggio fondamentale ha rilevato nel romanzo, esaminando puntualmente il comportamento del dr. S. e quello di Zeno insieme alle loro reazioni e controreazioni, numerosissimi spunti[61]

---

57. Stekel si propose volutamente di accorciare la cura, fissando a priori un termine e introducendo un metodo d'intervento più attivo definito "rieducazione".
58. Una riuscita metafora traduce bene la differenza dei risultati raggiunti a livello teorico-clinico tra Freud e Stekel: «Stekel riusciva a trovare facilmente diamanti grezzi in quantità ma non gli riusciva di tagliarli bene mentre Freud quando li individuava sapeva trasformarli in gioielli preziosi»; Cfr. B. Nitzschke *Wilhelm Stekel, ein Pionier der Psychoanalyse* in *Aus dem Kreis um Sigmund Freud*, a cura di E. Federn e G. Wittenberger, Frankfurt a/Main, Fischer, 1992, p. 186.
59. Stekel, *The Autobiography*, cit. p. 249.
60. Fu Letizia, la figlia di Svevo, a comunicare, basandosi sui suoi ricordi, tale particolare alla Mahler-Schachter (cfr. art. cit p. 52-53). Particolare che trova riscontro nell'affermazione di Stekel che «per lui avere un cane fu sempre un'assoluta necessità» (cfr. *The Autobiography*, cit. p. 268).
61. Questi in sequela gli aspetti della relazione paziente-analista, descritti da Stekel nei suoi testi come resistenze all'analisi, che la Mahler-Schachter ha trovato impiegati nella *Coscienza* di Svevo: la tendenza a svalutare o ridicolizzare le affermazioni dell'analista, l'attaccamento del paziente alla propria nevrosi, che rappresenta insieme una

La sfida di Italo Svevo alla psicoanalisi: guarire dalla cura

tratti di peso dai testi di Stekel. In particolare ci sono due aspetti nel modo di praticare e intendere la psicoanalisi da parte del dr. S., che hanno tra l'altro colpito di più i critici, inclusa la Mahler-Schachter, perché si discostano decisamente da un procedimento terapeutico rispettoso dei dettami di Freud: il fatto che durante l'analisi il paziente venga sollecitato dall'analista a scrivere, tenendo una sorta di diario su sogni[62] e associazioni, e l'intento pedagogico di cui la cura si colora nelle parole del dr. S. L'intento pedagogico è per il dr. S. implicito nel compito di "rieducazione"[63] che l'analisi si propone e a cui Zeno[64] si oppone con tutte le sue forze:

Qualche volta, quando egli me ne diceva di troppo grosse, arrischiavo qualche obbiezione [...] Egli allora faceva tanto d'occhi. Ero guarito e non volevo accorgermene! Era una vera cecità questa: avevo appreso che avevo desiderato di portar via la moglie – mia madre! – a mio padre e non mi sentivo guarito? Inaudita ostinazione la mia: però il dottore ammetteva che sarei guarito ancora meglio quando fosse finita la mia rieducazione, in seguito alla quale mi sarei abituato a considerare quelle cose (il desiderio di uccidere il padre e di baciare la propria madre) come cose innocentissime per le quali non c'era da soffrire di rimorsi, perché avvenivano frequentemente nelle migliori famiglie.[65]

Come un problema ancora di rieducazione risulta dalle parole del dr. S. la dissuefazione dal fumo, strettamente correlata al complesso edipico su cui Zeno malignamente ironizza:

---

difesa e un rifugio dalla realtà, la relazione tra analista e paziente come una sorta di braccio di ferro per la supremazia, la falsa compiacenza del paziente che inventa i sogni per confondere l'analista, la fuga nella salute, la mancanza di senso di colpa in favore del proprio piacere, il ricorso alla somatizzazione, il simbolismo connesso ai numeri e al feticismo (cfr. *Svevo, Trieste and the Vienna Circle*, cit., pp. 53-62).

62. Un'altra studiosa, soffermandosi sui sogni di Zeno riportati nel romanzo, è concorde con la Mahler-Schachter sulla preponderante influenza di Stekel su Svevo, riguardante nello specifico il simbolismo onirico. Analizzando nei particolari i sogni di Zeno l'a. sottolinea molti elementi tratti di peso da Stekel accanto ad elementi freudiani, per cui nel romanzo Svevo sarebbe ricorso nella formulazione dei sogni ad una sorta di sincretismo. Cfr. Virag Solarsky, *I Sogni di Zeno*, in "Cenobio", n.s., XXXIII, n. 3, lug-set 1984, pp. 231-242.
63. Stekel illustra, sottolineando la sua distanza da Freud, il proprio metodo, che «va oltre la psicoanalisi per divenire psicosintesi e psicopedagogia», con queste parole: «il medico non è più uno spettatore passivo di un dramma che avviene nella mente del paziente, ma diventa l'educatore attivo, il consulente, la guida, e il co-creatore che promuove un piano di vita che il paziente può accettare e seguire» (cfr. *The Autobiography*, cit. p. 248).
64. Quanto Zeno fosse renitente a farsi rieducare risulta da queste sue affermazioni: «Di quella rieducazione ricordo pochissimo. Io la subii e quando uscivo da quella stanza mi scotevo come un cane che esce dall'acqua ed anch'io restavo umido, ma non bagnato» (cfr. *La coscienza di Zeno* cit., p. 1059).
65. Ivi, p. 1056.

Anna Maria Accerboni Pavanello

Ritratto di Bruno Veneziani, cognato di Svevo (Museo Sveviano – Trieste). Grazie all'interessamento dell'amico psicanalista triestino Edoardo Weiss fu in cura per due anni da Freud a Vienna. Prima e dopo la cura con Freud fu paziente anche degli psicanalisti Isidor Sadger, Victor Tausk, Karl Abraham e Georg Groddeck, dello psicoterapeuta Ludwig Binswanger a Kreuzlingen e, in età più matura, dell'analista junghiano Ernst Bernhard a Roma. Tale *curriculum* ne fa una fonte primaria di informazioni sulla psicanalisi per Svevo (cfr. p. 106).

Eppure quel bestione non sempre mi credette tanto avvelenato. Ciò viene provato anche nella rieducazione ch'egli tentò per guarirmi da quella che egli diceva la mia malattia del fumo. Ecco le sue parole: il fumo non mi faceva male e quando mi fossi convinto ch'era innocuo sarebbe stato veramente tale. Eppoi continuava: oramai [...] i rapporti con mio padre erano stati riportati alla luce del giorno e ripresentati al mio giudizio di adulto [...].[66]

Per venire all'altro aspetto del modo di procedere di Stekel con i pazienti, utilizzato peraltro da Svevo nel romanzo come originale e funzionale stratagemma letterario, la richiesta cioè di tenere puntualmente un diario da sottoporre all'analista, fu un punto fermo della sua tecnica:

Settimane possono passare prima che l'analista capisca un sogno, dato che il suo significato diviene comprensibile appena nel corso del succedersi delle sedute in analisi. Per questa ragione chiedo ad ogni paziente di tenere un diario, in cui i sogni vengono registrati giorno dopo giorno o meglio notte dopo notte. Molti pazienti si ribellano a questa richiesta, ma possono venir persuasi assicurando loro che il libro dei sogni resterà di loro esclusiva proprietà, sebbene all'analista debba essere concesso di esaminarlo seduta dopo seduta per accertarsi quali sono i motivi caratterizzanti i suoi sogni in maniera ricorrente. Questa imposizione permette al medico di conoscere gli scopi dominanti della vita del paziente, i suoi leitmotifs.[67]

Non siamo poi molto lontani dal procedere del dr. S.! Salvo la sua ritorsione di espropriare Zeno della proprietà esclusiva del diario:

Oggi ancora la mia idea mi pare buona perché ha dato risultati insperati, che sarebbero stati maggiori se il malato sul più bello non si fosse sottratto alla cura truffandomi del frutto della mia lunga paziente analisi di queste memorie. Le pubblico per vendetta e spero gli dispiaccia.[68]

Zeno però nelle ultime pagine del romanzo con l'abile contromossa di compiacere l'ultima richiesta del dr. S., che dalla Svizzera gli aveva scritto pregandolo di inviargli "quanto avessi ancora annotato", può finalmente dirgli "il fatto suo", così da conseguire sull'insistente analista la vittoria definitiva, che è quella della malattia sulla cura, perché è la vita stessa che non sopporta cure:

Io sono guarito! Non solo non voglio fare la psico-analisi, ma non ne ho neppure bisogno [...] Ammetto che per avere la persuasione della salute il mio destino dovette mutare e scal-

---

66. Ivi, p. 1058-59.
67. Cfr. W. Stekel, *The meaning and psychology of dreams*, New York, Eton Books Inc., 1951, pp. 217-218. L'opera pubblicata postuma si basa su una sintesi di una precedente edizione tradotta in inglese del 1943 che comprendeva due opere e un pamphet di Stekel pubblicati originariamente in tedesco sui sogni: *Die Sprache des Traumes* (1911), *Die Traume der Dichtern* (1912), *Telepatiche Traume*.
68. I. Svevo, *La coscienza di Zeno*, cit., p. 625.

dare il mio organismo con la lotta e soprattutto col trionfo. Fu il mio commercio che mi guarì [...] Naturalmente io non sono un ingenuo e scuso il dottore di vedere nella mia vita stessa una manifestazione di malattia. La vita somiglia un poco alla malattia come procede per crisi e lisi ed ha i giornalieri miglioramenti e peggioramenti. A differenza delle altre malattie la vita è sempre mortale. Non sopporta cure.[69]

La psicoanalisi insomma, quella psicoanalisi che più e più volte avrebbe fallito con Bruno Veneziani, il cognato di Svevo la cui vicenda può essere accostata a quella di Zeno[70] per la refrattarietà assoluta da lui dimostrata ad ogni tipo di cura, assurge nel finale del romanzo ad emblema della quintessenza di tutte le cure, in quanto forse ancora più stolta nelle sue pretese delle stesse terapie biologiche, perché dalla vita non si può guarire. È il messaggio con cui Zeno si congeda ed è il suggello di Svevo al suo romanzo.
Svevo e Stekel, scoppiata la prima guerra mondiale, difficilmente avrebbero potuto mantenere contatti tra di loro. Non è poi dato di sapere se Stekel[71] ebbe mai modo di leggere *La coscienza di Zeno*, che sicuramente come analista sensibile alle lettere non l'avrebbe lasciato indifferente, a parte la possibilità di vedersi parzialmente rispecchiato nei comportamenti del dr. S. Svevo con la probabile lettura delle opere di Stekel s'imbattè in un metodo terapeutico, che, prevedendo un modo diretto e attivo di intervenire sul paziente, si adattava a giustificare le ragioni di Zeno di opporsi alla cura, mettendo in scacco la psicoanalisi. Che Svevo abbia utilizzato più o meno consapevolmente tale metodo, distante dall'ortodossia freudia-

---

69. Ivi, pp. 1082-83-84.
70. Qualche punto in comune Zeno e Bruno tutto sommato ce l' hanno. Il fatto per esempio di essere entrambi chimici senza poi mai praticare la professione. Anche Bruno Veneziani era inoltre un fumatore accanito ma intellettualmente era più preparato e dotato di Zeno, soprattutto in fatto di musica, in quanto pianista eccellente. Non va dimenticata inoltre la simpatia di Svevo per la sua creatura letteraria con cui riconobbe peraltro di essersi in parte identificato. Simpatia e solidarietà che Svevo dimostrò anche nei confronti di Bruno, che pure stava procurando tante grane alla famiglia Veneziani. A proposito del fumo proprio nel 1911 Svevo stipulò in una lettera con Bruno il patto di non fumare per un anno, che prevedeva, se non rispettato, il versamento al cognato di 130 corone e viceversa da parte di Bruno lo stesso importo da pagare a Svevo, se rispettato (cfr. *Epist.*, pp. 598-99). Ne *La Coscienza*, Zeno contrae perdendo lo stesso tipo di patto con il suo amministratore Olivi.
71. Stekel durante la prima guerra mondiale praticò come ufficiale medico in un Ospedale militare a Vienna, interrompendo fino alla fine della guerra la sua attività di psicoanalista. Negli anni venti fu invitato in America dove, a Chicago e a Washington D.C., tenne parecchie conferenze e svolse un'attività di consulente. Ritornato a Vienna aprì negli anni trenta una clinica in proprio, l'*Aktivanalytisches Privatambulatorium* e fondò una rivista "Die psychoterapeutische Praxis". In seguito all'Anschluss dell'Austria nel 1938 Stekel si rifugiò come ebreo prima a Zurigo e poi a Londra con l'intento di emigrare in California. Risultando per nascita cittadino rumeno non riuscì però ad ottenere il visto per cui fu costretto a rimanere a Londra, dove ammalatosi di una grave forma di diabete, si suicidò nel 1940.

na, per le finalità precipue del suo romanzo, è confermato dal fatto che abbia poi cercato in vario modo di tutelarsi dalle possibili obiezioni di inattendibilità riguardanti la figura e l'operare del dr. S. Questo non comportava necessariamente che a livello personale avesse avuto una impressione negativa di Stekel, che era un intrattenitore piacevole e un analista con un seguito nutrito di pazienti disposti a trasferirsi per curare il loro disagio psichico da Vienna o da altre località a Bad Ischl. Certo si è che Svevo negli anni venti, in attesa di conseguire proprio all'ultima ora un successo insperato col suo romanzo, sentì la necessità di interpellare sulla sua fatica letteraria uno psicoanalista ortodosso, desideroso del suo parere professionale. Lo psicoanalista era Edoardo Weiss, giovane e fervente discepolo triestino di Freud, che tra l'altro come amico di Bruno Veneziani aveva cercato di aiutarlo, indirizzandolo verso la terapia psicoanalitica.

Le ragioni di un'incomprensione: Edoardo Weiss e Italo Svevo

Bisognerà in primo luogo ricostruire dunque per sommi capi la vicenda, sfociata in una sostanziale incomprensione, dei rapporti intercorsi tra Italo Svevo e Edoardo Weiss.[72] Lo stesso Svevo in *Soggiorno londinese* parla di Weiss, «unico psicoanalista di Trieste», come di un suo «ottimo amico». Nello stesso scritto aggiunge anche di avergli richiesto per l'appunto di recensire *La coscienza di Zeno*, con l'intento di ottenere un pronunciamento favorevole sui risvolti psicoanalitici del romanzo, visto che egli si era illuso «per qualche tempo di aver fatto opera di psicanalista».[73] Date queste premesse, si sarebbe indotti a pensare che questa amicizia abbia notevolmente contribuito a quella sensibilizzazione di Svevo per la scienza di Freud, che l'avrebbe portato – primo scrittore in Europa – ad impiegare la cura psicoanalitica come stratagemma letterario, o per dirla con le stesse parole maliziose di Zeno, come "ausilio ottico" di rifrazione, che,

---

72. Edoardo Weiss (1889-1970) nacque a Trieste da madre triestina e da padre ebreo boemo. Finiti gli studi ginnasiali si recò nel 1908 a Vienna per avvicinare Freud con l'intento di dedicarsi alla psicoanalisi. Terminata l'analisi personale con Paul Federn e laureatosi in Medicina, nel 1913 entrò a far parte dell'Associazione Psicoanalitica Viennese. Ritornato nella sua città natale, dove fu impegnato come psichiatra presso l'Ospedale di S. Giovanni ed esercitò privatamente la psicoanalisi, vi rimase fino al 1931, anno del suo trasferimento a Roma. Nel 1932 fondò la Società psicoanalitica Italiana e la "Rivista italiana di psicoanalisi", organo ufficiale della Società. I suoi primi allievi italiani furono Emilio Servadio e Nicola Pernotti, che nel secondo dopoguerra insieme a Cesare Musatti porteranno avanti la sua eredità psicoanalitica. Nel 1938 in seguito alle leggi razziali emigrò con la famiglia in America, stabilendosi a Chicago, dove diventerà uno dei decani del locale Istituto di Psicoanalisi. Morì nel 1970, poco tempo dopo aver dato alle stampe il suo importante carteggio con Freud. Ha pubblicato nel corso della sua vita un centinaio di articoli e cinque libri in italiano, tedesco e inglese.
73. I. Svevo, *Soggiorno londinese*, cit., p. 686.

pur o proprio perché continuamente contestato ed eluso dal protagonista, costituisce il filo conduttore di quelle vicissitudini della coscienza e insieme non coscienza del personaggio sveviano di cui si compone il romanzo. Le cose non stanno affatto così, perché a proposito delle proprie conoscenze sulla psicoanalisi, che risalgono più o meno agli anni intorno al 1910 – attribuibili come lo stesso scrittore ci dice ad alcune letture di testi freudiani oltre che, come si è visto, all'incontro determinante nel 1911 con Wilhelm Stekel – Edoardo Weiss non è mai da Svevo chiamato direttamente in causa. In realtà però il romanziere triestino riguardo al vero motivo dell'interesse sviluppato per la psicoanalisi negli anni in cui era in corso la prima guerra mondiale è, più di quanto lasci intendere, debitore per lo meno indirettamente a Weiss. Svevo però tende a minimizzare questo motivo, relegandolo tra quegli elementi di realtà, che gli servono a rafforzare la tesi di un suo interesse autonomo di scrittore nei confronti della scienza di Freud. Si tratta cioè della cura fallita di quell'"amico nevrotico", che in una lettera a Valerio Jahier risulta essere stato in effetti un congiunto, da cui Svevo trasse la convinzione che «fosse pericoloso spiegare ad un uomo come era fatto» e tramite il quale lo scrittore ammette di aver conosciuto l'opera di Freud e «alcuni di quei medici che lo circondano». Tra questi medici, per l'importante ruolo di mediatore svolto, che lo coinvolse più di quanto probabilmente potesse aspettarsi o volesse, va incluso in primo luogo Edoardo Weiss.

A questo punto bisogna soffermarsi sulla storia dell'analisi fallita del congiunto di Svevo, il cui nome non è più un mistero. Si tratta di Bruno Veneziani, unico figlio maschio e ultimo rampollo di quella dinastia familiare in cui Italo Svevo entrò con il suo matrimonio e da cui fu in qualche modo fagocitato, trasformandosi nel facoltoso imprenditore, fabbricante di vernici, Ettore Schmitz. Rifacciamoci dapprima a quanto in proposito racconta Svevo nel già citato *Soggiorno londinese*:

La psicoanalisi io la conobbi nel 1910. Un mio amico nevrotico corse a Vienna per intraprenderla. L'avviso dato a me fu l'unico buon effetto della sua cura. Si fece psicoanalizzare per due anni e ritornò dalla cura distrutto: abulico come prima ma con la sua abulia aggravata dalla convinzione ch'egli, essendo fatto così, non potesse agire altrimenti.[74]

e soprattutto in alcune sue lettere a Jahier, giovane scrittore ed estimatore dell'opera sveviana, che come Zeno era «passato attraverso una psicoanalisi piantata in asso», in cui dato il loro carattere confidenziale l'amico si trasforma in un congiunto:

Grande uomo quel nostro Freud – scrive Svevo al suo giovane estimatore, tentato di ritornare in analisi – ma più per i romanzieri che per gli ammalati. Un mio congiunto uscì dalla cura durata per varii anni addirittura distrutto".[75]

E ancora sempre al Jahier:

---

74. Ivi, p. 688.
75. Lettera di Svevo a Jahier del 10.12.1927 in *Cart.*, p. 239.

La sfida di Italo Svevo alla psicoanalisi: guarire dalla cura

Ritratto di Émile Coué (Prints & Photographs Division. The Library of Congress - Washington). Farmacista e psicoterapista, nato a Troyes e morto a Nancy dove aveva pubblicato (poco) su riviste locali ma aveva esercitato (molto) fondando la cosiddetta "seconda scuola di Nancy", in contrapposizione a quella del suo maestro Liébeault. Svevo si interessò molto alla sua teoria dell'autosuggestione cosciente e si recò personalmente a Nancy per esservi curato (cfr. pp. 82, 123, 182 n. 144).

Certo è che io non posso mentire e debbo confermarle che in un caso trattato dal Freud in persona non si ebbe alcun risultato. Per esattezza debbo aggiungere che il Freud stesso, dopo anni di cure implicanti gravi spese, congedò il paziente dichiarandolo inguaribile. Anzi io ammiro il Freud, ma quel verdetto dopo tanta vita perduta mi lasciò un 'impressione disgustosa.[76]

Impressione ribadita ulteriormente in una lettera successiva:

A scarico di coscienza vorrei dirle la mia esperienza sui risultati della cura psicoanalitica. Dopo anni di cure e di spese il dottore dichiarò che il soggetto era incurabile perché affetto da una mite paranoia. Il caso mio non può perciò dare norma. Ad ogni modo fu una diagnosi che costò troppo. Ricordo che sempre ammirai il Freud per la sua sincerità che gli permette di raccontare nella teoria del Sogno di un'altra sua lunga e costosa diagnosi su quell'Irma affetta da cancro.[77] Non so davvero che cosa pensino di quella diagnosi i congiunti di Irma.[78]

L'accenno alla sincerità di Freud, che non si peritò in effetti di esprimere un giudizio piuttosto drastico su Bruno Veneziani, trova conferma in una lettera del maestro viennese indirizzata a Weiss e da questi pubblicata in *Sigmund Freud come consulente*, da cui si evince che nel caso del cognato di Svevo si trattava di ben altro che di una mite paranoia:

Dal momento che mi chiede – scrive Freud a Weiss in una lettera datata 3 ottobre 1920 a proposito del dott. A, (così per ovvi motivi di discrezione viene nominato, nel carteggio pubblicato dallo psicoanalista triestino, Bruno Veneziani) – un parere spassionato, non vorrei nasconderle il mio pensiero al riguardo. Credo che egli non rappresenti un caso favorevole, soprattutto per la libera analisi. Due sono le cose che gli mancano: la prima quel certo conflitto di sofferenza fra il suo Io e le pulsioni istintuali, perché in effetti è molto soddisfatto di sé e soffre soltanto per l'antagonismo delle condizioni ambientali; la seconda, quel tanto di normalità dell'Io che gli consente di collaborare con l'analista. Egli, invece, tenderà sempre ad ingannarlo, a fingere, per levarselo di torno. Entrambi questi difetti convergono in uno solo, e cioè nello sviluppo di un Io estremamente narcisistico, refrattario ad ogni influenza, che sfortunatamente può far leva su tutti i suoi talenti e le sue doti personali.[79]

Freud conclude quindi il suo parere – dopo aver paragonato Veneziani a Mirabeau e aver aggiunto di non credere che un trattamento da parte sua o di altri per le ragioni suddette potesse comunque giovargli – osservando che, nel caso si volesse insistere ancora nel trattamento e dovesse fallire il ricorso al ricovero nella clinica del dr. Groddeck a Baden Baden, peraltro da lui consigliato,

---

76. Lettera di Svevo a Jahier del 27.12.1927, ivi, p. 243.
77. L'iniezione di Irma, un celebre sogno di Freud, è il primo a essere citato ne *L'interpretazione dei sogni*, per esemplificare le modalità di funzionamento dell'inconscio a livello onirico. Svevo nel suo commento è impreciso, perché nell'opera di Freud Irma non risulta ammalata di cancro ma di difterite.
78. Lettera di Svevo a Jahier dell'1.2.1928 in *Cart.*, p. 248.
79. E. Weiss, *Sigmund Freud come consulente*, Roma, Astrolabio, 1970, p. 49.

non resterebbe nella peggiore delle ipotesi con «gente come il dott. A.» che spedirla con un po' di denaro in Sud America, «lasciando che vi cerchi e vi trovi il proprio destino».[80] Tale verdetto di Freud non lascia molti dubbi sul fatto che quello del dott. A. era uno di quei casi con i quali – sempre secondo il parere del maestro viennese – «la psicoanalisi ha perso i suoi diritti». Del resto Freud, congedando Bruno Veneziani, era stato molto franco con lui, dicendogli: «io posso guarire chi desidera la guarigione, non chi la rifiuta».[81] Weiss avrebbe continuato malgrado tale verdetto ad aiutare l'amico, consigliandolo dopo il fallimento con Freud di rivolgersi a Viktor Tausk, che stimava molto e con cui aveva stretto amicizia, avendo essi condiviso l'abitazione durante il periodo degli studi e della formazione a Vienna. Tra l'altro prima di rivolgersi a Freud, Veneziani aveva tentato un primo trattamento con Isidor Sadger,[82] uno dei primi discepoli di Freud, ritenuto clinicamente competente nei problemi di omosessualità. Solo Weiss, che conosceva bene l'ambiente psicoanalitico viennese e le tendenze omosessuali di Veneziani, poteva aver suggerito all'amico tale nome. Dopo Tausk e prima di Groddeck[83] Veneziani si sarebbe affidato[84] inoltre per un breve periodo anche a Karl Abraham,[85] illustre capostipite della psicoanalisi berlinese. Sia

---

80. Ibidem.
81. Tale affermazione di Freud viene riportata da E. Ghidetti (1980) nella sua biografia di Svevo (p. 229), in seguito a una confidenza fattagli dalla figlia del romanziere, Letizia Fonda Savio.
82. Isidor Sadger (1867-1942), fu uno dei primi e più valenti pionieri della psicoanalisi. Si dedicò in particolare allo studio del narcisismo delle perversioni e dell'omosessualità, come testimonia la sua produzione scientifica. Anticipò Freud nell'ipotizzare che l'omosessuale mosso dal proprio narcisismo proietta l'amore per se stesso nel partner. Nel 1933 si dimise dall'Associazione Psicoanalitica Viennese. Nel 1942 fu deportato come ebreo nel campo di concentramento di Theresienstadt dove morì.
83. Georg Groddeck (1866-1934), medico e psicoanalista tedesco, può essere considerato il fondatore della psicosomatica. Personalità carismatica, stimato particolarmente da Freud, definì se stesso "analista selvaggio". Fu lui a forgiare il termine "Es" ne *Il libro dell'Es* del 1921, anticipando Freud nell'adozione del termine, che in Groddeck ha un'accezione diversa e più ampia che in Freud.
84. La rosa degli analisti che avrebbero preso, tutti senza successo, in cura Veneziani, è stata ampliata dai nomi di I. Sadger e K. Abram da P. Roazen nella sua opera *Edoardo Weiss. The House that Freud Built*, New Brunswick and London, Transaction, 2005. Veneziani successivamente sarebbe stato anche ricoverato a Kreuzlingen nella clinica di Ludwig Binswanger, famoso psichiatra di orientamento fenomenologico-esistenziale (cfr. F. Anzellotti, *La villa di Zeno*, Pordenone Studio Tesi).
85. Karl Abraham (1877-1925) pioniere della psicoanalisi in Germania, fece il suo apprendistato di psichiatra al Burgholzli di Zurigo, nel cui ambiente venne in contatto con le teorie di Freud. Nel 1907 ritornò a Berlino dove divenne il capostipite degli psicoanalisti tedeschi. Nel 1920 venne aperto a Berlino per sua iniziativa il Policlinico, primo esempio di clinica specializzata nella consultazione e nei trattamenti psicoanalitici. Autore di saggi fondamentali sulla psicosi e di psicoanalisi applicata, morì precocemente lasciando un vuoto nel movimento psicoanalitico, che perse uno dei suoi più valenti rappresentanti.

Abraham che Groddeck furono concordi nell'esprimere un giudizio clinico,[86] che confermava la refrattarietà di Veneziani a mettere in discussione il suo narcisismo e le sue modalità di soddisfacimento pulsionale, per accettare un progetto di cambiamento che comportasse la ben che minima rinuncia. Weiss nutriva nei confronti di Veneziani una sincera amicizia e apprezzava, pur consapevole delle parti malate della sua personalità, certe sue innegabili doti, per cui si dimostrò sempre disposto a soccorrerlo nelle sue iterate difficoltà, in seguito anche alla sua abitudine di assumere oppiacei e morfina. Nel 1929 Veneziani, in un momento di crisi acuta si fece ricoverare spontaneamente, su consiglio di Weiss, nell'Ospedale Psichiatrico di S. Giovanni per problemi di disintossicazione. Weiss redasse su di lui, come medico personale, una lettera di accompagnamento, in cui presentava in forma di anamnesi il caso di Veneziani, che al momento del ricovero soffriva di una «grave depressione psichica» accompagnata da «disinteresse generale, pessimismo, taedium vitae, agitazioni con pianto convulsivo, insonnia con ricorso massiccio di sonniferi». Sottolineando che il paziente non presentava al momento della richiesta di ricovero fenomeni di dissociazione psichica o allucinazioni, Weiss menziona nella lettera invece un episodio di tal tipo, avvenuto in seguito ad assunzione di droga qualche anno prima durante un soggiorno in Inghilterra, che aveva talmente spaventato Veneziani da indurlo ad un tentativo di suicidio. Sulla personalità dell'amico, Weiss nella lettera così si esprime, dopo aver ricordato che, come unico maschio di una famiglia con molte sorelle, era stato soddisfatto in tutti i suoi capricci:

Molto intelligente, di una vastissima cultura generale, laureato in chimica, ottimo pianista. In complesso di temperamento mite, bonario, però egoista, intollerante di rinunce. Per ottenere i suoi scopi a volte produce abilmente delle commedie. Non ha mai sentito istinti eterosessuali. E' stato sempre omosessuale. Ebbe spesso da soffrire per la sua perversione, sia perché non veniva corrisposto nei suoi amori, sia per le complicazioni sociali[87]

Trasferitisi entrambi a Roma negli anni trenta, Veneziani e Weiss continueranno a frequentarsi. Ritroviamo Veneziani ad esempio, probabilmente per le sue competenze in fatto di chimica – era riuscito anni prima infatti a laurearsi con

---

86. Groddeck ne *Il libro dell'Es*, sintetizza così, con la visionarietà diagnostica che gli era propria, il caso di Veneziani: «Vengo a parlare di un uomo di grande talento, ma che avendo avuto due madri, è diviso a metà in tutte le cose, e cerca di dominare questa sua lacerazione interiore con la droga». Da questa esperienza di lacerazione, in quanto "figlio di balia" ne sarebbe derivata l'incertezza sulla sua identità sessuale per cui «nella prima infanzia si era risvegliata in lui la donna, ed egli giacque a lungo ammalato di una pericardite, cioè di un'immaginaria gravidanza del cuore. Più tardi questa sua tendenza si rivelò di nuovo con la pleurite, e con irrefrenabili impulsi omosessuali... E ora lui non sa se è un uomo o una donna, non lo sa il suo Es» (*Il libro dell'Es*, Milano, Adelphi, 1990, pp. 20-21).
87. Ho trovato tale lettera nella cartella clinica riguardante Veneziani depositata nell'Archivio dell'ex-Ospedale Psichiatrico di S. Giovanni.

il massimo dei voti senza però mai utilizzare la sua specializzazione in un impiego fisso – nel gruppo ristretto convocato da Weiss per assistere ad alcuni esperimenti con un medium.[88] Prima di partire per l'America Weiss metterà infine in contatto Bruno Veneziani con l'analista junghiano Ernst Bernhard,[89] che avrebbe preso il suo posto nel seguirlo. E da una lettera di Bernhard,[90] Weiss apprenderà nel 1952 la notizia della sua morte a causa di un attacco di cuore, dovuto «ad eccessi di vario genere e al tipo di vita che aveva condotto».[91]

Un'aspettativa andata delusa

Se abbiamo ritenuto opportuno soffermarci in maniera così dettagliata sulla vicenda di Bruno Veneziani, è perché tutta la questione pesò molto di più di quanto si sappia sull'atteggiamento assunto da Svevo nei confronti della psicoanalisi e di riflesso su come essa viene presentata ne *La coscienza di Zeno*. Dalla ricostruzione della vicenda, risulta innanzitutto più esplicitamente che Svevo incominciò ad interessarsi alla scienza di Freud, quando nella sua cerchia familiare emerse con urgenza il problema di una cura per il giovane cognato. Svevo, raccontando in *Soggiorno londinese* il suo incontro con la psicoanalisi, lo lascia intendere, anche se solo per inciso, quando ammette: «Bisogna ricordare che vivevo in Austria, la sede del Freud. Le cure del Freud si moltiplicavano e alcune con risultati meravigliosi [...]. Come cura a me non importava. Io ero sano o almeno amavo tanto la mia malattia (se c'è) da preservarmela con intero spirito di auto difesa».[92] Nella precisazione che lo scrittore ritiene di dover fare del

---

88. L'esperimento fu organizzato da Emilio Servadio, allievo di Weiss, che s'interessava di metapsichica e s'intendeva di fenomeni paranormali.
89. Ernst Bernhard (1896-1965), psichiatra berlinese, dopo una formazione inizialmente freudiana, avvicinò a Zurigo Jung e dopo una breve analisi con lui ne diventò seguace. Trasferitosi in Italia nel 1935 venne aiutato da Edoardo Weiss ad inserirsi nell'ambiente psicoanalitico italiano. Durante la seconda guerra mondiale come ebreo riuscì a sopravvivere nascosto in Calabria. Alla fine della guerra ritornò a Roma dove ebbe un nutrito seguito di allievi, diventando il fondatore della "Psicologia analitica" in Italia. La sua personalità ispirata e carismatica attirò scrittori e artisti, tra i quali Federico Fellini.
90. Bernhard nella *Mitobiografia*, pubblicata postuma sui suoi appunti, porta un sogno attribuito a V. «all'epoca in cui fu tagliato fuori da Trieste»: «Il paziente sogna di un mago di cui egli si serve o che si serve di lui. Infatti egli ha un "complesso", nel senso che egli vorrebbe possedere forza magica per procurarsi ogni genere di vantaggi, ma anzitutto per poter finalmente fare i conti con la sua famiglia che l'ha molto danneggiato...Tale immagine del mago è legata a suo padre, che era una specie di mago; aveva in realtà fatto un'invenzione praticamente molto redditizia, di cui viveva tutta la famiglia e che gli conferiva un singolare nimbo di magia» (*Mitografia*, Milano, Adelphi, 1969, p. 109-110).
91. Lettera inedita di Bernhard a Weiss del 12.XII.1952, che ho trovato tra le "Papers" di Weiss depositate ai Freud Archives di Washington.
92. I. Svevo, *Soggiorno londinese*, cit. p. 688.

suo disinteresse per la psicoanalisi come cura perché la malattia – che sia o no tale – va preservata, s'intravede sintetizzata l'ideologia a cui è improntata la sua poetica e che costituisce la morale conclusiva del suo ultimo romanzo. Solo che Svevo tali affermazioni le fa nel 1927, non solo dopo aver conseguito, con la pubblicazione de *La coscienza di Zeno* la fama letteraria, invano per tanto tempo rincorsa, ma anche dopo aver avuto modo di conoscere la psicoanalisi e averla impiegata surrettiziamente per mettere a punto meglio la filosofia di vita condensata nel romanzo. «Ma quale scrittore potrebbe rinunciare di pensare almeno la psicoanalisi?» riconosce infatti apertamente Svevo, aggiungendo sempre in *Soggiorno londinese* che la psicoanalisi non l'avrebbe più abbandonato. E in un passo dello stesso scritto precisa ancora meglio il suo modo di utilizzare le innovative scoperte di Freud:

Questo rapporto intimo tra filosofo e artista – dove al posto del filosofo potrebbe starci benissimo lo psicoanalista (n.d.a.) – rapporto che assomiglia al matrimonio legale perché non s'intendono fra di loro proprio come il marito e la moglie e tuttavia come il marito e la moglie producono dei bellissimi figliuoli, conquista all'artista un rinnovamento.[93]

Le considerazioni che Svevo fa valere qui in generale per il rapporto necessariamente equivoco, anche se fruttuoso, tra gli artisti e i filosofi come creatori di nuove teorie, può esser utilmente trasposto per capire meglio il *quiproquo* intercorso tra lo scrittore e Edoardo Weiss a proposito de *La coscienza di Zeno*. Lo stesso Svevo ce lo racconta nel modo seguente:

In quanto alla Coscienza io per lungo tempo credetti di doverla al Freud ma pare mi sia ingannato. [...] Tuttavia io credetti per qualche tempo di aver fatto opera di psicanalista. Ora debbo dire che quando pubblicai il mio libro di cui – come tutti coloro che pubblicano – mi ero atteso il successo, mi trovai circondato da un silenzio sepolcrale. [...] Un uomo pratico d'insuccessi come sono io, non sapeva sopportare questo perché gli insidiava l'appetito e il sonno. In quei giorni capita da me l'unico medico psicanalista di Trieste e mio ottimo amico, il dr. Weiss, e, inquieto, guardandomi negli occhi, domanda se il medico psicanalista di Trieste di cui mi ero burlato nel mio romanzo fosse lui. Risultò subito che non poteva essere lui perché durante la guerra egli la psicoanalisi a Trieste non l'aveva praticata. Rasserenato accettò il mio libro con tanto di dedica, promise di studiarlo e di farne una relazione in una rivista psicanalitica di Vienna.[94]

Svevo prosegue nel racconto, descrivendo la delusione provata quando Weiss gli comunicò invece di non poter recensire il libro perché «con la psicoanalisi non aveva nulla a che vedere», aggiungendo, non senza aver precisato di non aver più motivi di dolersene: «Noi romanzieri usiamo baloccarci con grandi filo-

---

93. Ivi, p. 687.
94. Ivi, p. 686.

sofie e non siamo certo atti a chiarirle: le falsifichiamo ma le umanizziamo».[95] Soffermiamoci prima di tutto sulla reazione di Weiss, sulla inquietudine cioè con cui egli sarebbe andato – a detta di Svevo – a trovarlo per chiedergli se per caso si fosse riferito a lui, ritraendo il dott. S. di cui lo scrittore maliziosamente si burla nel romanzo. Una reazione, quella di Weiss più che comprensibile, non solo perché a Trieste, quando nel 1923 fu pubblicato il romanzo, l'unico psicoanalista in carne ed ossa era lui, ma anche per le implicazioni connesse al caso di Bruno Veneziani. Weiss infatti non può non essersi chiesto, constatando il modo poco favorevole con cui nel romanzo è ritratta la figura dello psicoanalista, quanto potesse aver pesato in tale ritratto l'esito fallimentare dell'analisi con Freud del cognato di Svevo. Tanto più che Weiss poteva facilmente sospettare, per la suddetta ragione, che la S. messa a designare nel romanzo lo psicoanalista, non fosse altro che la lettera iniziale del nome di Freud, Sigmund.[96] Mario Lavagetto, che ha cercato con notevole finezza esegetica, di ricostruire quanto intercorso tra Svevo e Weiss, ha giustamente notato che il racconto dell'episodio da parte dello scrittore triestino potrebbe essere una versione dei fatti «corrispondente agli interessi postumi» di chi ne ha fatto il resoconto.[97] Un'ipotesi questa in qualche maniera avvalorata anche da Giorgio Voghera, che ne *Gli anni della psicoanalisi* afferma di non sapere «che cosa ci sia di vero in quello che si raccontava a proposito di Italo Svevo: che egli conoscesse la psicoanalisi già prima che Weiss iniziasse la sua pratica a Trieste e che d'altro canto non era in buoni rapporti con lui, perché Weiss si era risentito per certe cose scritte ne *La coscienza di Zeno*».[98] Proprio queste dicerie, indussero Weiss a precisare in alcune lettere a Voghera, che gli aveva fatto pervenire il suo articolo, come stessero effettivamente le cose e a mandare, su suggerimento dello scrittore, una lettera aperta ad

---

95. Ibidem.
96. Più di un critico si è posto il problema di immaginare che nome potesse essere adombrato nella S., messa a designare il medico psicoanalista di Zeno: accanto all'ipotesi più ovvia di pensare all'iniziale del nome di Freud (Musatti, 1976 e Gioanola, 1979) si è pensato che la S. potesse connotare Svevo stesso (Lavagetto, 1986) oppure Stekel (Mahler-Schaechter, 1982 e David, 1990).
97. Cfr. M. Lavagetto, *L'impiegato Schmitz e altri saggi su Svevo*, Torino, Einaudi, 1986, p. 54. Lavagetto rileva argutamente che, nella versione data da Svevo della visita fattagli da Weiss a proposito de *La coscienza di Zeno*, «se non ci fu artificio diplomatico – più o meno consapevole – ci troviamo davanti il romanziere e lo psicoanalista più stupidi che sia dato immaginare». Tanto Svevo che Weiss cioè «si fingono entrambi diplomaticamente ingannati: Svevo scrive la sua dedica e, a scarico di coscienza, si persuade che lo stesso Freud gli potrà manifestare qualche gratitudine; Weiss se ne va rasserenato con la dedica sotto il braccio». In realtà secondo Lavagetto era stato un modo elegante per non entrare apertamente in conflitto perché «non c'è nulla di più discreto che dare alla propria intelligenza le forme di un desiderio educato; ci si risparmia il disturbo della malafede e i due signori trovano un "contratto" già pronto, basato sulla reciproca convenienza» (op. cit, pp. 54-55).
98. G. Voghera, *Gli anni della psicoanalisi*, Pordenone, Studio Tesi, 1980, p. 16.

una rivista di cultura triestina. Nella lettera aperta, pubblicata sulla rivista di cultura varia "Umana", Weiss offre questa versione dell'episodio:

Premesso che conoscevo benissimo il signor Ettore Schmitz (c'erano anche dei vincoli di affinità, sia pure lontana, fra lui e me, avendo una sua nipote sposato un mio fratello),[99] posso dire soltanto che ritengo che effettivamente la psicoanalisi sia entrata nel suo ambiente per mio tramite, anche se è possibile che più tardi gliene abbia parlato più diffusamente qualche altro medico a lui vicino; ma che non c'è stato mai da parte mia il benché minimo risentimento per il contenuto della Coscienza di Zeno, che mai ritenni si potesse riferire a me, sia pure indirettamente. Se, come ho inteso, Italo Svevo ha avuto degli scrupoli a questo riguardo, posso assicurare che non avevano assolutamente alcun motivo di essere. Solamente, avendomi egli consegnato una copia della sua opera in dono con una cordiale dedica, nella quale si alludeva alla psicoanalisi, credetti necessario fare presente che, impregiudicato il valore artistico, letterario ed anche psicologico, in senso tradizionale, del libro, non credevo di poter ravvisare in esso nulla che si ricollegasse al metodo psicoanalitico, rettamente inteso, o che potesse portare un contributo, sia pure indiretto, a questa disciplina. Ciò vale, del resto, per moltissime altre opere letterarie che vengono spacciate dagli autori e dai critici come ispirate dalla psicoanalisi e improntate da essa.[100]

Ora che si sono messe a confronto la versione molto più conosciuta e ufficiale data da Svevo dell'episodio con quella di Weiss, risaltano alcune discordanze di un certo rilievo: in primo luogo Weiss precisa – contrariamente a quanto racconta Svevo – di non essersi risentito per il ritratto inattendibile e poco lusinghiero dello psicoanalista nel romanzo, negando di aver mai pensato si potesse far riferimento a lui; in secondo luogo la richiesta di una recensione del romanzo da parte di Svevo a Weiss risulta molto più sfumata e indiretta nella versione offerta dallo psicoanalista triestino rispetto a quella lasciataci dallo scrittore. A quali delle due versioni credere di più e come spiegarsi queste discordanze? Per quanto riguarda Weiss si potrebbe ipotizzare che, essendo passati più di quarant'anni nel momento in cui scrisse la sua lettera di precisazioni, il ricordo sui particolari dell'episodio poteva forse non essere più tanto preciso. Per Svevo invece si potrebbe pensare a una specie di tornaconto del romanziere, nel riportare una versione dei fatti che gli permetteva di enfatizzare l'inevitabile incomprensione, conseguente a due modi molto lontani di concepire la psicoanalisi, quali quello di uno scrittore e quello di un addetto ai lavori. Ma se abbiamo ricostruito così minuziosamente tutta la questione è con l'intento, di trovare in primo luogo una spiegazione non banale al contraddittorio desiderio di Svevo, pur filtrato dalla sua ironia, di ottenere da parte di un esperto per il suo romanzo, pur così insidiosamente critico nei confronti della scienza di Freud, una specie di patente psicoanalitica. In secondo luogo per arrivare a compren-

---

99. Il fratello minore di Edoardo, Ottocaro, sposò Tenci Schmitz, figlia di Ottavio, il fratello più giovane di Svevo.
100. E. Weiss, *Precisazioni*, in "Umana", 1969, n. 7-9, pp. 7-8.

dere le ragioni che indussero Weiss ad escludere con tanta perentorietà da un romanzo come *La coscienza di Zeno*, i cui risvolti psicoanalitici hanno invece attirato molto l'attenzione della critica, qualsiasi elemento che avesse minimamente a che fare con la psicoanalisi.

Mario Lavagetto a proposito della delusione di cui Svevo racconta in *Soggiorno londinese*, conseguente al rifiuto di Weiss, osserva che, per chi conosce bene lo scrittore triestino e ha letto il suo racconto *Una burla riuscita*, è impossibile non accorgersi che «Freud e Weiss, messi insieme, assomigliano un po' troppo al critico del Westermann, all'uomo odioso-amato, a cui Mario Samigli (protagonista del racconto e alter-ego di Svevo), pieno di trepidazione affida il proprio successo».[101] L'osservazione di Lavagetto coglie nel segno, perché la vicenda di Mario Samigli, che inseguendo invano un sogno di gloria letteraria offre il fianco ad una atroce beffa, risolventesi su di un piano pratico paradossalmente a suo vantaggio, ha veramente molti punti in comune con la storia di Svevo. Svevo che, prima di essere riconosciuto nella sua grandezza di scrittore, ha dovuto per la maggior parte della sua vita soffocare la sua irresistibile passione per la scrittura conservandola come un colpevole segreto, da riscattare con la riuscita commerciale dell'abile imprenditore Ettore Schmitz. Non va inoltre dimenticato che non solo Mario Samigli ma anche Zeno, i due personaggi nei cui panni lo scrittore più si è calato, conseguono all'ultima ora un successo pratico che trasforma la loro disfatta in vittoria. Se ritorniamo al colloquio – avvenuto o no nelle modalità descritte dallo scrittore – tra Svevo e Weiss a proposito de *La Coscienza di Zeno* – va tenuto presente che tale colloquio si svolse in quel periodo di tempo in cui intorno al romanzo, prima che la critica francese e per induzione quella italiana si rendessero conto di trovarsi di fronte ad un avvenimento letterario, ci fu un silenzio totale. Un insuccesso iniziale di cui Svevo riconosce di aver sofferto molto, in grado addirittura di insidiargli l'appetito e il sonno, per cui creò l'assioma: «La letteratura non fa per i vecchi».[102] Non sorprende allora la dichiarazione di sentirsi sollevato dalla prospettiva che uno psicoanalista accreditato segnalasse il suo romanzo, recensendolo su una rivista internazionale:

Per qualche giorno mangiai meglio – riporta Svevo – Ero vicino al successo perché la mia opera sarebbe stata discussa in una rivista mondiale. Invece quando lo rividi il dr. Weiss mi disse che non poteva parlare del mio libro perché con la psicoanalisi non aveva nulla a che vedere. In allora mi dolse perché sarebbe stato un bel successo se il Freud m'avesse telegrafato: "Grazie di aver introdotto nell'estetica italiana la psicoanalisi". Io avrei mandato il dispaccio al Dr. Ry del C.d.S. e sarei stato fatto. Ora non mi duole più.[103]

---

101. M. Lavagetto, *L'impiegato Schmitz*, cit., p. 54.
102. I. Svevo, *Soggiorno londinese*, cit., p. 686.
103. Ibidem.

Ma proprio perché Svevo quando ne racconta non aveva più motivi di dolersene, visto che la sua consacrazione di scrittore era finalmente arrivata, può affacciarsi l'idea che nel ricostruire il suo rapporto con la psicoanalisi a posteriori, dopo aver conseguito il successo, tutta la vicenda possa aver subito una sorta di rimaneggiamento. È l'ipotesi avanzata da Michel David, che, sottolineando come quel poco che si riesce a sapere sul freudismo di Svevo «lo dobbiamo quasi sempre interamente a certe sue ammissioni posteriori e non sempre concordanti», considera gli scritti e le lettere sveviane in proposito risalenti al 1927-28 come una "sottile autodifesa". Ancorato su questa sottile linea difensiva Svevo apparirebbe dunque «diviso tra la soddisfazione di essere stato un precursore culturale – lui industriale sprovveduto culturalmente – a costo forse di anticipare un po' il suo incontro con Freud e di lasciare un pò nel vago l'entità delle sue letture freudiane, e la modestia retrospettiva di chi ha voluto avventurarsi su un terreno non suo».[104] Insomma in questi tardi testi del 1927 lo scrittore si dimostrerebbe addirittura «più complesso, contraddittorio e a disagio che non nel suo perentorio romanzo». David arriva perciò alla conclusione che alla fine della sua vita Svevo si sarebbe distaccato da un'infatuazione freudiana, «che gli appariva ormai di cattivo gusto per i letterati europei». Ed essendosi l'ambivalenza sveviana nei confronti della psicoanalisi decisamente spostata sul polo negativo, ne sarebbe conseguita nello scrittore la tendenza «a minimizzare con l'ironia e le imprecisioni il momento in cui era stata positiva».[105]

Controtransfert e complesso paterno

Ma ci sono buone ragioni per pensare che *La Coscienza di Zeno*, nata in un momento di pausa, dovuta alla grande guerra, dagli impegni dell'imprenditore Ettore Schmitz, debba alla scienza di Freud molto di più di quanto con la sua renitenza lo scrittore Italo Svevo sia stato disposto a riconoscere. Se l'influenza determinante della psicoanalisi sul capolavoro di Svevo è un dato generalmente acquisito ed evidenziato da moltissimi autorevoli critici, che hanno a lungo discettato per chiarire in che senso *La Coscienza di Zeno* può esser considerata un romanzo psicoanalitico, resta ancora da spiegarsi allora il drastico giudizio di Edoardo Weiss, escludente ogni elemento di interesse psicoanalitico nel romanzo. Un certo peso potrebbe averlo senza dubbio avuto l'atteggiamento prudenziale di Weiss, intenzionato per la turbolenza dell'ambiente letterario triestino, che in quegli anni si stava entusiasmando alle idee freudiane, a non lasciar frammischiare troppo ciò che competeva alla psicoanalisi con eventua-

---

104. M. David, *La psicoanalisi nella cultura italiana* (1966), Torino, Bollati Boringhieri, 1990, p. 385.
105. Cfr. B. Moloney, *Psychoanalysis and Irony in "La coscienza di Zeno"*, "Modern Language Review", vol. 67, n. 2, 1972, p. 310.

li forme letterarie di appropriazione. Ma se la reazione di Weiss è più che comprensibile, contestualizzata nella Trieste degli anni venti, per il giustificato timore che un eccessivo interesse da parte dei letterati potesse nuocere più che giovare alla vera causa della psicoanalisi, viene da chiedersi come mai egli successivamente non si sia, almeno in parte, ricreduto sulla rilevanza degli aspetti psicoanalitici del romanzo, attenuando il suo irrigidimento nei confronti de *La Coscienza di Zeno*. Abbiamo visto come nelle lettere a Voghera e nelle *Precisazioni* pubblicate sulla rivista "Umana", risalenti agli ultimi anni della sua vita, Weiss non abbia minimamente modificato il giudizio inizialmente espresso.

La mia opinione è che Weiss nei confronti del romanzo di Svevo abbia sviluppato, proprio perché c'erano degli aspetti che lo toccavano troppo da vicino, una reazione di tipo controtransferale, a cui è imputabile la attenuata o del tutto mancata sensibilità per le componenti psicoanalitiche del romanzo. Che anche nei confronti di un romanzo si possa in qualche modo essere influenzati da una forma di controtransfert,[106] legata a conflitti inconsci o non completamente elaborati, è una tesi attualmente condivisa da parecchi studiosi, che si sono impadroniti dall'interno dei sofisticati strumenti che la psicoanalisi può offrire alla critica letteraria. Ora gli aspetti del romanzo che avrebbero determinato in Weiss una reazione, controtransferale, non sufficientemente elaborata, da determinare in lui una specie di "ottusità" critica, non è certo – come superficialmente si potrebbe pensare – la descrizione malevola della figura dello psicoanalista nel romanzo, quanto il conflitto di base che attraversa tutta la *Coscienza* e che muove Zeno nel "suo inciampare" nella realtà: una lotta maldestra ma non per questo meno vittoriosa nei confronti della figura paterna e dei suoi rappresentanti. È lo stesso conflitto che è stato alla base della nevrosi giovanile di Weiss, che l'indusse, finiti gli studi ginnasiali, a recarsi a Vienna con il preciso intento di studiare Medicina per dedicarsi alla psicoanalisi. In effetti nelle vicissitudini di Zeno, quali sono descritte nella *Coscienza* e nei tardi frammenti sveviani, voluti come continuazione del romanzo,[107] non c'è nulla che non avvenga "in nomine patris".[108] Implicito o esplicito il fantasma di una figura paterna rivale da contestare e a cui contrapporsi, mettendo in moto un processo di innocentizzazione in grado di eludere tramite la negazione una sorta di colpa originaria, attraversa tutto l'ultimo romanzo di Svevo. Per questo il vero incipit del romanzo, dopo la prefazione del dr. S., il preambolo del protagonista, e il capitolo sul fumo come sintomo e insieme resistenza più vistosa attestanti la "convinzione della malattia" perseguita da Zeno, rimane senz'altro il capitolo sulla morte del padre.

---

106. Il controtransfert è la risposta prodotta nell'inconscio dell'analista dalle manifestazioni di transfert del paziente, che l'analista non è ancora riuscito a padroneggiare o a elaborare.
107. Cfr. TO, I, pp. 1089-1234.
108. Cfr. E. Gioanola, *Un killer dolcissimo*, Genova, Il Melangolo, 1979, p. 336.

Zeno stesso definisce tale perdita come «una vera grande catastrofe», che lo indusse ad accorgersi per la prima volta «che la parte più importante e decisiva della mia vita giaceva dietro di me, irrimediabilmente».[109] Dove l'assonanza con l'affermazione di Freud, contenuta nella prefazione a *L'interpretazione dei sogni*, a proposito della sua reazione alla morte del padre, come «all'avvenimento più importante, alla perdita più grave nella vita di un uomo»,[110] balza subito agli occhi. Ed è proprio nella scena della morte, sigillata dallo schiaffo condanna, che i sentimenti ostili di Zeno, dopo essere emersi in un crescendo per tutto il capitolo ed essere stati fronteggiati con continui ingegnosi tentativi di innocentizzazione, si rivelano in tutta la loro intensità nella preoccupazione che con quel suo ultimo gesto il padre abbia definitivamente sancito una sentenza di colpa. Il romanzo ha costituito il suo centro strutturante proprio nel ricordo-racconto della morte del padre, a proposito del quale Zeno molto significativamente afferma: «Ricordo tutto ma non intendo niente». Questo episodio così cruciale da scatenare nella struttura del romanzo «una serie di reazioni, relativamente omogenee e attraversate tutte da un filo rosso, intorno a cui i vari episodi si organizzeranno»[111] funzionerà come reattivo anche per il suo protagonista:

Lo schiaffo del padre diventa il luogo dove si coagula di volta in volta una colpa inespiata e, nello stesso tempo, una esosa, feroce istanza di risarcimento. Su quel luogo Zeno tornerà oscuramente, e senza saperlo, inseguito da un delitto commesso e impronunciato, dalla necessità di assolversi e dal desiderio simmetrico di vendicarsi. Si procaccerà (o si vedrà procacciati suo malgrado) tutori, sostituti del padre: l'amministratore Olivi, il suocero, soprattutto i medici che spuntano come funghi nei luoghi più umidi e vischiosi della sua esistenza.[112]

Solo uno sprovveduto, come giustamente ha rilevato Mario Lavagetto, a proposito dell'influsso su Svevo delle teorie freudiane, «potrebbe attribuire alla psicoanalisi la scoperta di un conflitto che divora le convenzioni e i valori apparentemente meglio costituiti, meglio vigilati dalla "natura" perché quel fuoco oscuro e silenzioso è visitato spesso e fatto brillare dalla letteratura dell'Ottocento».[113] Solo che lo Svevo della *Coscienza* deve a Freud i mezzi per affrontare e rivisitare tale nodo cruciale con un occhio più smaliziato, «attento ai minimi errori, ai fremiti sottocutanei che tradiscono, ovattato, ammortizzato con parole e gesti e slanci, con bugie e folgoranti sincerità, un conflitto inappagabile».[114]

Sempre secondo Lavagetto perderebbe allora d'importanza l'accertamento di una conoscenza più o meno precisa da parte di Svevo delle opere di

---

109. I. Svevo, *La coscienza di Zeno*, cit. p. 622.
110. S. Freud, *L'interpretazione dei sogni*, cit. p. 5.
111. M. Lavagetto, *L'impiegato Schmitz*, cit., p. 66.
112. Ivi, p. 67.
113. Ibidem.
114. Ibidem.

Freud di fronte alla sua geniale abilità di sceneggiatore, «all'astuzia con cui riesce a ignorare o a dimenticare la psicoanalisi per rifonderla nel suo romanzo».[115]

Nella *Coscienza* infatti non è solo Zeno, che nel finale del romanzo in ragione delle sue "non qualità" batte, sbarazzandosi contemporaneamente della psicoanalisi e delle pretese di guarirlo di quell' "istericone" del dr. S, il padre sul suo stesso terreno. Perché a conseguire una specie di vittoria è in primo luogo il suo creatore, Svevo, che col riconoscimento del romanzo da parte della critica ottiene finalmente la legittimazione della sua "dannosa e illecita" passione per la scrittura, in una partita ingaggiata per tutta la vita e a questo punto vinta con il fantasma del padre e con i valori di cui è portatore. In seguito a tali premesse bisogna considerare quale significato ha rivestito per Svevo questa sua irrefrenabile passione per la letteratura, costellata per tutta la vita da iterati quanto vani propositi di rinuncia, simili a quelli per una passione altrettanto irrinunciabile, impregnata da connotazioni edipiche, come quella del fumo. Una passione conflittuale vissuta come malattia, perché nata dalla contrapposizione vita/opera, che come problema contraddistingue un preciso momento della storia letteraria, radicalizzatosi negli scrittori della crisi della civiltà mitteleuropea.

Per questi scrittori la malattia, contrapponendosi alla vita come normalità, rende possibile il privilegio della letteratura, che ha alla sua radice appunto una sofferenza-insofferenza contro il vissuto, in quanto eredità subita, espressione di atteggiamenti, comportamenti, valori incondivisibili. Una malattia, che le contemporanee scoperte di Freud riveleranno essere uno dei possibili portati del "disagio della civiltà", e che nell'opera di Svevo, riconosciuta nelle sue caratteristiche di sofferenza nevrotica, viene assunta per la prima volta esplicitamente come fondamentale condizione dell'uomo-scrittore, la cui "inettitudine" a vivere è la stessa cosa che la sua vocazione a scrivere. La misura di questa "inettitudine" viene ricavata dal confronto con una figura di padre-padrone, esponente di una borghesia che ha nella produzione di ricchezza, nella riuscita pratica il suo metro di valore. A proposito di Svevo è stato rilevato come non sarebbe stato ancora tenuto nella debita considerazione il fenomeno di uno scrittore grandissimo che spunta fuori da un ambiente radicalmente senza lettere, senza tradizioni di cultura: «Sì, la Trieste mitteleuropea, Vienna vicina, la grande letteratura danubiana e così via, ma la Trieste del 1870 e dintorni era un emporio commerciale e basta».[116] Ma nel volger di una generazione la borghesia proprio nei luoghi deputati al trionfo dei suoi ideali, ed in particolare in quell'area della società mitteleuropea in cui l'assimilazione degli ebrei si era tradotta nella loro ascesa sociale, assiste agli emblemi del suo scacco: «Padri che usano la penna solo per fare

---

115. E. Gioanola, *Un killer dolcissimo*, cit., p. 45.
116. Ibidem.

dei conti, si ritrovano con dei figli che sanno usare solo la penna, e per scrivere sogni».[117] Anche il giovane Ettore Schmitz, il cui padre aveva avuto come ragione di vita la riuscita nel commercio, si mette a scrivere in opposizione alle indicazioni paterne, rifiutandone nel profondo l'eredità. La scelta della scrittura come possibilità di affermazione alternativa è dunque una forma di rivalsa, un modo di proclamare in qualità di figlio la propria diversità, percepita insieme come privilegio e malattia:

La nevrosi, in fondo, è l'interiorizzazione del conflitto competitivo a cui obbliga la "libera concorrenza borghese"; le cariche aggressive, invece di rivolgersi alla realtà esterna e fornire l'energia alla lotta per la riuscita e per la concorrenza, finiscono per indirizzarsi contro quella parte di sé costituita dalla presenza introiettata dei rapporti parentali. Il figlio ritorce contro di sé, nel padre introiettato, e più o meno inconsciamente contro il padre reale, quelle cariche aggressive che erano costitutive del modello paterno: portatore di una Legge che è parte intima della sua stessa persona, non può ribellarsi ad essa se non distruggendosi.[118]

Svevo, a differenza di altri scrittori mitteleuropei della crisi, invece di soccombere di fronte alla Legge paterna, paradigmatica tra tutti la drammatica confessione di Franz Kafka nella famosa *Lettera al padre*, riesce a rispettarla ed insieme ad eluderla, nel momento in cui per tutta la vita fa convivere come alter ego accanto al fortunato uomo di affari Ettore Schmitz lo scrittore Italo Svevo. Se c'è un caso clamoroso di ambiguità tra vita e opera è proprio quello dello scrittore triestino, che se da un lato può dire di sé: «Non sono colui che visse ma colui che descrissi»,[119] dall'altro si lasciò invadere per tanti anni in maniera totalizzante dalla vita concreta di impiegato e di industriale, confinando il vizio della scrittura in ritagli di tempo e attenzione apparentemente irrilevanti rispetto ai suoi impegni di buon borghese: «La vita, contro ogni progetto di "gloria" vampirizza la letteratura, ma la letteratura, appena può affermarsi, si vendica vampirizzando a sua volta la vita, fino a quella che lo stesso scrittore ha chiamato la "letteraturizzazione" del vissuto».[120] Zeno costituisce per Svevo una sorta di vittoria finale in questa tensione tra letteratura e vita, e non solo perché con la pubblicazione della *Coscienza* l'uomo di affari Ettore Schmitz ottiene finalmente di esser riconosciuto come scrittore, ma anche perché questo personaggio, che a differenza della maggior parte di quelli che lo hanno preceduto nella produzione sveviana, non fa della scrittura la propria ragione di essere, ma scrive per prepararsi ad una cura di cui non avrà più bisogno alla fine del libro, quando ottenendo il successo negli affari si confermerà più abile

---

117. Ibidem.
118. Ivi, p. 23.
119. I. Svevo, *Le confessioni del vegliardo*, TO, I, p. 1116.
120. E. Gioanola, *Un killer dolcissimo*, cit. p. 19.

del padre e di tutti i suoi sostituti, serve con un estremo paradosso ad affermare la supremazia della letteratura. Zeno che celebra la vittoria della vita come malattia, gabbando il dr. S. nelle sue presuntuose pretese di guarirlo, liberandosi da ogni soggezione nei confronti di qualsivoglia figura paterna, non è che un prodotto della letteratura. Nella conciliazione finalmente raggiunta dall'ultimo Svevo il senso della vita è letteratura, in un processo in cui la vita non è che la malattia. Ma lo Svevo che celebra la vittoria della letteratura, creando un personaggio come Zeno, a cui lo scrivere è prescritto dal rappresentante di una scienza che pretende di guarire ciò per cui la vita è significativa, la malattia, per poi scoprire che la guarigione più che dalla riuscita nella vita "orrida e vera" deriva dalla possibilità di raccontarla, di fermarla nella scrittura, è lo stesso che in ragione di tale celebrazione nega contemporaneamente ogni legittimità alle pretese della psicoanalisi.

Svevo non si sa se sia più abile o malizioso, quando giustifica con il solo fatto di non aver potuto affidarsi ad un'esperienza diretta dell'analisi o alla conoscenza di un suo rappresentante in carne e ossa, l'inattendibile, negativa descrizione del dr. S. Il che abbiamo visto in realtà non corrisponde al vero. Possibile – viene da obiettare – che Svevo non abbia mai avuto l'occasione di parlare con Bruno Veneziani del trattamento analitico e delle sue modalità, per di più sapendo che il cognato era ricorso direttamente a Freud? L'esito fallimentare della cura poi avrebbe dovuto stimolare lo scrittore ancora di più ad informarsi su come il trattamento si era effettivamente svolto. E anche ipotizzando che Veneziani non sia stato granché simpatico a Freud, non ci sono ragioni di dubitare che il maestro viennese non si sia comportato nei suoi confronti con la dovuta correttezza professionale. Riguardo al secondo punto delle argomentazioni sveviane, sappiamo invece che Svevo in una maniera o nell'altra alcuni prototipi di psicoanalisti li aveva ben conosciuti. Lasciando pure da parte Weiss, oltre che Sadger, Groddeck, Tausk e Abraham, chiamati in causa per la cura del cognato, non bisogna dimenticare l'importanza dell'incontro di Svevo nel 1911 con Wilhelm Stekel a Bad Ischl, su cui la nostra attenzione si è già particolarmente soffermata. Negli anni venti inoltre Svevo avrebbe avuto ancora l'occasione di frequentare un giovane futuro psicoanalista, il viennese Rene Spitz, che soggiornò frequentemente a Trieste. Uno studioso, Giovanni Palmieri, insistendo su una conoscenza di Svevo sincretistica e di accatto della psicoanalisi, filtrata attraverso la psichiatria positivistica italiana (E. Tanzi) e la tradizione francese (P. Janet), con particolare insistenza sulla scuola di Nancy (E. Coué, Ch. Baudouin, P. Dubois) ha cercato di dimostrare che «Weiss non fu il primo tramite tra Svevo e le teorie freudiane».[121] E a riprova di ciò, relegando anche come assolutamente irrilevante l'incontro nel 1911 con Stekel, attribui-

---

121. Cfr. G. Palmieri, *Schmitz, Svevo, Zeno. Storia di due biblioteche*, Milano, Bompiani, 1994, p. 60.

Italo Svevo e Valerio Jahier a Parigi nel marzo del 1928 (Museo Sveviano – Trieste). Il carteggio fra Svevo e il giovane scrittore e ammiratore Jahier è molto importante per comprendere l'idea che Svevo aveva della psicanalisi. Di particolare interesse l'esortazione a provare la cura dell'autosuggestione di Nancy al posto della psicanalisi, che Svevo rinnova per due volte al giovane corrispondente (cfr. pp. 82, 108, 180).

sce invece maggiore importanza alla frequentazione di Renè A. Spitz,[122] che per curare gli interessi economici della famiglia, proprietaria di una miniera di carbone ad Arsa in Istria, veniva spesso a Trieste ed aveva stretto amicizia con la famiglia Veneziani.[123] Renè A. Spitz viene anche da Palmieri identificato con il personaggio della *Coscienza di Zeno*, in cui noi abbiamo invece ravvisato Stekel. Si tratta cioè «di quel amico non medico»[124] in cui Zeno trovò «chi meglio intese me e la mia malattia» e che era riuscito a individuare qual'era in realtà il vero problema di Zeno nello smettere di fumare. A proposito del personaggio Svevo fa anche dire a Zeno che «parlava molto meglio di quanto scrivesse e perciò il mondo non potè sapere quale buon letterato egli fosse». Ora è più verisimile, sempre restando nell'ipotetico, che Stekel, scrittore brillante e fantasioso oltre che analista di maggiore esperienza, possa per le sue caratteristiche aver ispirato a Svevo questo personaggio piuttosto che Spitz. Spitz fu conosciuto dallo scrittore triestino più tardi negli anni venti e all'epoca della loro frequentazione era un uomo che aveva interessi diversi e si stava formando senza praticare ancora la professione psicoanalitica. Non c'è inoltre ragione alcuna per pensare che Spitz come fonte di informazione possa essere stato stimato da Svevo più attendibile ed esperto di Weiss, che come psicoanalista aveva notevole seguito a Trieste e la cui formazione aveva tutti i crismi professionali.

---

122. René Arpad Spitz (1887-1974) nacque a Vienna da famiglia ungherese, vivendo a Budapest la prima giovinezza dove compì gli studi universitari. Laureatosi in Medicina venne indirizzato alla psicoanalisi da S. Ferenczi, entrando a far parte nel 1926 dell'Associazione Psicoanalitica Viennese. Emigrò nel 1938 negli Stati Uniti, stabilendosi a Denver nel Colorado. Interessato alla prevenzione nell'infanzia studiò i danni dell'ospedalizzazione nei bambini, dedicandosi all'analisi infantile e ai problemi dell'età dello sviluppo, seguendo l'orientamento di Anna Freud e della "Psicologia dell'Io".
123. Dell'amicizia di Spitz con Svevo se ne è venuto a sapere attraverso la testimonianza di una italianista triestina, naturalizzata francese, Giuditta Isotti Rosowsky. La madre della Rosowsky era una viennese, che da ragazza insieme alla sorella gestiva un'atelier d'arte applicata nella Capitale austriaca. Sposatasi con un ingegnere chimico italiano, si erano trasferiti con il marito per ragioni di lavoro a Trieste. Nel 1927 la signora Isotti, nata Jager, reincontrò a Trieste casualmente al Caffè degli Specchi Renè Spitz conosciuto a Vienna, venendo invitati, tramite il comune amico Bobi Bazlen, a casa dei Veneziani. Cfr. G. Isotti Rosowky, *L'ecriture de l'humor dans "La coscienza di Zeno"*. *Notes*, "Cahiers pour un temps", Centre Georges Pompidou, 1985, pp. 155-56. La Rosowky sottolinea che, malgrado le ricerche fatte, pare non sia rimasta nessuna altra traccia dell'amicizia di Svevo con Spitz che quella della testimonianza orale della madre, Francesca Jager Isotti.
124. Tanto Stekel quanto Spitz erano medici. Svevo a proposito del personaggio citato aggiunge anche che era «un ricco signore». Spitz di famiglia era senz'altro ricco ma anche Stekel finanziariamente era benestante perché aveva una clientela vasta di pazienti, a parte gli introiti come giornalista e pubblicista. Riguardo ad essere un "buon letterato" invece non c'è dubbio che era una dote accertata in Stekel.

Altrimenti lo scrittore si sarebbe rivolto a Spitz e non a Weiss[125] per un'eventuale recensione del suo romanzo. L'influenza delle concezioni di Stekel sul romanzo invece è molto più probabile, anche perché l'incontro tra Svevo e Stekel è databile ad una decina di anni prima, proprio nel momento in cui Bruno Veneziani stava iniziando le prime fallimentari esperienze di analisi. Svevo dichiara inoltre apertamente che furono le esperienze del cognato ad incidere sull'interesse da lui sviluppato per le teorie di Freud. Stekel – per aggiungere ancora un altro particolare significativo – in una sua opera del 1909, *Poesia e nevrosi*, che non è affatto escluso possa essere passata tra le mani di Svevo, pur considerando la nevrosi espressione di un disturbo dell'affettività in grado di compromettere l'equilibrio psichico, ne fa l'apoteosi come «apportatrice di progresso, perché non solo gli artisti, ma anche i profeti, i filosofi e gli stessi scienziati andrebbero considerati da questa angolatura».[126] Non siamo poi tanto lontani dalle tesi sveviane sulla malattia. Altro che insufficiente conoscenza di causa da parte di Svevo!

Tutto questo per sottolineare come l'impiego della psicoanalisi ne *La coscienza di Zeno* non sia affatto ingenuo, facendo pensare ad un disegno da parte di Svevo consapevole e abbastanza preciso. A parte quanto fin qui addotto, ci sono alcune affermazioni dell'ultimo Svevo, su cui è opportuno ritornare, per comprendere ancora meglio la vera natura delle pervicaci e intenzionali riserve dello scrittore nei confronti della scienza di Freud. «Per vario tempo – riporta il *Profilo autobiografico* – Svevo lesse libri di psicoanalisi. Lo preoccupava intendere cosa fosse una perfetta salute morale, nient'altro».[127] Nelle lettere a Jahier lo scrittore diventa più esplicito, aggiungendo un'argomentazione che serve a chiarire ancora meglio la precedente: «E perché voler curare la nostra malattia? Davvero dobbiamo togliere all'umanità quello che essa ha di meglio? Io credo sicuramente che il vero successo che mi ha dato la pace è consistito in questa convinzione». Ed è per l'appunto all'interno di questa logica che Svevo consiglia a Jahier

---

125. Palmieri a proposito della richiesta di Svevo a Weiss volta ad ottenere una recensione al suo romanzo, sostiene addirittura che lo scrittore abbia falsificato l'episodio delle reazioni dello psicoanalista triestino, urtato per una sua possibile identificazione con il dr. S., con l'intento di proteggere la vera fonte del romanzo. Svevo sarebbe arrivato a pensare: «se io invento un'identificazione di Weiss nel mio personaggio e, successivamente, la nego, la gente finirà per crederci. Con ciò io allontanerò il pericolo che si scoprano i veri modelli psicoterapeutici sui quali ho costruito il dr. S» (*Schmitz, Svevo, Zeno*, cit., p. 52). Un marchingegno incredibile e dal mio punto di vista altamente improbabile! A che pro tanta malizia e per quale ragione mai Svevo doveva temere che si scoprissero i modelli terapeutici cui si era ispirato nel descrivere il modo di procedere del dr. S.? Che poi Svevo possa aver ritenuto che le proposte di un Coué, un Baudouin, o un Dubois fossero superiori a quelle di Freud nella comprensione della complessità della psiche è veramente fare un torto all'intelligenza dello scrittore.
126. Cfr. W. Stekel, *Dichtung und Neurose*, Wiesbaden, Bergmann, 1909, p. 72.
127. I. Svevo, *Profilo autobiografico*, TO, II, p. 807.

La sfida di Italo Svevo alla psicoanalisi: guarire dalla cura

Cartolina dei coniugi Jahier a Italo Svevo; Scheveningen, 20 settembre 1928 (Museo Sveviano – Trieste). Il testo della cartolina recita «Dal Paese dei tulipani e dei mulini a vento mandiamo a lei e alla gentile Signora i nostri migliori auguri. V. A. Jahier». Jahier non sapeva ancora che lo scrittore era morto in 13 settembre.

di provare a risolvere le sue sofferenze nevrotiche piuttosto con l'autosuggestione[128] perché più semplice e soprattutto perché «non le cambieranno l'intimo suo io», aggiungendo: «E non disperi perciò. Io dispererei se vi riuscissero».[129] Insomma non è un caso che Svevo e insieme a lui tanti altri scrittori della crisi della civiltà mitteleuropea, che va di pari passo alla diffusione delle teorie di Freud, – si pensi solo a un Kafka e ad un Musil – dimostrino una netta avversione alla psicoanalisi come terapia. Essi intravedono nell'illusione che attribuiscono alla psicoanalisi di poter guarire nell'individuo i traumi derivanti dall'assimilazione sociale e dalla transizione storica, uno strumento funzionale in fondo a quella Società borghese dei "padri", da cui hanno preso le distanze. «Nella parte terapeutica

---

128. Svevo secondo una testimonianza della figlia Letizia, riportata da Palmieri, si recò a Nancy per imparare il metodo dell'autosuggestione come fu elaborato successivamente, ispirandosi a Bernheim, da Coué. (cfr. Palmieri, *Schmitz, Svevo, Zeno*, cit., p. 39). Lo scrittore considerò evidentemente giovevole a sé, per alleviare qualche suo disturbo, tale metodo, che aveva il vantaggio niente affatto trascurabile di costare solo «la perdita di pochi giorni» e soprattutto di non «voler cambiare l'intimo suo io».
129. Lettera a Jahier del 27.12.1927 in *Cart.*, p. 244.

della psicoanalisi – scrive Kafka, che Svevo alla fine della sua vita scopre come un autore a lui estremamente congeniale – vedo un lamentabile errore. Tutte queste presunte malattie, per tristi che appaiano, sono un fatto di fede, l'ancoraggio dell'uomo in crisi in qualche terreno materno; così la psicoanalisi [...] non trova altro se non ciò che costituisce le 'malattie' del singolo [...]E qui si vuol curare?».[130] Dunque è in nome delle risorse dell'arte – che sono tutt'uno con la malattia e che, in quanto creatività, si ancorano "in qualche terreno materno" – che vanno rifiutate le pretese terapeutiche della psicoanalisi, perché equivarrebbe a voler guarire qualcosa di cui l'artista non può né deve guarire: «Dove per Freud comincia la terapia per lo scrittore comincia la scoperta della sua verità e della sua natura più segreta».[131] Ma se l'artista nel momento in cui ha scoperto le teorie di Freud non può "far a meno della psicoanalisi", e non certo per i suoi intenti terapeutici, anche la psicoanalisi a sua volta – secondo quanto auspica Svevo parlando del suo amico James Joyce – dovrebbe accettare di misurarsi con le opere degli scrittori, in quanto «non sono altro che un pezzo di vita di grande importanza proprio perché venuto alla luce non sformato da una scienza meticolosa, ma tagliato vigorosamente da una viva ispirazione».[132] Svevo si augura per questo, a proposito di Joyce, che fu tra l'altro molto drastico nel rifiutare Freud e la sua scienza, «che venga un forte psicoanalista a studiare i suoi libri che sono la vita stessa, ricchissima e sentita e ricordata con l'ingenuità di chi l'ha vissuta e sofferta. Meritano altrimenti lo studio di quella povera Gradiva del Jensen, ch'ebbe l'onore dei celebri commenti del Freud stesso».[133] Come a dire, chi da vero, grande scrittore ha saputo tradurre la vita in racconto con un'evidenza che supera la vita stessa, accostandosi contemporaneamente alla propria verità profonda, non ha bisogno di una scienza succedanea che glielo insegni a fare, mostrandogli per quali ragioni lo fa. L'invito alla psicoanalisi da parte di Svevo di provare a studiare con gli strumenti psicoanalitici opere artisticamente più significative della *Gradiva*, può darsi vada accolto perciò più come una sfida che come un auspicio, quasi a sottolineare che solo opere insignificanti dal punto di vista artistico, possono essere rese completamente trasparenti, come è il caso del romanzo di Jensen, sotto la lente dell'in-

---

130. F. Kafka, *Frammenti di quaderni e fogli sparsi*, in *Confessioni e immagini*, Milano, Mondadori, 1960, p. 147.
131. G.A. Camerino, *Italo Svevo e la crisi della Mitt*eleuropa, Firenze, Le Monnier, 1974, p. 128.
132. I. Svevo, *Conferenza su James Joyce*, TO, III, p. 936
133. Ibidem. Giacomo Debenedetti a proposito delle osservazioni di Svevo su Joyce, tese ad affermare la completa indipendenza dello scrittore irlandese dalla psicoanalisi, osserva che è un modo per tenere a distanza un'ospite indiscreta; un modo cioè per ridurre al minimo i propri stessi debiti nei confronti della psicoanalisi, immunizzando così *La Coscienza di Zeno* dalla scienza di Freud (cfr. *Il romanzo del Novecento*, Milano, Garzanti, 1971, pp. 588 sgg.).

dagine psicoanalitica. Una sfida che, per quanto riguarda *La coscienza di Zeno*, Edoardo Weiss aveva le sue buone ragioni di non raccogliere.

Un'annotazione a questo punto s'impone. Essa si riferisce a un'intuizione sveviana, che testimonia la eccezionale intelligenza dello scrittore triestino in rapporto alla delega da lui fatta alla scrittura che anticipa la tesi della terapeuticità del raccontare, sostenuta da certi orientamenti attuali della psicoanalisi, che affidano alla cura proprio il compito di stimolare la potenziale capacità che c'è in ciascuno di narrarsi, indipendentemente dal raggiungimento di esiti letterari.[134] L'intuizione anticipatrice di Svevo non riguarda il fatto, abbastanza scontato per ogni scrittore, della funzione auto-curativa della scrittura, quanto il senso di una osservazione di Zeno, che ad un certo punto, messosi ad inventare episodi della propria infanzia, per gabbare, facendoli passare per veri, il dr. S., si accorge che non c'è alcuna differenza tra l'inventarli o averli effettivamente vissuti, perché quello che è importante è esser capaci di «ottenere col vivo ricordo in pieno inverno le rose del maggio». Se Weiss non accolse la sfida di Svevo, non è tanto perché non avesse una dotazione psicoanalitica sufficientemente "forte", anche se il romanzo, come ha puntualizzato Mario Lavagetto, offre non pochi trabocchetti ad uno psicoanalista intenzionato a farsene esegeta, quanto piuttosto – questa l'ipotesi già avanzata – per un problema personale di tipo controtransferale, strettamente legato alla forma e ai contenuti della *Coscienza di Zeno*. Un problema molto simile in fondo a quello in cui incorse C.G. Jung, quando si trovò a recensire l'*Ulysses* di Joyce, esaudendo così l'auspicio formulato da Svevo. Solo che Weiss non sarebbe riuscito ad assumere nei confronti della *Coscienza* l'atteggiamento di Jung, che riguardo all'*Ulysses* si sarebbe invece interrogato sul perché della sua "irritazione", riconoscendo che essa poteva significare: «Non sei riuscito a vedere cosa c'è dall'altra parte».[135] Che cosa mai c'era dunque nel caso di Weiss dall'"altra parte", oltre ai motivi di realtà di cui si è già ampiamente trattato, da suscitare in lui quel senso di imbarazzato fastidio nei confronti de *La Coscienza di Zeno*, che gli impedì di prendere nella giusta considerazione le implicazioni psicoanalitiche di contenuti che per la prima volta nella narrativa non solo italiana, un autore sapeva trasferire dal suo mondo interno alla pagina scritta? Attraverso le mie ricerche ho potuto assodare che un certo tipo di rapporto fantasmatico di Weiss con il padre – una figura di padre tra l'altro che per certe sue caratteristiche può ricordare quello di Svevo – ingenerando i disturbi agorafobici di cui soffre da adolescente, abbia costituito uno dei fattori principali della sua scelta professionale. D'altra parte il pro-

---

134. Tale orientamento, che valorizza la componente ermeneutica della psicoanalisi, ha trovato espressione soprattutto nella teorizzazione di R. Schafer (1979 e 1983) e D. Spence (1982).
135. Cfr. C.G. Jung, *Ulysses. Un Monologo* (1934), in *Realtà dell'anima*, trad. it. di P. Santarcangeli, Torino, Bollati Boringhieri, 1970, p. 146.

blema di una composizione del conflitto con il padre fu anche all'origine della travagliata autoanalisi di Freud, della scoperta dell'ubiquità del complesso edipico e, conseguentemente, della stessa fondazione della psicoanalisi. Due generi di difficoltà – si può azzardare – Weiss dovette fronteggiare trovandosi di fronte a un romanzo come *La coscienza di Zeno*, che nello svolgimento fa emergere un affannoso continuo processo di smascheramento-smentita nei confronti di una verità che, nel momento stesso in cui viene fatta affiorare, viene negata: «La mia cura doveva essere finita – afferma Zeno nell'ultimo capitolo della *Coscienza* – perché la mia malattia era stata scoperta». Irridendo il complesso di Edipo Zeno aggiunge con ironia: «Incantato stetti a sentire. Era una malattia che mi elevava alla più alta nobiltà».[136] Ma era dalla cura più che dalla presunta malattia su cui faceva leva la cura che era necessario guarire! Zeno dunque, attraverso un abile processo mirato a renderlo innocente, che si snoda attraverso tutto il libro, permettendogli di assolversi dalle proprie fantasie parricide e incestuose, riesce a eludere fino in fondo la legge del padre, beffandosi contemporaneamente della psicoanalisi che su quella legge, su quel nodo cruciale che è il conflitto edipico, fonda gran parte della vita-psichica. Il romanzo rappresentò probabilmente per Weiss un modo disturbante, perché provocatorio, di risolvere un conflitto da lui stesso vissuto e superato non senza difficoltà. Veramente sorprendente inoltre è la rispondenza che si può intravedere tra le descrizioni di Svevo delle molte figure di medici dagli occhi inquisitoriamente penetranti,[137] disseminate nella sua opera, e le modalità con cui Weiss, interessato, forse non a caso, moltissimo alle problematiche connesse alla natura del Super-Io, descrive una sottostruttura intermedia da lui individuata nella genesi del Super-Io, chiamandola presenza psichica.[138] Questo potrebbe far supporre che Weiss e Svevo, in rapporto ai propri settori di competenza e con esiti completamente diversi, siano stati accomunati a livello fantasmatico da problematiche molto simili. Si può supporre quindi che quando Weiss, giovane analista, fu interpellato da Svevo sul suo romanzo, non era probabilmente ancora immunizzato del tutto da certe sue dif-

---

136. I. Svevo, *La coscienza di Zeno*, cit. p. 1049.
137. A proposito del particolare degli occhi, Svevo accosta, sottolineando una differenza significativa, lo sguardo del dr. S. a quello del dr. Paoli, il medico di Malfenti, suocero di Zeno: «Ora che conosco bene tanto lui che il dr. S. – quello della psicoanalisi – mi pare che l'occhio di questi sia indagatore per intenzione, mentre nel dr. Paoli lo è per una sua instancabile curiosità». Cfr. *La coscienza di Zeno* ed. cit., p. 852. Giorgio Voghera nel ritratto che ci ha lasciato di Weiss ne *Gli anni della psicoanalisi* ricorda come avesse «uno sguardo straordinariamente penetrante». Anche Stekel d'altronde in base alle fotografie rimaste aveva degli occhi quasi luciferini da indagatore.
138. Weiss parla di questa sotto struttura psichica per la prima volta nel suo articolo *Die Regression und Projektion im Uber-Ich* (1932) e ritorna a trattarne in maniera ancora più diffusa nei due articoli *Presenza psichica e Super-Io. Contributo all'esplorazione psicologica della coscienza morale in Saggi in onore di Sigmund Freud*, Roma, Cremonese, 1936 e *The psychic presence*, "Bulletin of the Menninger Clinic", 3, 1939.

ficoltà nevrotiche. Questo potrebbe spiegare il suo bisogno di prendere nettamente le distanze dalla *Coscienza*, per fronteggiare un fastidio, ingenerato probabilmente a livello profondo dal timore di una collusione coi contenuti del romanzo.

L'altra difficoltà incontrata di fronte alla *Coscienza*, in grado forse di spiegare anche come mai Weiss non si sia in proposito mai ricreduto, pur concedendogli che non era tenuto a farlo, visto che nella sua produzione scientifica non figurano problematiche connesse alla letteratura, potrebbe essere stato il modo sostanzialmente dissacratorio impiegato da Svevo nel romanzo per presentare la scienza di Freud. Anche qui delle reazioni profonde potrebbero aver preso il sopravvento, accanto agli ovvi motivi di fastidio dovuti ad una presentazione non certo lusinghiera della psicoanalisi e di chi la esercita. Va tenuto presente che la scelta di Weiss, e non solo di Weiss ma dello stesso suo maestro e analista, Paul Federn, di dedicarsi alla psicoanalisi, era stato anche un modo di comporre il dissidio originario con la figura paterna, nel momento in cui, non avendo rispettato professionalmente i desiderata o le aspettative paterne, con questa loro scelta avevano abbracciato una scienza che valorizzava la legge del padre, considerandola costitutiva del mondo psichico. Weiss, che colpì Giorgio Voghera ragazzo per la sua rettitudine «era profondamente convinto della verità delle teorie freudiane» perché «le lezioni del maestro di Vienna, che egli aveva frequentato di persona, gli avevano dato "una verità per tutta la vita"».[139] Vedere messa in discussione, in una forma così subdola e maliziosa come quella adottata da Svevo nel romanzo, questa "verità" e in più vederla incarnata da una figura di psicoanalista tanto scioccamente malevolo quanto inattendibile, da permettere a Svevo di beffarsi attraverso Zeno di una scienza contestata, perché investita secondo lo scrittore da forti valenze autoritario-paterne nelle sue pretese terapeutiche, era forse una prova che in quel momento Weiss non era pronto a sostenere. Dietro ogni analista c'è sempre un essere umano con qualità e limiti, per cui, come Freud stesso insegna, anche l'analista più esperto in certe situazioni «procede esattamente fin dove glielo consentono i suoi complessi e le sue resistenze interne».[140]

---

139. G. Voghera, *Gli anni della psicanalisi*, cit. p. 7.
140. S. Freud, *Vie della terapia psicoanalitica*, in *Opere di Sigmund Freud*, vol. 6, Torino, Bollati Boringhieri, 1974, p. 201.

Riccardo Cepach

IL DOTTORE SI AMMALÒ…
Come il medico ammalato fa il paziente sano (nell'opera di Svevo)

> La malattia è una convinzione
> e io nacqui con quella convinzione
> Italo Svevo - *La coscienza di Zeno*

Così Zeno in una delle sue riflessioni più spesso citate. Ma di Zeno, si sa, non c'è troppo da fidarsi. Perché la caratteristica più universalmente nota e riconosciuta a Zeno Cosini è quella di essere un personaggio che mente. Tutta la letteratura critica sulla *Coscienza* non fa che ripeterci che la parola di Zeno è sospetta per definizione, e che la sua strategia è quella di intrecciare tanto inestricabilmente verità e menzogna da renderle quasi indistinguibili. Così, io dico, sarà pur vero che la malattia è una convinzione, ma è di certo falso che con quella convinzione Zeno ci sia nato. Non c'è nato: l'ha trovata per strada così come per strada l'ha trovata Italo Svevo che quella convinzione gli ha trasmesso.[1] Gliela fanno trovare pronta gli inventori di teorie mediche suggestive quanto infondate, gliela inculcano i divulgatori di tali teorie e gli entusiasti che su quella più alla moda giurano, gliela apparecchiano le pagine delle riviste e dei *bestseller* di argomen-

---

1. La critica – e quella più avveduta e intelligente per prima – ci mette sempre in guardia dal rischio della sovrapposizione e, peggio, della confusione fra piano biografico e piano letterario. Su un attentissimo tentativo di isolare questi piani e di ricondurre ciascun aspetto dell'avventura letteraria sveviana a quello che le compete, ad esempio, Giovanni Palmieri costruisce la sua monografia *Schmitz, Svevo, Zeno. Storia di due "biblioteche"* (Milano, Bompiani, 1994), cui il progetto "Guarire dalla cura" è in debito fin dal suo inizio. È con piena consapevolezza, quindi, che nel presente studio ho scelto di correre il rischio di questa sovrapposizione (non della confusione, naturalmente, o così mi auguro) perché credo che su questo tema centrale della riflessione sveviana l'intreccio fra scrittura privata e scrittura letteraria sia tale che – salvi fraintendimenti – il porre tutti i tasselli del *puzzle* su uno stesso piano aiuti a ricomporlo.

Pfarrer Sebastian Kneipp
geboren 1821, gestorben 1897

Ritratto di Sebastian Kneipp (incisione da M. Platen, *Die neue Heilmethode*, Berlin-Leipzig-Wien-Stuttgart, Bong, 1901). Svevo ricorda questo abate bavarese promotore di una notissima terapia naturale nel frammento della commedia *Degenerazione* (cfr. p. 140).

to medico, gliela ribadiscono i dotti conferenzieri che comunicano ai colleghi e ai profani curiosi i nuovi verbi che vengono da lontano.[2]

Solo che per dire questo bisognerebbe essere in grado di dire se l'ipocondriaco è tale perché legge di cure e malattie e si fa suggestionare o se si fa suggestionare e legge di tali argomenti perché è ipocondriaco. Questione che non pare di complessità inferiore al più antico e celebre dilemma che coinvolge uova e galline. Né più sensato. Eppure l'argomento riesce ancora appassionante nelle pagine di uno dei divulgatori di cui sopra, autore di trattati di medicina, di romanzi e di decine di opuscoli popolari di igiene, Paolo Mantegazza. Nel suo *Il secolo nevrosico*,[3] Mantegazza introduce l'argomento partendo naturalmente da chi lo ha preceduto su questa strada che, per inciso, è anche l'inventore – volevo dire lo scopritore – della *nevrastenia*, il dottor Beard.[4] E altrettanto naturalmente comincia prendendo immediatamente le distanze dall'opera di questi e dalla sua "lunga litania" di sintomi che definisce insieme «*incompleta* e *eccessiva*»:

Gli ipocondriaci e i nevrosici che leggeranno quella pagina del dottor Beard troveranno gran parte dei loro lineamenti, alcuni si vedranno come in uno specchio; ma non già perché il ritratto sia ben riuscito, ma perché gli ipocondriaci e i nevrosici credono di aver tutte le malattie di questo mondo e imparano dai libri di medicina ad avere anche i mali che non hanno e non hanno mai sentito né immaginato di sentire. [...] Io invece, che sono nevrosico e figlio di madre nevrosica e discendente per parte dei Landriani da una famiglia nevrosica, io che ho sofferto per tre anni una delle forme più gravi di ipocondria e che anzi con piccole varianti lo fui sempre un tantino in tutta la mia vita; io che ho dovuto occuparmi del nevrosisimo come medico e come scrittore popolare d'igiene, darei un altro ritratto, che spero più rassomigliante e meno confuso di quello del Beard.[5]

---

2. Già Gatt-Rutter (*Alias Italo Svevo*, Siena, Nuova Immagine, 1991, p. 169) segnala che una conferenza del dott. Vitale Tedeschi, *Della nervosità*, poteva aver edotto i triestini sulla materia di cui parlo nelle pagine successive fin dal 15 febbraio 1886. E sfogliando il volume di Attilio Gentille *Il primo secolo della Società di Minerva 18010-1910* (Trieste, Società di Minerva, 1910) di suggestioni analoghe rispetto agli argomenti che andrò a toccare se ne incontrano diverse: la conferenza dello stesso Tedeschi *Dell'eredità e dell'atavismo* dell'11 marzo 1887, la serie del dott. F. Veronese su *Volontà e istinto* (28 marzo 1890, 23 gennaio e 27 febbraio 1891), per non parlare di quella immediatamente successiva del 30 marzo in cui il prof. A. Fradeletto parlò su *La crisi della volontà*.
3. Firenze, Barbera, 1887. Svevo ricorda fra altri Mantegazza nel suo articolo *Il fumo*, pubblicato sull'"Indipendente" di Trieste il 16 novembre 1890 (ora in TO, III, p. 1087).
4. George Miller Beard (1839-1883) su cui cfr. in questo stesso volume, il saggio di Laura Nay a p. 80 e il ritratto a p. 28. Come Mantegazza stesso annuncia nel suo *pamphlet*, la traduzione italiana del suo saggio *American Nervousness Its Causes and Consequences. A Supplement to Nervous Euxhaustion (Neurasthenia)* (New York, Puntnam, 1881) stava appunto uscendo in quei mesi per la traduzione di Sofia Fortini Santarelli (*Il nervosismo americano*, Città di Castello, Lapi, 1888).
5. *Il secolo nevrosico*, cit. pp. 12-13.

Proviamo a tradurre: gli ipocondriaci e i nevrotici si riconoscono nella descrizione di Beard non perché è ben fatta ma perché, essendo nevrotici e ipocondriaci, credono a qualsiasi descrizione dei (loro) mali si faccia. Al contrario di me, che sono un ipocondriaco e un nevrotico autentico – come dimostra la mia patente ereditaria – oltre che un medico e uno scrittore, e che quindi non credo a tutto quello che mi dicono sulla nevrosi e sull'ipocondria, e sono in grado di dare un quadro dei sintomi più veritiero di quello di Beard, che è sano. Visto come ragionavano gli esperti del ramo, c'è da biasimare Zeno se salta di gioia quando la chimica sembra allontanare da lui la taccia del malato immaginario e della nevrosi e offrirgli il riscatto del diabete?[6] E c'è da stupirsene, visto che un ipondriaco salta sempre di gioia quando gli viene prospettata la possibilità che sia affetto da una (vera) malattia? No, forse la questione non è del tipo uovo e gallina, ma del tipo cane che si morde la coda. Lasciamo perdere e fermiamoci a questa constatazione: se Zeno e Svevo nascono con la convinzione della malattia, in quegli stessi anni, con quella stessa convinzione ci nasce un sacco di gente. E visto che diabete non è si tratta naturalmente di problemi "di nervi" in una variegata lunghissima casistica.[7]

Restiamo a Mantegazza, visto che ci siamo, e leggiamo qualche pagina più in là la descrizione dell'uomo nevrotico in contrapposizione all'"individuo normale". Non mi riesce di farvela apprezzare interamente purtroppo ma la sostanza è la seguente: «potete paragonare una persona che vive di rendita ed è economa e saggia con un'altra che vive di ripieghi ed è spensierata»,[8] e prosegue descrivendo da una parte «l'uomo agiato, economo e savio [che] spende ogni giorno secondo le proprie entrate, ma ha cura di mettere da parte ogni mese una piccola rendita, che deposita alla *Cassa di Risparmio* per far fronte agli incidenti imprevisti»; dall'altra il nevrotico che, notiamo bene, «fa il giornalista e ha anche dell'ingegno, per cui è cer-

---

6. Cfr. TO, I, p. 1063: «Io, intanto, me ne andai glorioso, carico di diabete». Sulla questione del fantastico e fantasmatico diabete di Zeno vedi Giuseppe Langella, *La "dolce malattia". Intorno a una pagina di Svevo*, in "Lettere italiane", 1995, n. 2, pp. 271-289.
7. Un'ampia analisi del fenomeno si può oggi attingere dai due saggi di Alessandra Violi intitolati *Il teatro dei nervi* (*Il teatro dei nervi. L'immaginario nevrosico nella cultura dell'Ottocento*, Bergamo, Bergamo University Press - Sestante, 2002 e *Il teatro dei nervi. Fantasmi del moderno da Mesmer a Charcot*, Milano, Bruno Mondadori, 2004).
8. *Il secolo nevrosico*, cit., p. 24. L'aggettivo "spensierato", che ci appare così inappropriato, non è da mettere in conto al "nevrosismo" di Mantegazza, ma all'evoluzione della lingua. Come mostra anche il celebre Rigutini, il vocabolario italiano della lingua parlata citato con insofferenza da Svevo in una lettera a Mme Comnène (*Cart.*, p. 118), "spensierato" valeva innanzitutto «trascurato, senza pensieri intorno alle cose proprie», ed era una qualità conseguentemente negativa. Poche righe più avanti, infatti, Mantegazza ribadisce il "nevrosico" essere uno «spensierato nel campo della salute, della felicità, della forza». Il contemporaneo alto apprezzamento della qualità della "spensieratezza" è, se vogliamo, una dimostrazione che la diagnosi di Mantegazza non era del tutto campata in aria: evidentemente è il "nevrosico secolo" che ci separa dal suo *pamphlet* che si è incaricato di farcene concepire una così elevata stima. Sulla necessità di disporre di una rendita per la salute dei nervi sorvolerò.

cato dai pubblicisti e pagato profumatamente pei suoi articoli di fondo e per le sue corrispondenze. Egli però spende tutto ciò che guadagna».[9] Non ho riportato il passo per puntare sull'esempio del giornalista brillante e spendaccione (che – va detto – nelle righe successive finisce per mancare addirittura dei soldi per comprarsi le medicine dall'inflessibile farmacista: esiste uno spettro più orripilante per un ipocondriaco?). Sarebbe davvero sciocco affermare che Svevo possa esservisi riconosciuto. Quello che mi interessa è mostrare che esiste nella pubblicistica popolare dell'epoca[10] – e quindi, sostengo, nel sapere comune, nell'immaginario condiviso o come altro si voglia chiamarlo – un pregiudizio che tende a separare nettamente l'umanità in due fazioni contrapposte: da un lato l'uomo di carattere, dal forte sentire e dalla inflessibile volontà, il *civis* borghese, *pater familias*, concreto generoso, calmo e padrone di sé, addirittura e di necessità, come abbiamo visto, facoltoso; dall'altra il nevrosico (nevrastenico, nevrotico), debole di carattere, perennemente irrisolto, indeciso, sistematicamente preda del dubbio e di una pervicace, invincibile tendenza al sogno e alla fantasticheria. Non serve forse spendere troppe parole per sottolineare quanto tale divisione sia centrale nell'opera di Svevo: dai protagonisti di *Una lotta* a quelli di *Una burla riuscita* i personaggi di Svevo, pur nella varietà della casistica e nelle differenze anche sostanziali che li distinguono, mostrano una tendenza – verrebbe da dire "naturale" – a disporsi ai due lati di questa frattura.

L'idea ha, in origine, un fondo precisamente classista ed è parte di quel castello ideologico attraverso il quale la borghesia pianifica e realizza le grandi macchine di contenimento sociale che si sviluppano anche nei territori dell'Impero nella seconda metà dell'Ottocento. Sono macchine insieme concretamente ideologiche – i piani di organizzazione sanitaria – e astrattamente materiali – i grandi ospedali – che servono fra l'altro a isolare, controllare e contenere, appunto, la pericolosità sociale degli strati subalterni vista come effetto di insopprimibili tendenze criminali (violenze e furti per gli uomini, prostituzione per le donne) e tare ereditarie (alcolismo, malattia mentale) di cui la classe dominante si sentiva chiamata a prendersi cura attraverso il paravento della filantropia. La Trieste di fine Ottocento in questo senso non fa eccezione, e i suoi organi direttivi la dotano ben presto di quei cordoni sanitari che tranquillizzano e proteggono il *civis* e i suoi cari da indesiderati contatti: all'interno del neonato ospedale civico viene creata la sinistra VIII divisione in cui gli "agitati" e gli "incontenibili" sono affidati, all'«umanità» ma anche alla «rigida severità» di Luigi Canestrini,[11] viene creato l'ospedale degli infettivi della Maddalena e ben presto

---

9. Ibidem.
10. Non baso la mia affermazione sul solo passo di Mantegazza, naturalmente. La cosa dovrebbe chiarirsi col prosieguo della lettura.
11. Cfr. Loris Premuda, *Medici nella Trieste mitteleuropea. Percorsi tra Ottocento e Novecento*, Trieste, Comune di Trieste, 1995, p. 25. La figura di Canestrini, espressamente citato nella *Coscienza di Zeno* come ricorda in questo stesso volume Cavaglion (cfr. p. 27) è oggetto della scheda di p. 187.

la città si dota di un ospedale psichiatrico che viene considerato un modello di progresso ed è anche un perfetto meccanismo di segregazione. Ma non è tutto così semplice: c'è un livello di «problematizzazione della "nevrosità"»[12] che costringe la classe dirigente e intellettuale a interrogarsi sulla sua natura. Finché quest'ultima è caratterizzata dalle tradizionali stigmate con cui si presenta presso gli stati subalterni «debolezza costituzionale, alcoolismo, prostituzione, parassitismo ospedaliero»,[13] la risposta segregazionista rimane per questi signori la più adeguata. Ma – la pubblicistica medica e la narrativa popolare insegnano – il rischio del "contagio" si fa via via più acuto[14] e la "nevrastenia" non è appannaggio esclusivo della classe popolare: tutt'altro! Sempre più di frequente e con sempre maggior evidenza colpisce proprio i rampolli di quella borghesia che tenta ogni mezzo per difenderli e preservarli. I giovanotti su cui riposano le speranze della classe dirigente dell'occidente, nonostante tutte le precauzioni profilattiche anziché volontà ferrea e mente lucida fanno mostra di preoccupanti sintomi nevrotici, hanno tendenze omosessuali, sono dediti al morfinismo, preda dell'abulia, vittime della depressione, talvolta autodistruttivi, talaltra disumanamente violenti.[15] Anche il pensiero più radicalmente classista deve riconoscere che la barriera è permeabile e la frattura non invalicabile: esistono eccezioni da una parte – e gli scrittori "popolari" celebrano la gloria del *pater familias* povero ma onesto, dignitoso e padrone di sé – e dall'altra – e i romanzieri alla moda, abbandonate per un attimo le marionette della *femme fatale* e del ladro d'alto bordo, celebrano un nuovo spauracchio, il *figlio degenere*.

---

12. L'espressione è di Flavio Braulin, autore di *La questione sanitaria nella Trieste di fine '800. I caratteri antropologici della medicina ospedaliera sul Litorale austriaco*, Milano, FrancoAngeli, 2002, p. 14. Il saggio di Braulin, forse ostacolato dalla prolissità minacciosa del titolo, è un notevolissimo lavoro di ricostruzione storica che dedica ampio spazio alle modalità (culturali) attraverso cui a Trieste la questione sanitaria viene costantemente ricondotta all'ecosistema morale e alle conseguenze che questa impostazione ha sull'organizzazione delle politiche sanitarie del territorio (in particolare all'interno del grande ospedale civico). Quand'anche non si concordasse con le sue conclusioni, si tratta di un contributo di valore da una prospettiva largamente inedita in tale campo di applicazione; eppure è un testo assai poco presente comunità scientifica locale che è passato pressoché inosservato nella stessa Trieste.
13. Ibidem.
14. Quello dell'infezione luetica, in particolare, sembra esserne un po' il simbolo e non a caso al controllo della morbilità della sifilide sono dedicati sforzi ingentissimi della classe medica di allora e un intero capitolo del saggio di Braulin.
15. Interessantissimo, ancora dal libro di Braulin, il caso clinico-giudiziario di Julius Fodran de Födransperg, colpevole nel 1908 dell'atroce omicidio di una canzonettista e dello smembramento del suo cadavere: la sua scarsa compatibilità con le categorie criminologiche dell'epoca (Fodran de Födransperg era di nobili ascendenze, colto, con scarsa propensione al bere o ad altri psicotropi, e si dichiarava "niccianamente" al di là del bene e del male) creava evidenti problemi al tribunale inquirente. Sul versante tendenzialmente autodistruttivo si situa invece la densa vicenda umana del cognato di Svevo, Bruno Veneziani, su cui si sofferma anche in questo stesso volume Anna Maria Accerboni Pavanello (p. 106 e sgg.).

Degenerazione

> quel detto che ai nostri padri dava tanta fiducia
> e calma: *Mente sana in corpo sano*
> sembra alquanto antiquato
> Italo Svevo, *Il fumo*

Degenerazione è il titolo di un frammento teatrale di Svevo.[16] «Una commedia. Dovrebbe esserci qualche cosa nei manoscritti e cercherò» scrive l'autore in un appunto che rappresenta non il primo, quindi, ma il secondo tentativo di sviluppare l'intuizione della commedia:

Giacomo Pereira ricchissimo, quarantenne, poeta viene ai bagni accompagnato dal suo medico e da sua madre. Si trova anzi già ai bagni X da parecchio tempo e si circondò di una compagnia pari sua di degenerati.
Lui stesso soffre di una grande ambizione insoddisfatta. Lavorò, lavorò, lavorò, poi ad un tratto s'accorse che la sua salute ne aveva sofferto e cessò. Con Rimpianto! Si cura da cinque anni, ma la salute non viene. Ha tutti i vizi del bere, del fumare, del bere caffè neri. Scommette continuamente con tutti che non fumerà più e finisce sempre col ricaderci. Al primo atto è il pasto a *table d'hôte*. Ha detto di non voler bere che acqua e finisce coll'ubbriacarsi. È venuto al luogo di bagni con l'idea di trovare una moglie. Cura drastica. [...] Il dottore ch'è con Giacomo è anche lui un nevrastenico e osserva: Quest'imbecille mi tiene con sé come se sapendo curare la sua nevrastenia non comincerei col curare la mia. Fumatore e beone come il suo padrone.[17]

Proprio a quest'ultimo personaggio, il dottor Riccioli, Svevo lascia il compito di introdurre la vicenda nell'abbozzo del primo atto della commedia, giunto fino a noi.[18] Dalla sua conversazione con il collega Spens, incontrato per caso in una stazione termale nei pressi dell'Adriatico (Salsomaggiore?) veniamo a sapere che egli accompagna il ricchissimo poeta (che forse nell'ultima elaborazione è diventato romanziere) nel suo pellegrinaggio attraverso le stazioni di cura d'Europa in quanto specialista in malattie nervose (che, appunto, non riesce a curare la propria nevrastenia definita addirittura «nemesi moderna»[19]). Allo stesso modo veniamo a sapere che egli, brillante in tutto tranne che nei suoi studi di medi-

---

16. O almeno così crediamo: l'attribuzione del titolo allla commedia incompiuta si basa proprio sull'appunto sveviano qui di seguito citato.
17. Italo Svevo, *Pagine di diario*, in TO, II, pp. 734-5; l'appunto è datato 12 ottobre 1899.
18. Cfr. Italo Svevo, *Degenerazione*, in TO, III, pp. 779-785.
19. Ivi, p. 781. Nemesi perché, come vedremo anche in seguito, la nevrastenia in Svevo rappresenta la contropartita del progresso e della modernità. Il dottor Riccioli, invece, ritiene puerilmente che la nevrastenia debba avere un'origine organica, oggettiva,

cina e nella sua dedizione alla causa di Esculapio, non è riuscito a farsi benvolere dal suo mecenate nonostante le sue teorie mediche rivoluzionarie:

> Conosci la mia teoria sulle nevrastenie? – chiede al dottor Spens – Ne esistono di gravi e di leggere. Le leggere sono quelle che colpiscono le persone d'energia le quali resistono, trovano un cantuccio di salute nel loro organismo e sanno goderne. Le nevrastenie gravi sono quelle che colpiscono gl'inerti, quelli che sanno reagire e che s'abbattono ad ogni più lieve sintomo di questa malattia che in fondo somiglia più ad un'occupazione che ad una malattia. Io curo le due forme in modo differente. A quelli che l'hanno leggera dico: ma perché curarla? *Le jeu ne vaut pas la chandelle*. Conservatevela, vivete voi ed essa lungamente. A quelli che l'hanno grave, invece, lascio la malattia e cerco di curare il carattere.[20]

Riccioli si mantiene pertanto al suo posto grazie ai buoni uffici della madre del suo paziente di cui egli ha saputo conquistarsi il cuore con la sua spregiudicata istintiva conoscenza dell'animo umano. Si tratta infatti, secondo le sue parole, di

> una vecchia signora isterica che conquistai del tutto facendole fare la cura Kneipp. Voleva farla da anni e non trovava mai un medico che gliela ordinasse. Non voleva altro, povera vecchia! La cura Kneipp! Dio mio! Come sono crudeli gli altri medici. Io le feci fare la cura Kneipp e mi conquistai la sua eterna riconoscenza. Almeno a questo mondo la povera vecchia fa qualche cosa. Quando sente parlare di una malattia essa pensa subito: Ecco una malattia che bisogna evitare. Viene da me col libro di Kneipp e cerchiamo la pagina. Acqua! acqua! E la malattia è evitata.[21]

---

      individuabile con gli strumenti della scienza medica che pur tanto irride. Del suo paziente, infatti dice: «Un pezzo d'uomo, di bell'aspetto, un gigante anzi, ma un gigante tarlato. Forse pensando al tarlo io precorro la medicina futura che – sicuramente – troverà il microbo della nevrastenia». Sappiamo oggi che non l'ha trovato, ma si può scommettere che ai nostri giorni vi sarà qualche suo alfiere che ne cerca, quando non l'abbia già individuato, il gene.
20. Italo Svevo, *Degenerazione*, cit., pp. 782-3.
21. Id., *Degenerazione*, cit., p. 784. Per quanto riguarda la cura dell'abate Kneipp, si tratta di un indirizzo terapeutico che riscuoteva uno straordinario successo alla fine dell'Ottocento (ma anche a Novecento inoltrato). Il libro cui Svevo fa riferimento si intitola *Meine Wasserkur* (Kempten, Kösel, 1887) ed era un manuale estremamente diffuso, oggetto di decine di ristampe, tradotto in italiano fin dal 1893 col titolo *La mia cura idroterapica* (per il medesimo editore con concessione alla casa italiana Carlo Clausen con sede a Torino e Palermo). La struttura interna del libro è quella di un dizionario in cui il lettore può cercare la parte del corpo o l'affezione che ritiene lo affligga e leggervi la terapia proposta. Non c'è la voce "nevrastenia" per la quale era ancora troppo presto (perché l'opera di Beard non era stata ancora scritta; del resto neppure nelle edizioni successive l'abate ritiene di inserirla). C'è invece "ipocondria", malattia per la quale l'abate mostra compassione e rispetto esortando il lettore a non ridere di affezioni che sono causa di grandi sofferenze e offrendo prontamente ai

E tuttavia Riccioli sa che "il suo regno è alla fine" e in un estremo tentativo che naturalmente è facile interpretare come atto di prossenetico servaggio, il dottore consiglia al suo paziente una terapia "drastica e definitiva": «il re dei tonici, dei calmanti, dei sonniferi», la «cura maritalis» ossia il matrimonio con una bella e giovane fanciulla messagli fra le braccia dallo stesso dottore.[22] Qui l'abbozzo della commedia si interrompe né, per altro, avrei il coraggio di protrarre ancora un riassunto che minaccia di essere più lungo del testo che riferisce. Eppure è alla tentazione di riportare interamente il testo parola per parola che ho dovuto resistere, perché questo è uno di quei frammenti della scrittura sveviana in cui il funzionamento del suo straordinario laboratorio narrativo si lascia cogliere al meglio. Qui Svevo prende un tema alla moda, un'ambientazione alla moda, personaggi alla moda e li piega a dire con personalità autoriale sicurissima la sua poetica, addirittura ne fa una prefigurazione della sua invenzione narrativa più grande: la coscienza di Zeno Cosini.[23] Ma vediamo in dettaglio: innanzitutto l'appunto ci dice che Giacomo Pereira è un "degenerato", al pari degli accoliti di cui si circonda in quel luogo di perdizione, più che di salute, che è la stazione termale.[24] E su questo, sempre rischiando sul piano della sovrapposizione fra il piano biografico e quello narrativo ci sarebbero diverse cose da dire perché, come è forse noto, il *clan* Veneziani fu assiduo frequentatore di stazioni termali. E gli Schmitz in particolare,[25] tanto che è sul palcoscenico delle terme di

---

sofferenti un trattamento – «lavacri parziali e generali, bagni (mezzi bagni) specialmente semicupi, fasciature corte ed infine bagni interi» – affinché «si cerchi di risvegliare ciò che si è assopito, di rinforzare la parte indebolita e dare il suo normale movimento a ciò che è divenuto inerte; in una parola, – conclude – si riconduca la circolazione nel suo stato normale e l'ipocondria sarà guarita» (pp. 278-9).
22. La fanciulla si chiama, nell'abbozzo del primo atto, semplicemente Teresa, mentre nell'appunto del 12 ottobre 1899 ce ne viene detto anche quel cognome, Morfi, che richiamando il tema proibito dei "paradisi artificiali" riporta l'intera vicenda all'atmosfera torbida e decadente evocata dal titolo.
23. Cfr. l'intelligente nota di Federico Bertoni in TO, III, p. 1579 e l'analoga riflessione di Giancarlo Mazzacurati in *Stagioni dell'apocalisse. Verga Pirandello Svevo*, Torino, Einaudi, 1998, p. 222. Nella misura in cui il *plot* e alcune delle fondamentali invenzioni della *Coscienza di Zeno* sono frutto di un processo, una tappa importantissima di esso è rappresentata da *Lo specifico del dottor Menghi*, come vedremo.
24. Il tema delle terme come luogo della salute e della mondanità nell'opera come nella stessa vita di Svevo è tale che meriterebbe davvero un capitolo a sé che nel presente studio non è stato possibile inserire. Mi limiterò alle successive rapide annotazioni.
25. Lo testimoniano fra l'altro alcune fotografie dell'album di famiglia che ritraggono Svevo e la moglie in tali luoghi: a Bled, in Slovenia, a Tarasp-Vulpera in Svizzera e, ancora nella stessa Svizzera, a Davos, la celebre stazione termale in cui è ambientato il romanzo di Thomas Mann *La montagna incantata* (cfr. la sequenza fotografica a p. 188). L'epistolario è ricco di numerosi altri spunti: dai soggiorni di Livia a Salsomaggiore a quelli di Svevo a Montecatini (cfr. la testimonianza della figlia Letizia nell'intervista in appendice al volume di Carlo Baiocco *Analisi del personaggio sveviano in relazione*

Salsomaggiore che assistiamo alla più completa messa in scena della gelosia di Svevo per la moglie più giovane e più ricca.[26] Tanto che c'è stato chi ha suggerito che forse la stessa *Degenerazione* deve essere letta con riferimento a quell'episodio, come ulteriore, ironico ritorno dello scrittore sul litigio con la moglie, e che quindi la commedia sarebbe anche la prosecuzione di un discorso privato. Mi riferisco al lavoro di Giancarlo Mazzacurati che ipotizza «che Svevo abbia anche voluto "punire" Livia, ambientando nel mondo dei suoi presunti pensieri adulteri la commedia che ha per protagonista il proprio doppio "degenerato", quasi ad ammonirla (e prevenirla) circa la qualità degli uomini che potevano svegliare i suoi sensi e che certamente scatenavano in quei mesi i fantasmi morbosi di lui».[27] Né tutto questo discorso delle terme appare evocato a sproposito

---

alle immagini di lotta e malattia, Roma, C.I.S.U., 1984, p. 128). E sempre Letizia lo ricorda cliente degli stabilimenti di San Pellegrino (cfr. *Iconografia sveviana*, Pordenone, Studio Tesi, 1981, p. 128). Qua e là, infine, fra le righe delle lettere alla moglie, risultano discusse e confrontate con cognizione di causa le rispettive virtù, indicazioni e controindicazioni delle acque di Levico, di Roncegno, di Carlsbad, di Recoaro, di Franzensbad in Boemia. Per altri versi poi sappiamo che Svevo frequentò la stazione climatica di Bad Ischl, dove nel 1911 conosce lo psicanalista Wilhelm Stekel (cfr. in questo stesso volume, il contributo di Anna Maria Accerboni Pavanello p. 89 e sgg.). Senza contare la stazione di Bormio dalla quale i coniugi stavano facendo ritorno quando l'incidente di macchina di Motta di Livenza stroncò la vita dello scrittore.

26. Delle sfuriate di Svevo fa le spese, fra gli altri, anche il medico di famiglia dottor Zencovich (su cui cfr., in questo stesso volume, la scheda di p. 207) colpevole di aver prescritto il soggiorno curativo. Della vicenda il lettore può prendere nozione direttamente dalle pagine dell'epistolario che ne costituisce la più gustosa oltre che diretta testimonianza (cfr. *Epist.*, pp. 73-117).

27. Cfr. *Stagioni dell'apocalisse*, cit, p. 226, nota 23. L'ipotesi di Mazzacurati rappresenta, dal mio punto di vista, una intelligente saldatura fra i piani biografico e letterario e merita pertanto il conforto di qualche ulteriore indizio: l'epistolario reca infatti traccia di una "cura di bagni" che sarebbe stata prescritta al fratello di Svevo, Adolfo (cfr. i numerosi cenni di Svevo nelle lettere alla moglie in *Epist.*, fra le pp. 79 e 139), e la stessa fonte ci dice come la cura fosse stata caldeggiata dalla suocera di Svevo, Olga Veneziani: «Olga è trionfante perché – come essa disse – al 6° bagno si verificò la migliora» (ivi, p. 86). Aggiungo che diverse fonti accreditano Olga di una persistente "nevrosità". Di «accessi di convulso» e «grida» scrive addirittura Svevo nella lettera alla moglie del 7 agosto 1922, (*Epist.*, p. 323) e Fulvio Anzellotti, nel suo *La villa di Zeno*, (Pordenone, Studio Tesi, 1991, p. 103) ricorda che il suo medico curante, in tali occasioni, era il celebre "dottore dei matti" Canestrini (cfr. in questo stesso volume, la scheda a p. 187). Senza contare che un'altra lettera di Svevo a Livia (2 gennaio 1896, *Epist.*, pp. 43-44) mostra che in villa Veneziani, sotto la guida di Olga (che viene definita non a caso «il dottore di Ottavio», l'altro fratello di Svevo), erano in uso pratiche ispirate ai principi dell'abate tedesco. Scrive infatti Svevo: «Conto che non andrete troppo a zonzo. Sarà freddo fuori e non sarei mica troppo soddisfatto di vederti una seconda volta tutta chiusa per ristauro, obbligata a farti porre nel cassone», e Maier – verosimilmente edotto da Letizia – annota: «gioverà ricordare che si trattava di un cassone di legno internamente zincato, usato dalla famiglia Veneziani, nel quale si metteva chi voleva curarsi reumi e raffred-

in questo contesto perché le pubblicazioni dell'epoca sottolineano in coro il beneficio che determinate acque termali possono avere sulle affezioni nervose e Svevo, oltre che in *Degenerazione*, se ne mostra avvertito nella lettera alla moglie del 22 giugno 1900 in cui auspica di poterne beneficiare in prima persona: «Quando avrò un poco di tempo e di danaro, forse di qua a dieci anni, vorrei anch'io fare un piccolo viaggetto a Levico per vedere se sarà possibile arrivare ad un rassodamento dei miei nervi».[28] Ma non c'è solo questo: il confronto fra i due frammenti ci dice che il "degenerato" Giacomo Pereira dell'appunto del 12 ottobre 1899 è anche il "nevrastenico" dell'abbozzo del primo atto, un individuo colpito da una malattia dei nervi che lo rende incapace di portare avanti la sua opera letteraria e di dedicarsi ad altre attività produttive, utili, apprezzate. E quindi ingenera il sospetto che per l'autore i due termini "degenerazione" e "nevrastenia" siano, se non sinonimi, largamente sovrapponibili. Degenerazione ci insegna inoltre che la nevrastenia è una malattia che colpisce tutti, ma che ha decorsi differenti a seconda del tipo umano (dei due, si diceva, in cui la specie è suddivisa) su cui si abbatte: gli uomini forti resistono, soccombono i deboli, gli inerti, "bambini senza forza di volontà", che si ripromettono continuamente di smettere di fumare e non ci riescono mai, che prendono la decisione di bere solo acqua e finiscono per ubriacarsi, e così via.[29] Cure, per tali malattie e tali malati non ve ne sono (se si eccettua la "cura maritalis") né, a dire il vero, appaiono necessarie visto che si tratta non di affezioni pericolose ma di passatempi, occupazioni;[30] e pertanto, se di "guarigione" si deve parlare, essa non può essere che la ces-

dori. Nel cassone, sotto la sedia, c'era una sorgente calorifica, che faceva abbondantemente sudare». Una sorta di sauna casalinga che rappresenta una delle invenzioni più tipiche del metodo Kneipp. Nell'ottica proposta da Mazzacurati, pertanto, è possibile che la stessa invenzione della "vecchia signora" madre di Pereira, ipocondriaca e maniaca della cura Kneipp, costituisca un richiamo – esplicito per i familiari – alla suocera di Svevo e valga pertanto come un ulteriore cenno d'intesa fra i due coniugi, accreditando l'idea che la commedia avesse anche il valore di comunicazione privata.
28. *Epist.*, p. 214.
29. Devono essere parenti stretti di quelli che desiderano sposare la ricca figlia del loro principale e poi, conquistata la ragazza, se la filano in campagna, di quelli che si ripromettono una breve avventura galante e finiscono per gettare la loro anima in pasto a chi non glie l'ha mai chiesta, di quelli che si sforzano ardentemente di conquistare una bella ragazza e finiscono per sposarne una brutta sorella. Altre volte sono stati definiti inetti. Ci tornerò su.
30. Il passo di *Degenerazione* riecheggia in modo irresistibile un passo del *Trattato pratico dell'esaurimento nervoso* (Milano, Vallardi, 1892) di George Miller Beard in cui il medico americano scrive: «Alcuni pazienti godono dei loro mali; sarebbe crudele guarirli; le loro sofferenze sono care possessioni. Chi volesse renderli sani non sarebbe punto migliore di un ladrone. Ci sono quelli la cui felicità maggiore nel vivere è di medicarsi o di farsi medicare e che patirebbero della perdita dei loro malanni fisici, come della morte di amici a cui hanno portato lungo affetto» (p. 144).

Pestare l'acqua.

Bagno a vapore totale.

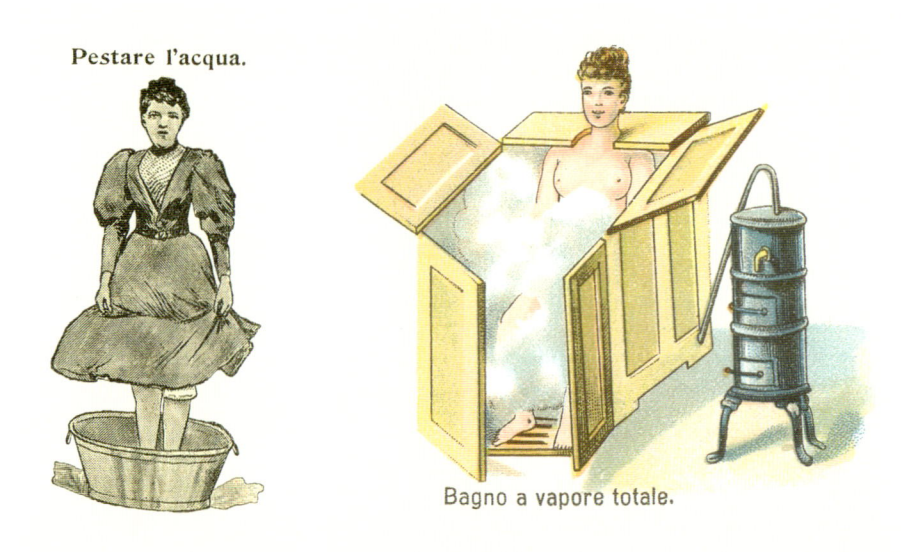

A sinistra: *Pestare l'acqua* (incisione da Friedrich Eduard Bilz, *La nuova medicina naturale*, cit.). I cenni alla cura Kneipp che Svevo fa nella commedia *Degenerazione* lasciano intravedere una buona conoscenza della terapia (al personaggio del dottor Riccioli fa dire: «Pestai dell'acqua con un accanimento come se avessi voluto ridurla a polvere. Ne ebbi una flussione al petto che mi fece perdere tutto il rispetto pel buon parroco»).

A destra: *Bagno a vapore totale* (incisione da Friedrich Eduard Bilz, *La nuova medicina naturale*, cit.). La familiarità di Svevo con la cura di Kneipp potrebbe derivare dalla fiducia che in esse avrebbe riposto la suocera dello scrittore, Olga Veneziani (cfr. p. 142 n. 27).

sazione dell'occupazione, la cessazione dalla cura. Vuol forse dire che chi volesse guarire da queste malattie non avrebbe da fare altro che "guarire dalla cura"? Che per Svevo "cura" e "malattia" sono la stessa cosa? Teniamo in sospeso questa domanda e torniamo alla "degenerazione" di cui qualche cosa bisognerà pur dire. Che cos'è – che cos'era – questa "degenerazione"?

Il concetto di degenerazione è uno di quei concetti *passe partout* in cui il mondo occidentale di tanto in tanto sembra ricomprendere una larga fetta – ove non tutta – della sua prospettiva e della sua comprensione di sé. Altri parlano, correttamente, di "mode" ma temo l'implicito giudizio di irrilevanza che il termine può comportare. Perché al contrario quello di "degenerazione" è un concetto cardine, come dimostrano anche la sua resistenza e la sua capacità di adattamento. Ma andiamo con ordine: il primo a introdurre il termine nell'uso comune fu il francese Bénédict-Auguste Morel (1809-1873), che nel *Traité des dégénérescences physiques, intellectuelles et morales de l'espèce humaine et des causes qui produisent ces variétés maladives,*[31] ne parla come di una specie di usura degli organi, di peggioramento dell'uomo rispetto al suo standard ottimale che deriva da pessime condizioni ambientali («le milieu méphitique des logements insalubres, des mines et des fabriques») e comportamenti dannosi («l'intoxication alcoolique»[32]). È interessante notare che per Morel, la degenerazione, benché sia trasmissibile per via ereditaria, dipendendo da cause ambientali è tutt'altro che irreversibile e le condizioni dei "degenerati" possono essere migliorate attraverso opportune politiche di igiene sociale. L'irruzione sulla scena del darwinismo, nonostante segua di poco il lavoro di Morel (la prima edizione dell' *Origine della specie* segue di soli due anni il *Traité des dégénérescences*) e nonostante l'immediato clamore e la profonda rivoluzione che comporta, non spazza via il concetto, evidentemente già profondamente radicato, ma riesce solamente a modificarlo: se l'uomo attuale è il risultato di un processo di evoluzione in base alla selezione naturale, esisterà anche un processo inverso per cui un individuo (e di conseguenza i suoi discendenti), degenera e ripercorre all'indietro la scala evolutiva verso forme più primitive. Da tali premesse procede il lavoro del cugino di Darwin, sir Francis Galton (1822-1911) che nelle sue opere sostiene da una parte la possibilità che un individuo regredisca rispetto al livello evolutivo raggiunto dai suoi genitori (ciò che definisce appunto la "degenerazione") e dall'altra che tratti dell'eredità ancestrale della specie possano riemergere senza preavviso né causa apparente nei discendenti (atavismo). Per questa via si giunge anche all'idea secondo cui i comportamenti devianti (criminalità, alcolismo, prostituzione) derivavano dallo stadio evolutivo inferiore dei "degenerati" che, nell'opera di Cesare Lombroso (1835-1909), come è noto, sono caratterizzati anche da precise stigmate fisiche.[33] È ovvio che in queste tarde manifestazioni la degenerazione non è più reversibile e non è certo il prodotto di sfavorevoli condizioni ambientali; è invece il risultato di immodificabili tare ereditarie o della riemersione di atavici istinti che non si possono imbrigliare e di conseguenza dovrà essere combattuta con mezzi più

---

31. Ballière, Paris, 1857 (2 voll.).
32. Ivi, p. XIV.
33. L'esempio principe dell'atavismo, reso tale dalla divulgazione della nozione più spettacolare dell'evoluzionismo darwiniano, rimane l'individuo dalle caratteristiche scimmiesche o dotato di coda. Col lavoro di Ernst Haeckel (1834-1919) sulla "ricapitolazione filogenetica", tali casi sembrano l'esempio più eclatante della formula per cui "l'ontogenesi ricapitola la filogenesi" (lo sviluppo dell'embrione ripercorre l'evoluzione della specie umana). La formula, come è noto ebbe una fortuna straordinaria e assieme ad essa conobbe duratura fortuna la *vulgata* della inquietante prossimità fra i due punti estremi della scala evolutiva. Non stupiranno più di tanto, di conseguenza, i travestimenti letterari e le utopie scientifiche che incontreremo e che, in misura variabile ma io credo indubitabilmente, devono a tale potente e vivida immagine forma e fortuna.

energici e drastici come quelli che i totalitarismi sapranno applicare con "scientifica" efficienza.[34]

L'opinione di Svevo circa la natura del fenomeno degenerativo è del tutto improntata dall'impostazione darwiniana del suo pensiero: la possiamo cogliere in un passaggio del saggio *Del sentimento in arte* in cui Svevo definisce "degenere" chi ha la tendenza a tornare sui suoi passi a percorrere a ritroso il cammino evolutivo (sia pure in senso figurato): «Ammettendo che chi cammina è il dotto; l'ignorante in scienza sta fermo, quello in arte cammina a modo dei gamberi. Non è un ignorante, è un traviato, è un degenere».[35] Altri indizi ci mostrano che egli ha introiettato anche le estreme conseguenze della teoria e i suoi più tossici assiomi visto che in una lettera alla moglie del 17 giugno 1900, scrive: «Io sono in complesso un piccolo delinquente nevrotico e me ne sento a volte assai più infelice di quanto puoi credere».[36] Ma dal punto di vista dell'origine di questi fenomeni (e quindi della loro reversibilità) la sua idea appare molto vicina a quella del ben intenzionato volonteroso riformatore sociale Morel sulla degenerazione: la nevrastenia per Svevo è riconducibile prima di tutto a cause ambientali. Nel già ricordato articolo sul *Fumo*, dopo aver ricordato che secondo il dottor Beard «la nicotina da sé sola basta a produrre una specie di nevrastenia»,[37] si chiede infatti «v'è proprio bisogno che la nevrosi l'uomo medesimo se la

---

34. L'impostazione di questo breve *excursus* sulla degenerazione come nozione antropologica e culturale deriva dal saggio *Il concetto di degenerazione nel pensiero borghese dell'Ottocento*, di Giovanni Dall'Orto, ("Sodoma", anno II, 1985, n. 2, pp. 59-74), particolarmente funzionale alla mia argomentazione. Ma sull'argomento le fonti sono diverse e ricche. Segnalo il capitolo sulla nozione di degenerazione nell'ormai classico studio di Carlo Ferrio, *La psiche e i nervi*, Torino, UTET, 1948, p. 198 e sgg. e per un approccio più aggiornato le approfondite monografie pubblicate dall'Università di Cambridge: l'inquadramento generale di *Faces of Degeneration. A European disorder, c. 1848- c. 1918*, di Daniel Pick (Cambridge, Cambridge University Press, 1989) e lo studio sul versante letterario di *Degeneration, Culture and the Novel 1880-1940* di William Greenslade (ivi, 1994). Per quanto riguarda il versante più direttamente sveviano, inoltre, non si può prescindere dagli scritti di Giovanni Palmieri che per primi hanno portato la questione all'attenzione degli svevisti (cfr. *I miti europei della "nevrastenia" e della "degenerazione" nell'opera di Svevo*, "Autografo", XI, 30, aprile 1995, pp. 75-87, e la sezione a ciò dedicata della sua già ricordata monografia *Schmitz, Svevo, Zeno. Storia di due "biblioteche"*, pp. 79-81).
35. TO, III, p. 827.
36. *Epist.*, pp. 210-11.. Il passo mostra evidentemente la soggezione dell'autore alla corrente impostazione lombrosiana che la scelta linguistica connota nell'accostamento dei termini "delinquente" e "nevrotico".
37. Al di là del *casus belli* del fumo, naturalmente, la diagnosi di Svevo è perfettamente ossequiente a quella di Beard che, nel suo citato saggio sul *Nervosismo americano*, esordisce affermando che «La causa principale e primaria di tale sviluppo e rapido aumento del nervosismo è la *Civiltà moderna*, che cinque caratteristiche distinguono dall'antica: il vapore, la stampa periodica, il telegrafo, le scienze, l'attività mentale delle donne. [...] Tra le cause secondarie e terziarie sono da annoverarsi il clima, le istituzioni civili, politiche e religiose, sociali e commerciali, i costumi, l'abbandono agli appetiti ed alle passioni» (pp. VI-VII).

costruisca artificialmente? Non è già sufficiente a produrgliela la dura lotta per la vita, e la mancanza di esercizio muscolare quando si dedica agli studi, o l'aria mefitica delle nostre grandi città?».[38]

A leggere l'una di seguito all'altra le due analisi, quella di Morel e quella di Svevo, sorge il sospetto che la differenza derivi non dai due oggetti, "degenerazione" da una parte e "nevrastenia" dall'altra (che scarsamente esiste, come ho già detto e mostrerò anche meglio fra breve), ma dai soggetti considerati: nel primo caso gli strati popolari visti nell'insalubrità dei luoghi di lavoro e alla mercé delle loro intemperanze alcoliche, nel secondo la borghesia preda (si sarebbe detto qualche decennio più tardi e si dice ancora) dello stress, della sedentarietà, dello smog. Il malessere della modernità colpisce entrambi i ceti con effetti del tutto analoghi e la miopia che affligge gli intellettuali è data dallo scontro delle opposte prospettive classiste: da una parte quella di quanti, bene o meno bene intenzionati, vedono nel ceto popolare e solo in esso l'emergere di un problema di igiene sociale cui, come si è detto, bisogna dare risposte medico-giuridiche. Dall'altra quella di quanti, al contrario vedono nelle classi subalterne l'ambiente in cui si realizza la società pura e sana, netta del germe della reificazione, della nevrosi, della degenerazione borghese. La letteratura, in questa fase, ha un ruolo chiarificatore importantissimo, per chi vuole ascoltare: da una parte mostra come i miti del benessere e l'illusione della mobilità sociale abbiano corrotto quegli strati popolari che alcuni vorrebbero portatori di moralità incorrotta. I personaggi di Svevo, in questo senso, sono assolutamente trasparenti: basti pensare a Giorgio il protagonista dell'*Assassinio di via Belpoggio* che si fa dettare dalla sua ambizione il gesto omicida che lo distrugge,[39] o allo stesso Alfonso Nitti di *Una vita* e alle sue mistificate ansie di elevazione. Dall'altro lato la letteratura mette in evidenza come la presunta superiorità morale, il decoro e la tempra della borghesia dominante fosse – semmai – legata al ricordo delle generazioni che quella classe avevano fatto trionfare e ormai suonasse canzonatoria se rapportata ai rappresentanti delle ultime corrotte generazioni. In Svevo non c'è soltanto Giacomo Pereira, ma anche, per esempio, la triste figura di Amalia, la sorella di Emilio Brentani di *Senilità*, nella cui dedizione all'etere è rappresentata una delle emergenze sociali del volgere del secolo borghese, quella dell'esponenziale aumento del consumo di alcolici e stupefacenti.

---

38. *Il fumo*, cit., p. 1087.
39. Di questo senso del giovanile racconto di Svevo si occupa anche Gian Paolo Biasin nel suo intelligente capitolo sveviano del saggio *Malattie letterarie*, Milano, Bompiani, 1976, alle pp. 97-98. Da notare che Giorgio è vittima delle sue ambizioni e del suo immotivato senso di superiorità: «Giorgio, nella triste società in cui viveva, veniva chiamato il signore. Non doveva questo nomignolo alle sue maniere che pur si tradivano superiori a quelle degli altri ma più al disprezzo ch'egli dimostrava per le abitudini e i divertimenti dei suoi compagni» (*L'assassinio di via Belpoggio*, TO, II, p. 28).

Di tutto ciò si occupa, fra gli autori che Svevo ha sicuramente letto, anche un grande divulgatore di temi scientifici, autore per altro – al pari di Mantegazza – di romanzi la cui l'ispirazione proviene dai medesimi ambiti scientifici (e sopratutto medici) da cui trae alimento la sua saggistica: Max Nordau (1849-1923), autore del più diffuso bestseller sociologico dell'epoca intitolato, appunto, *Degenerazione*,[40] talvolta ricordato dalla critica sveviana in quanto scrittore che Svevo conosce e recensisce sull'"Indipendente" benché certamente non lo ami.[41] Una lettura approfondita di *Degenerazione* produce rilevanti effetti di senso rispetto all'opera sveviana e qualche sorpresa. Il saggio ha un andamento fortemente polemico e vuole essere un richiamo alla parte sana della società borghese perché prenda coscienza del problema da cui è minacciata e vi ponga rimedio prima che sia troppo tardi. Al pari di Mantegazza, infatti, Nordau sottolinea che solo lo specialista è in grado di riconoscere di primo acchito i sintomi del morbo:

Il medico però, specialmente quello che si è dedicato in particolare allo studio delle malattie nervose e mentali, riconosce a prima vista nella sensazione *fin de siècle*, nelle tendenze dell'arte e della poesia contemporanee, nella natura degli autori di opere mistiche, simboliche, decadenti e nel contegno dei loro ammiratori, nelle inclinazioni e nei gusti del pubblico di moda – riconosce a prima vista, diciamo, il sindromo ovverosia la forma totale di due distinte malattie da esso ben conosciute: la degenerazione e l'isterismo, i cui gradi più leggeri si chiamano col nome di neurastenia.[42]

---

40. La traduzione italiana dall'originale tedesco (*Entartung*) uscì a Milano nel 1893 per la stamperia dei Fratelli Dumolard.
41. Svevo recensisce il libro di Nordau *Studi e schizzi parigini* sul quotidiano triestino il 12 giugno 1883 sotto il titolo *Il vero paese de' miliardi* (ora in TO, III, pp. 975-980). La critica cui faccio riferimento è, innanzitutto, quella del saggio di Mario Sechi, *Svevo, Nordau e la "fin de siècle". Altre ipotesi sulla derivazione dell'inetto*, in "Intersezioni", 1994, n. 1, pp. 21-51. Se ne occupa, naturalmente, anche Palmieri che, nel volume, segnala fra l'altro che il saggio di Nordau era stato recensito su una rivista che Svevo leggeva e con cui avrebbe collaborato: "Critica Sociale" diretta da Filippo Turati (cfr. *Schmitz, Svevo, Zeno*, cit., pp. 80-81). Segnalo qui, mancandomene altre occasioni, che l'indagine a tappeto sui medici compiuta in occasione del progetto *Guarire dalla cura*, ha suggerito, fra l'altro, un possibile collegamento fra Svevo e la redazione della rivista torinese (collegamento rimasto finora, salva mia svista, nell'ombra). Molto amico del leader socialista era infatti, in quegli anni Carlo Tanzi, (il nonno di Natalia Ghinzburg), che era il fratello del dottor Eugenio Tanzi (lo zio di Drusilla Tanzi Marangoni, moglie di Montale), medico e amico di gioventù di Svevo che lo ricorda in una lettera (indirizzata appunto a Drusilla: *Epist.*, p. 850).
42. *Degenerazione*, cit., p. 20. Il passo è utile per constatare che, per lo meno nelle pagine dei divulgatori come Mantegazza e Nordau, i termini nosografici sono, in questo particolare ambito, facilmente intercambiabili. Colpisce qui il recupero di un'altro termine con una storia allora abbastanza recente e un futuro – oggi sappiamo – abbastanza breve: "isteria". A seguito degli esperimenti del dottor Jean Martin Charcot (1825-

Ed è a beneficio dei non specialisti, quindi che si propone di offrire al pubblico gli strumenti per riconoscere subito i rappresentanti di questa razza dannata descrivendo le "stimmate" che, lombrosianamente, li marchiano in modo certo e definitivo:

Ci sarebbe un mezzo sicuro per dimostrare che l'asserzione giusta la quale gli autori di tutti i rivolgimenti *fin de siècle* nell'arte e nella letteratura sono dei degenerati, non è arbitraria [...]: quello di esaminare attentamente il corpo delle persone rispettive, nonché la loro genealogia. Riguardo a tutti, quasi, si riscontrerebbero indubbiamente parenti degenerati nonché una o più stimmate che metterebbero fuor d'ogni dubbio la diagnosi: "degenerazione". [...] Ma oltre alle stimmate fisiche la scienza ne ha scoperte anche di intellettuali, le quali caratterizzano la degenerazione con pari sicurezza come quelle; [...] così che non occorre più misurare il cranio di uno scrittore oppure vedere il lobo dell'orecchio di un pittore per riconoscere se esso appartiene alla classe dei degenerati. Per questi furono trovate diverse denominazioni. Maudsley e Ball li chiamano "confinari" vale a dire abitanti del paese di confine fra la ragione perfetta e la pazzia dichiarata; Magnan li chiama "degenerati superiori" e Lombroso parla di "mattoidi" e di "grafomani" fra i quali comprende quei semi-matti che sentono un impulso letterario.[43]

E qui possiamo immaginare che un "semi-matto" afflitto da incoercibile impulso letterario ad onta di palesi insuccessi possa sentirsi chiamato in causa. Ma proseguiamo nella lettura: «ciò di cui difettano tutti i degenerati è il senso della morale e del diritto», prosegue Nordau,[44] tanto è vero che nel loro caso si deve

---

1893) presso la sua clinica della Salpêtrière si trattava di un termine e di un argomento di moda. Svevo ne parla in *Soggiorno londinese* sottolineando la precedenza degli esperimenti di Charcot rispetto alle teorie di Freud e la figlia Letizia, nella citata intervista nel libro di Baiocco, dice: «so soltanto che ha letto Charcot e lo ha anche studiato molto» (*Analisi del personaggio sveviano*, cit., p. 125). Per quanto riguarda l'espressione "*Fin de siècle*" va osservato che Svevo la utilizza nella medesima accezione di Nordau in una lettera alla moglie del 2 gennaio 1896. (*Epist.*, p. 43).

43. Ivi, p. 22. L'origine lombrosiana delle teorie di Nordau è fuori del forse visto che l'opera è dedicata al maestro italiano ed è aperta da uno scritto dello stesso Lombroso, riprodotto da Nordau in segno di venerazione nonostante contenga rilievi e obiezioni al saggio stesso che introduce.

44. Ivi, p. 23. È impossibile non avvertire qui l'eco di un altro best-seller sociologico dell'epoca: *Sesso e carattere* di Weininger, che tali caratteristiche precise attribuiva al carattere femmineo (e quindi debole, privo di volontà e determinazione) degli ebrei. Di questa sovrapposizione estremamente stimolante non è proprio possibile occuparsi in questa sede, salvo che per suggerire che nella lettura di Weininger da parte di Svevo si può vedere replicato lo stesso schema che vale per *Degenerazione* di Nordau. Non dico che Svevo sia rimasto coscientemente influenzato da queste analisi. Dico però che è impossibile che non ne sia stato in qualche modo segnato e che non ne abbia trattenuto memoria perché tutte queste fonti sembrano convergere nella sua direzione in quanto individuo storico e tipo umano "tipicamente malato". In un diffuso *Dizionario di Medicina*

La cura Kneipp (tavola da Friedrich Eduard Bilz, La nuova medicina naturale, cit.). Il metodo dell'abate tedesco ebbe molta fortuna (che in parte ancora dura); in un articolo che sarebbe piaciuto a Svevo (perché difende il fumo di sigaretta) su una rivista di storia della medicina triestina, Dino Saraval ricorda: «Quando, negli anni Venti, mia madre mi portava a passeggio a Barcola, ebbi occasione di vedere bambini ben vestiti che camminavano scalzi accanto ai loro genitori. Si trattava degli ultimi seguaci di don Kneipp che aveva promesso salute e longevità a quanti iniziavano la giornata con una "spugnatura" fredda e rinunciando frequentemente all'uso delle calze e delle scarpe» ("Il Lanternino", anno XIX, 1996, n. 1, p. 17).

parlare di una "pazzia morale" che spesso non permette loro nemmeno di accorgersi di aver sconfinato nel delitto. Inoltre il degenerato è caratterizzato da una patologica emotività:

egli va superbo di una fibra sensibilissima, e si vanta di sentirsi rimescolare tutto, di sentirsi sdilinquire, di provare il piacere e il bello fin sulla punta delle dita, là dove il piccolo borghese resta impassibile. La sua sensibilità gli sembra una superiorità, crede di avere una speciale intelligenza di cui difettano gli altri mortali[...]. Quest'infelice non si accorge che si vanta di una malattia, d'un disturbo della mente [...].[45]

Ci si potrà cominciare a chiedere, a quest'altezza, come possa aver reagito chi, solo tre anni prima, aveva esaltato nell'articolo sul *Fumo* «tutta la forza che dà ad un cervello l'esperienza fatta sul proprio organismo di una malattia o almeno di uno stato anormale» per concludere che «la finezza nervosa quasi mai si ritrova nella persona perfettamente sana e robusta e quel detto che ai nostri padri dava tanta fiducia e calma: Mente sana in corpo sano sembra alquanto antiquato».[46] Intanto Nordau prosegue osservando che nei degenerati si osserva «una spossatezza morale, una mancanza di coraggio che, a seconda delle circostanze della vita, assumono la forma del pessimismo, di una paura indefinita di tutti gli uomini e del mondo, oppure di ripugnanza verso sè stessi»,[47] ricordando forse al suo lettore triestino quel suo appunto del giorno del suo compleanno di 4 anni prima: «Oggi compisco 28 anni. Il malcontento mio di me e degli altri non potrebbe essere maggiore. Noto questa mia impressione perché forse da qui a qualche anno potrò darmi una volta di più dell'imbecille trovandomi anche peggio, o potrò consolarmi ritrovandomi migliorato».[48] E che cosa potrebbe aver pensato Svevo leggendo più avanti?

Il degenerato, che aborre dall'agire, ch'è senza volontà, che non si accorge essere l'incapacità sua di agire una conseguenza della viziosità ereditaria del suo cervello, si spiega la cosa

---

(quello di Bouchut e Després, Milano, Vallardi, 1894) tanto per fare un altro esempio, alla voce "nevrastenia" si legge che «certe razze come la slava e l'israelita vi sembrano predisposte» (vol II, p. 168). La questione, a ogni modo, è meglio studiata e nota sul versante weiningeriano rispetto a quello che coinvolge Nordau e in materia si può ricorrere ai contributi di uno studioso di sicura fede sveviana come Alberto Cavaglion (cfr. *Otto Weininger in Italia*, Roma, Carucci, 1982 e *La filosofia del pressappoco. Weininger, sesso, carattere e la cultura del Novecento*, Napoli, L'ancora del Mediterraneo, 2001).
45. Ibidem.
46. *Il Fumo*, cit., p. 1087.
47. *Degenerazione*, cit., p. 23.
48. *Pagine di diario*, TO, II, p. 731.

da sé pensando che sprezza l'attività per impulso proprio, compiacendosi invece nell'inazione; ed allo scopo di giustificar sè stesso agli occhi propri, si costruisce tutta una filosofia di privazioni, di rinunzia al mondo e di disprezzo degli uomini; [..] I degenerati ed i pazzi sono le comunità predestinate di Schopenhauer e Hartmann.[49]

E ancora:

L'incapacità di agire è congiunta di preferenza colla fantasticheria. Il degenerato non è, generalmente, in grado di dirigere a lungo la sua attenzione su un dato punto [...]. Gli torna più facile e più comodo lasciare che i suoi centri nervosi producano immagini semi-chiare, nebulose, embrioni appena delineati di pensieri ed abbandonarsi, in un continuo assopimento, ad una fuga di pensieri che non hanno nè scopo nè limite. [...] Egli va lieto della sua immaginativa che contrappone alla lucidità del piccolo borghese, e si dedica di preferenza ad ogni specie di occupazioni libere le quali permettono al suo spirito di vagare qua e là, mentre non è capace di persistere in quelle occupazioni borghesi, ordinate, che richiedono attenzione e continuo riguardo alla realtà. Questo, secondo esso, si chiama "aver disposizioni ideali"; egli sostiene di possedere inclinazioni estetiche e si qualifica con orgoglio siccome un artista.[50]

Non sto dicendo che Svevo si è riconosciuto del tutto in questo ritratto, così come non dicevo che si fosse riconosciuto nel giornalista squattrinato di Mantegazza. Molti aspetti del saggio l'avranno respinto: certo non si sarà sentito portato a mettere in discussione il suo Schopenhauer in virtù dell'autorità morale o dell'intelligenza critica di Nordau.[51] Senza contare che alcune delle "stimmate" individuate da Nordau come caratteristiche del degenerato non lo riguardano in alcun modo (basti pensare che l'ultimo dei segni distintivi elencati nel saggio è il "misticismo", ossia la incoercibile tendenza a occuparsi di spiritualità e religione). Ma io credo che sarebbe proditorio affermare che un uomo, un intellettuale e un artista quale conosciamo nello pseudonimo di Italo Svevo possa aver letto questa diagnosi senza un trasalimento. Al contrario ritengo che l'analisi di Nordau, seppur tacciata di rozzezza e rifiutata razionalmente con mille buoni argomenti, l'abbia a lungo travagliato ed egli abbia

---

49. *Degenerazione*, cit., pp. 25-26.
50. Ivi, p. 26.
51. Come suonerà alle orecchie di un convinto schopenhaueriano qual'è Svevo la reiterata condanna – che è in Nordau come in Beard e in Mantegazza – della "mancanza di *volontà*" che affligge il neuro-degenerato? Sul tema della "volontà" shopenhaueriana in Svevo, con particolare relazione a quanto qui si discute, cfr. il lavoro di Giuseppe A. Camerino *Il concetto d'inettitudine in Svevo e le sue implicazioni mitteleuropee ed ebraiche*, "Lettere Italiane", apr-giu 1973, pp. 190-214 e il saggio di Luca Curti *Zeno Guarisce dell'ottimismo. Schopenhauer e Freud nella* Coscienza, "Rivista di Letteratura Italiana", XII (1994), n. 2-3, pp. 401-427.

finito per portarsela – nolente – dietro per molti anni a seguire. Qualche indizio in questo senso c'è: riprendiamo *Degenerazione* e arriviamo alla conclusione, là dove Nordau piazza un capitolo di infausta *Prognosi* dall'andamento – va detto – nervrastenico (nel senso di esagitato, eccessivo) in cui disegna il fosco panorama della futura Europa preda della trionfante degenerazione (a meno che non vengano prese le contromisure che lui stesso suggerisce nel successivo capitolo di *Terapia*). Nordau sostiene che il vecchio mondo si trova «in mezzo ad una grave malattia del corpo sociale», «una specie di peste nera della degenerazione» che, per altro, potrebbe non essere ancor giunta al suo culmine, quando, Dio non voglia, «la vita sociale si presenterebbe sotto questo aspetto»:

Ogni grande città avrebbe il suo club dei suicidi. Oltre questi esisterebbero club per il vicendevole assassinio mediante strozzamento, impiccagione o sgozzamento. In luogo delle odierne osterie si aprirebbero stabilimenti speciali per il consumo dell'etere, del cloralio, della nafta e dell'*hascish*. [...] certe persone morbosamente eccitate non potrebbero resistere ai loro impulsi incoercibili, e ucciderebbero i passanti, sparando dalla finestra con fucili ad aria, oppure aggredendoli apertamente sulla strada per aver emesso acuti fischi; o penetrerebbero nelle case altrui dove si trovano principianti di pianoforte, facendone macello; o farebbero attentati alla dinamite contro i trams, perché i conduttori suonerebbero e fischierebbero [...]. Una nuova legge sulla stampa proibirebbe rigorosamente ai giornali di contenere notizie dettagliate su atti di violenza o su suicidi sotto date circostanze. I redattori sarebbero responsabili di tutte le azioni punibili commesse per imitare le descrizioni contenute nei loro giornali. [52]

Di questa conclusione – anticipo in qualche misura la mia idea – apocalittica del saggio di Nordau Svevo si ricorda, *una prima volta,* quando a fine luglio del 1921 scrive un articolo per il quotidiano triestino "La Nazione" intitolato *Storia dello sviluppo della civiltà a Trieste nel secolo presente*.[53] In un periodo in cui è sicuramente piena la fase di gestazione della *Coscienza di Zeno*, anche se non così quella di stesura,[54] Svevo infatti scrive un *divertissement* in cui immagina di avere fra le mani un numero della "Nazione" di cento anni più tardi (1 agosto 2021) e di leggervi la memoria di un anonimo cronista. Il quadro di questa umanità futura, benché scritto con tutt'altre intenzioni rispet-

---

52. *Degenerazione*, cit., p. 545. La descrizione prosegue per diverse pagine ed ha altri momenti di comicità involontaria che, questi sì, devono aver aiutato Svevo a guardare al testo con distacco.
53. Pubblicato in due *tranche* il 2 e l'11 agosto 1921, e ora in TO, III, pp. 1151-1160.
54. Cfr. la nota al testo della *Coscienza* della citata edizione Mondadori e, in particolare la parte sulle testimonianze di TO, I, p. 1534, in cui viene citata la lettera a Livia del 25 giugno 1922.

to a quelle di Nordau, finisce per riprenderne l'andamento, le immagini, il senso:

> Pare che un giorno un triestino stretto da un urgente bisogno non trovando pronto il posto nel lieu d'aisance di piazza Santa Caterina se lo procurasse subito gettando una bomba "sipe" una roba quasi innocua perché non danneggiò che le quattro persone che si trovavano proprio nel piccolo ambiente. Il luogo fu subito libero e anche disinfettato. Pochi giorni appresso ad un cinematografo una signora che portava un cappello molto grande con cui ostruiva la vista dello schermo fu abbattuta da un colpo di rivoltella. Così lo schermo ed anche il marito della signora furono liberi. [...] Tutta la città gridava per tutte le 24 ore ed il cronista si domanda quando quei cittadini dormissero. Dalle tante pubblicazioni dell'epoca si vede che c'era pure in quell'ambiente qualcuno che pensava e non si capisce come ci riuscisse. È ben vero che anche la maggior parte delle pubblicazioni non manifestava altro che un intenso desiderio di fare del chiasso.
> I tramways nel loro lento percorso ferivano gli orecchi dei passanti coi loro campanelli di allarme inutili e con l'orrendo cigolio dei loro carrozzoni dissestati. A quei rumori s'associavano quelli dei camions e delle automobili. Poi c'erano gli strilloni che dopo 500 anni di silenzio forzato si sfogavano nella nuova libertà e infine ci erano gli avvinazzati.[55]

Certo può essere che si tratti somiglianze casuali, letture "a orecchio", come dice Sechi.[56] Ma proviamo a portarci con la mente a quei primi mesi del 1893 in cui Svevo attende che almeno un saluto del mondo delle lettere si levi all'indirizzo di quel suo romanzo cui aveva lavorato per ben 5 anni[57] e che aveva desiderato di intitolare *Un inetto*, anche se poi, all'ultimo momento era stato scelto quell'anonimo naturalistico *Una vita*. Proviamo a immaginare che egli si immerga nella lettura del libro di Nordau e vi trovi tante e così precise accuse di sozza malattia per sé e il suo personaggio, che si sommano a quelle che da Mantegazza e Beard gli erano state rivolte fin dal 1887 (che come abbia-

---

55. *Storia dello sviluppo della civiltà a Trieste nel secolo presente*, cit., p. 1152 e p. 1158.
56. Cfr. il già citato *Svevo, Nordau e la "fin de siècle"*. Visto che all'accusa di lettura a orecchio sono comunque esposto, ne approfitto per aggiungere che nel libro di Nordau, Svevo avrebbe anche potuto leggere, già a questa altezza, l'affermazione secondo cui «Nella realtà non esistono nè una funzione, nè un contegno qualsiasi dell'organismo vivente che si possano per loro stessi caratterizzare come "salute" o come "malattia"» (*Degenerazione*, cit., p. 563). Un'osservazione che, assieme a quella di Beard sull'affetto che certi malati portano alle loro malattie che abbiamo già visto fruttificare nella commedia *Degenerazione*, potrebbe a sua volta aver messo radici nella mente dello scrittore per sbocciare profondamente rielaborata e con ben diverso risalto nel capolavoro della maturità.
57. Cfr. il già citato appunto del 19 dicembre 1889 (TO, II, p. 731): «due anni or sono precisi cominciai quel romanzo che doveva essere Dio sa cosa».

mo visto è l'anno di pubblicazione del *Secolo Nevrosico* di Mantegazza, della traduzione di Beard e dell'inizio della stesura del romanzo). È azzardato dire che quella lettura lo deve aver colpito? E che pur rifiutandole, quelle accuse devono aver risuonato a lungo in lui?[58] Anche perché alle spalle di Nordau, dietro alle quali è anche concesso ridere, ci sono tuttavia le massime autorità scientifiche dell'epoca: c'è Lombroso, lo stesso Beard, c'è Charcot, e c'è anche l'amico Tanzi.[59] Se tutto il mondo ti dice che sei malato, finisci per crederci. Che tu sia ipocondriaco o no.

---

58. Concordo con la tesi di Palmieri circa la freddezza e l'ironia con cui Svevo guarda all'idea di atavismo per la quale, viceversa, Zeno mostra un certo entusiasmo (cfr. *Schmitz, Svevo, Zeno*, cit., pp. 15-17). Lo stesso Palmieri osserva, tuttavia, che l'atavismo è la versione più meccanica e rozza della teoria della degenerazione e ritengo che lungo la strada che conduce a Zeno non tutto potesse essere così chiaro nell'animo del suo autore a questa altezza. Fa parte della mia tesi che, nonostante l'irritazione che certe rozze teorie possono aver provocato in lui, una sana reazione di rigetto non si sia verificata che a un certo punto, come dirò.
59. Il già ricordato Eugenio Tanzi (1856-1934), che per altro fu uno dei medici che ebbero in cura il "nevrastenico" Dino Campana, è co-autore assieme al dottor Gaetano Riva di un trattato intitolato *La paranoia. Contributo alla teoria delle degenerazioni psichiche*, (stampato a Reggio Emilia dalla tipografia Calderini e figlio nel 1866) in cui i caratteri della "malattia sveviana" anticipano, in termini generali, quanto detto fin qui. Palmieri inoltre osserva che in quest'opera Tanzi consigliava a un suo paziente di «scrivere la propria autobiografia» (*Schmitz, Svevo, Zeno*, cit., p. 15) e che pertanto poteva essere una fonte per la strana terapia della *Coscienza*. La lettura del saggio di Tanzi da parte di Svevo, benché frettolosa, produce in lui un duraturo effetto, come testimona la sua lettera a Montale del 23 Giugno 1927: «Io ricordo con piacere il Dr. Tanzi geniale studioso della Paranoia. Il suo libro ch'ebbi per pochi giorni da un suo amico quando il Tanzi ci lasciò non dimentico più. Tante volte ci penso. Ricordo una cosa che mi fece grande impressione. L'antenato del paranoico — secondo il Tanzi — sarebbe un uomo solamente strano (anche un genialoide?). Nella discendenza il germe si sviluppa e dopo varie generazioni si arriva al delirio organizzato. Chissà con quali fatiche il Tanzi raccolse la storia di varie famiglie. In altri paesi la dottrina del Tanzi che creava una nuova Nemesi sarebbe certamente entrata nella letteratura. Da noi siamo rimasti al superuomo privo di discendenza. Dico tutto questo per dimostrarle che il dr. Tanzi ricordo vivamente» (*Cart.*, p. 218). Clotilde Bertoni, nel secondo volume dell'edizione mondadoriana, ritiene invece che il libro cui Svevo avrebbe fatto riferimento sarebbe il molto più tardo *Trattato delle malattie mentali* (cfr. TO, II, 843).

Riccardo Cepach

Salito sul tetto, dopo esser fuggito dalla sala operatoria di un'ospedale di Praga, dove gli si volevano per la seconda volta asportare certe glandole per un'operazione di ringiovanimento, uno scimmione si vendica scagliando tegole contro le finestre e nella via. Inseguito, viene catturato dopo un'ora di resistenza. ("La tribuna Illustrata" anno XL, n. 32, 7 agosto 1932). La terapia di Voronoff è molto amata dai giornalisti per i suoi risvolti ironici (cfr. p. 163).

Rigenerazione

> "...è un'operazione da nulla"
> "I medici dicono sempre cosí.
> Poi, se hanno commesso un errore, lo seppelliscono"
> Italo Svevo - *La Rigenerazione*

Si comincia a intravedere che questa che stiamo scrivendo è anche una storia di titoli: titoli scelti e rifiutati, titoli sostituiti, titoli incerti. Il frammento che chiamiamo *Degenerazione* nell'originale manoscritto non ha titolo. È solo la lampante relazione che esiste fra esso e l'appunto autografo che lo descrive che ci permette di dire: "questo è l'abbozzo del primo atto di una commedia che si sarebbe intitolata *Degenerazione*". La storia del romanzo *Un inetto* di Italo Svevo finisce quando l'editore Emilio Treves si rifiuta di pubblicare un libro «con un titolo simile»[60] e inizia come si è detto, quella di *Una vita*, anche se poi a pubblicarlo non è certo Treves.[61] Per Svevo il no secco del grande editore milanese equivale a un precetto: non si può pubblicare un romanzo con quel titolo (e infatti sceglie, senza saperlo, il titolo di un romanzo di Maupassant e viene bacchettato[62]). Anche in questo, come negli altri casi delle tarde revisioni linguistiche di *Senilità*, viene da rammaricarsi che Svevo sia stato così sensibile alle indicazioni degli "addetti ai lavori". E chissà se è di nuovo qualche "addetto", magari qualche collega giornalista dell'"Indipendente", a suggerirgli di sostituire il titolo del suo secondo romanzo, quel *Carnevale di Emilio* di cui pure era tanto entusiasta nel maggio del 1897.[63] Fatto sta che, come è noto, il romanzo esce a puntate sul quotidiano col titolo di *Senilità*, e anche se è lecito dubitare che Treves lo avrebbe approvato, da quel momento la malattia di Svevo e dei suoi personaggi, *pro tempore* definita "inettitudine",[64] ha ufficialmente un nuovo rappresen-

---

60. Cfr. Italo Svevo, *Profilo autobiografico*, in TO, II, p. 803.
61. Come è noto il romanzo esce alla fine del 1892 (ma con la data dell'anno successivo) presso lo stampatore triestino Vram, a spese dell'autore.
62. Cfr. Domenico Oliva, *Una vita*, "Corriere della Sera", 11 dicembre 1892.
63. Cfr. la lettera alla moglie del 14 maggio 1897, in *Epist.*, p. 64: «Il mondo si schiarì e trovai il titolo del mio romanzo: *Il Carnevale di Emilio*».
64. Vale forse la pena di notare che "inetto" è termine davvero poco sveviano. Si contano due sole occorrenze del lemma in *Senilità*, una sola in tutti gli scritti giornalistici (nel saggio *Il dilettantismo*), nessuna in *Una vita*, nella *Coscienza*, nelle *Commedie*, e una sola in una lettera a Silvio Benco: «Sono meno inetto di quanto io credeva» (*Epist.*, p. 35). L'affermazione suona un po' paradossale solo a causa dell'enorme fortuna critica che il termine ha incontrato, a partire almeno dal classico *Svevo e Schmitz* di Debenedetti che è del 1929, come categoria in grado di riassumere le principali caratteristiche caratteriali e comportamentali (quando non costitutive) dei personaggi sveviani.

tante, Emilio Brentani, e un nuovo nome.[65] La vecchiaia in Svevo è il nuovo «volto dell'inettitudine», come scrive Magris[66] ed è un concetto che anche storicamente si fa, lungo l'arco della vita di Svevo, «sempre più deteriore ("patologico")», sostiene Camerino,[67] la principale e più evidente manifestazione del processo degenerativo. L'invecchiamento, infatti, viene via via definito e descritto nella letteratura medica del tempo come un processo degenerativo dei tessuti, degli organi, della stessa struttura scheletrica oltre che, naturalmente, delle facoltà intellettive, degli organi percettivi e della sensibilità; in ultima analisi della forza vitale e della *volontà* (come nel testo di Mantegazza appena ricordato).[68]

Non fa meraviglia pertanto che, assimilata la vecchiaia ad altre patologie degenerative, l'arrembante scienza medica dell'epoca, reduce da alcuni dei maggiori successi mai ottenuti nella sua secolare storia, si senta pronta ad affrontarla con i suoi mezzi. Né che si senta pronta ad affrontare anche la sua *insanabile* contraddizione interna aggredendo lo stesso problema della morte, della sua ineluttabilità (che, appunto, diversi teorici rimettono allora in discussione), dei tempi della sua venuta e dei modi, quanto meno, di ritardarla indefinitamente.

---

65. Anche per questa nuova "categoria omnibus" è possibile rintracciare una fonte di ispirazione per lo meno probabile, come fa ancora Giovanni Palmieri nel suo citato lavoro sui *Miti europei della "nevrastenia" e della "degenerazione"* (pp. 85-86 nota 6) richiamando nuovamente Mantegazza che, nel suo trattato sul *Secolo nevrosico*, stigmatizza la «senilità dei nostri tempi» (p. 68) e parla diffusamente del "nevrosico senile" nel quale «esagerata la sensibilità e venuta meno l'azione, abbiamo per conseguenza logica quella debolezza di volontà, che copriamo con la scusa dello scetticismo» (pp. 80-81).
66. Un piccolo rebus bibliografico: Magris usa l'espressione alla p. 153 di un breve saggio, *La Guerriglia della vecchiaia*, presente al Museo Sveviano (SV Misc 357) come estratto di rivista senza indicazioni di luogo, edizione o data (e pertanto catalogato s.l., s.n., [1975]), con dedica dell'autore a Letizia Svevo Fonda Savio. Il saggio è aperto da una nota introduttiva che avverte che esso è stato scritto «in tedesco in occasione della prima rappresentazione in Germania della *Rigenerazione* (München Kammerspiele 20.9.1975)». L'affermazione mal si concilia però con l'indicazione posposta al saggio con lo stesso titolo che si può leggere in *Dietro le parole* (Milano, Garzanti, 1978, pp. 119-122), che lo dice tratto dal "Corriere della Sera" del 10 dicembre 1973. È vero però che i due testi sono solo in parte sovrapponibili perché il testo dell'estratto conservato al Museo Sveviano è un intervento molto più corposo e dedicato alla sola commedia di Svevo mentre in quello raccolto in volume vi sono diversi paragrafi in più che riguardano una *piéce* di Knut Hamsun e molti altri in meno, fra cui quello da cui ho tratto la citazione.
67. Cfr. *Nota sul concetto di vecchiaia in alcuni scrittori mitteleuropei e sul rapporto padri-figli nell'opera di Svevo*, "Atti e memorie dell'Arcadia", serie III, vol. V, fascicoli 2-3 (1971), p. 74.
68. "Degenerazione senile" è per esempio la definizione che del processo di invecchiamento si incontra nell'opera di Metchnikoff *Le disarmonie della natura umana e il problema della morte* (su cui cfr. più avanti p. 174 n. 118). La traduzione del saggio di Metchnikoff, nota a Svevo come spero di dimostrare, è del 1906 ma anche Gatt-Rutter dice che «non si può escludere che Svevo, attentissimo ai progressi della scienza, specie fisiologica, abbia conosciuto il lavoro del celebre scienziato anche prima» (*Alias Italo Svevo*, cit., p. 337).

Le diverse tecniche conoscono un successo sempre crescente a partire dall'ultimo quarto del diciannovesimo secolo e fino agli anni che precedono lo scoppio della prima guerra mondiale e diventano argomento di giornalismo e conversazione di massa nel corso degli anni '20.

A queste Svevo si interessa al punto da scrivere – fra l'altro – una commedia dedicata precisamente a questo tema, *La rigenerazione*. E tornerebbe comodo, a questo punto, stabilita l'identità fra vecchiaia e degenerazione, istituirne una parallela e contraria fra "ringiovanimento" e "rigenerazione": ci si potrebbe addirittura costruire un elegante paragrafo un po' ardito e sperimentale con i prefissi e i deverbali regolarmente "con trattino" (de-generazione, ri-generazione). Ma purtroppo c'è un problema. Di titoli, naturalmente. Perché al manoscritto della tarda commedia di Svevo,[69] che ne è privo, il titolo *La rigenerazione* è stato imposto dal primo curatore dell'opera, Umbro Apollonio,[70] che lo riprende da un passo del *Diario di Elio* in cui lo stesso Svevo verga di suo pugno la "storia dei suoi lavori". Fra essi un abbozzo intitolato *La rigenerazione* a proposito del quale scrive: «Pur troppo ne feci 2 degli atti e me ne pento. Una cosa che poteva stare in un atto, voleva forzare in 4».[71] Quindi si tratta di uno dei progetti abortiti di cui è ricca la prima fase – e non solo quella – della produzione sveviana. Solo che l'appunto è del 1881: 46 anni prima del momento in cui, verosimilmente, scrive la commedia! Un po' come chiamare *Primo vere* il *Notturno* di D'Annunzio.[72]

---

69. La cui redazione, secondo Federico Bertoni, «non resta che collocare [...] tra la primavera del 1927 e l'inizio del 1928» (TO, III, 1477).
70. Italo Svevo, *Commedie*, Milano, Mondadori, 1960.
71. *Diario di Elio Schmitz*, a cura di B. Maier, Dall'Oglio, Milano, 1973, p. 245.
72. Detto ciò, non si può negare a Umbro Apollonio di aver avuto un'intuizione notevole. Il titolo della commedia viene utilizzato quasi universalmente con scarsissima consapevolezza della sua origine e pare significativo ai più. Fra questi occupo un posto di spicco. Tralascio per caritatevole impulso e un residuo di amor proprio di riportare le stimolanti conclusioni che ho tratto dallo studio linguistico in prospettiva storica dei significati del termine "rigenerazione" prima di rendermi conto che il titolo dato alla commedia del 1927/'28 è un totale arbitrio editoriale basato su una felice coincidenza. Ma era roba forte: si passava da una panoramica sull'uso storico del termine (in biologia, in termodinamica, in religione) per arrivare agli ambiti specialistici e peculiari come quello in cui il termine riveste in ambito ebraico, dove indica il processo di rinascita del popolo prima e della nazione ebraica dopo che il movimento sionista si è affermato (fra l'altro nelle parole del sionista Nordau). Senza contare le ipotesi legate al calco da altre lingue, in particolare dal francese che possiede sia "régénération" che "régénérescence", da cui Svevo potrebbe aver reinventato la forma italiana con un accezione inedita: qualcosa fra "ringiovanimento", "rinvigorimento" e "rinascita". Un vero peccato che niente di tutto ciò abbia senso visto che Svevo non ha mai intitolato *Rigenerazione* la sua commedia sul ringiovanimento. La tentazione di sostenere che, avesse avuto il tempo di pensarci bene, avrebbe finito *senza dubbio* per intitolarla così non mi è estranea quanto amerei.

Lasciamo quindi da parte il titolo per osservare che quella che Svevo ci lascia fra le sue carte inedite è una compiuta (o quasi) commedia incentrata sull'operazione di ringiovanimento cui un anziano signore, Giovanni Chierici, decide di sottoporsi su consiglio del giovane nipote Guido Calacci, studente in medicina e promotore dello straordinario metodo di ringiovanimento del dottor Giannottini, cui si oppone con energia il medico della famiglia Chierici, il dottor Raulli. La *piéce* è ravvivata da alcune figure di contorno (la figlia di Giovanni, Emma e il suo trapassato ma fin troppo presente marito Valentino, il piccolo Umbertino, suo figlio, e il suo nuovo pretendente Enrico Biggioni, la servetta Rita – o Renata, a seconda delle oscillazioni del testo – e il suo fidanzato geloso lo *chauffer* Fortunato) e da qualche sviluppo parallelo di azione. Ma tutto, proprio tutto è incentrato sull'operazione di ringiovanimento ed è funzionale alla riflessione su di essa: l'ostinato lutto di Emma e la sua suscettibilità rispetto alla morte del marito perché consentono – per mezzo delle *gaffe* degli altri personaggi – di sottolineare che Valentino è morto per sindrome da senilità precoce (e che quindi, se avesse potuto attendere l'operazione, forse si sarebbe salvato); il maldestro corteggiamento di Biggioni perché l'antipatia che Giovanni porta a quest'ultimo si rivela fondata sulla sua – mentale – precoce senilità;[73] il corteggiamento della servetta Rita/Renata da parte di Giovanni che innesca la riflessione sulla "moralità" coatta dei vecchi e della supposta virtù che in essa si fa risiedere.

Senza contare poi che *La rigenerazione* non è l'unica traccia dell'interesse di Svevo per un tema che lo affascina e stimola, oltre alla sua curiosità, il suo *sense of humor* e il suo *esprit de finesse*. Già nel saggio *Ottimismo e pessimismo*, per esempio, si incontra il tema dell'uomo nato in controtendenza rispetto ai tempi (che dà vita anche a una delle battute più gustose della *Rigenerazione*[74]) e, con questo mezzo, ci viene presentato anche il primo dei medici che si sono occupati di "ringiovanimento" e che hanno attirato l'attenzione di Svevo:

---

73. «GIOVANNI: È vecchio ad onta della sua età. Perciò m'è antipatico. Dev'essersi fatto operare alla rovescia per diventare tanto vecchio», *La rigenerazione*, TO, III, p. 708.
74. «GIOVANNI: Certo sarebbe una bella cosa di diventare giovine. Perché è vero che in questa epoca non è permesso di essere vecchi. | GUIDO: In tutte le epoche è stata una cosa alquanto seccante. | GIOVANNI: Niente affatto. Nella mia giovinezza solo i vecchi erano onorati. Oh, lo ricordo. A me davano del puledro. Quando usavo una parola seria dicevano: Anche alla pulce prude. E quando divenni vecchio ecco che non si rispettano piú che i giovini. Perciò io veramente non fui rispettato mai.» (*La rigenerazione*, cit., pp. 676-677). Nel già ricordato saggio di Giuseppe A. Camerino, *Nota sul concetto di vecchiaia* ecc. si ha un tentativo di inquadramento storico della battuta, vista nel quadro della decadenza asburgica (col passaggio dall'incondizionato rispetto per la saggezza del vecchio rappresentato per antonomasia dall'Imperatore Francesco Giuseppe alla nuova concezione "patologica" della vecchiaia) e nell'opera di altri autori della medesima epoca ed area.

La scienza oramai ha distrutto anche il pregiudizio dei patriarchi. Fra l'esperienza del vecchio e la vivacità intraprendente del giovine essa non esita. Un mio vecchio amico mi diceva con tristezza: finché ero giovine si stimavano i vecchi; ora che sono vecchio si stimano i giovani soltanto. A tutta una generazione è toccata questa brutta avventura. Per la battaglia, che sia di muscoli o di nervi ci vuole la gioventù. Il vecchio da certi medici viene addirittura consegnato al patologo. Un celebre vecchio il Brown Séquard, l'inventore della sieroterapia, a 70 anni credette di aver inventato[75]

La storia del dottor Charles Edouard Brown Séquard (1817-1894) è per certi versi esemplare di questa rincorsa alla giovinezza perduta e non è difficile immaginare perché Svevo avesse pensato di occuparsene nel suo saggio. Il prudente scienziato conosciuto in tutto il mondo per le sue ricerche sul midollo spinale e per l'individuazione della sindrome che porta il suo nome,[76] ancora e ben più lodato per le sue intuizioni circa il ruolo delle secrezioni ghiandolari endocrine e quindi degli ormoni, ricordato – fra l'altro dallo stesso Svevo, come si è visto – come l'inventore della importantissima tecnica della sieroterapia,[77] scivola a fine carriera in un ingenuità che fatalmente incrina il suo profilo e che è all'origine della più ampia – ma verosimilmente indesiderata – eco che il suo nome ha suscitato e ancora in parte suscita. Proprio l'ultima delle sue intuizioni e delle sue ricerche, infatti, lo condusse verso la sperimentazione di un siero in grado di far ringiovanire l'organismo e prolungare la durata della vita umana. Nel 1889, a oltre 70 anni, «si praticò sei iniezioni sottocutanee di un estratto ottenuto da testicoli di cavie e di cani. Affermò di aver ripreso forza ed entusiasmo. Nel 1893 lesse una relazione all'Accadémie des Sciences provocando enorme interesse e clamore; l'anno seguente morì».[78] Per dileggio della sorte, quindi, molta della fortuna postu-

---

75. TO, III, p. 883. Il manoscritto del saggio si interrompe qui.
76. La sindrome di Brown Séquard, nota anche come emiplegia di Brown Séquard o paralisi di Brown Séquard è una perdita delle funzioni motorie e della sensibilità dovuta a una divisione della colonna vertebrale.
77. Annie Lalanne-Olive, che lo ricorda nel suo *Svevo et le savoir médical*, "Revue des études italiennes", 1993, n. 1-4, p. 143, sostiene che oltre ad essere il padre della sieroterapia, le ricerche di Brown Séquard sarebbero state «le point de départ de la méthode connue sous le nom d'organothérapie et d'opothérapie», ossia dell'uso terapeutico del succo (opos) d'organo sano per la cura dell'organo malato.
78. Traggo la citazione dal saggio *Storia dello sperma. Antropologia del seme maschile: pregiudizi, fantasie e verità scientifiche*, Roma, Mare Nero, 2001, p. 63) di Luciano Spadanuda. Mi sembra che si riferisca proprio al povero Brown Séquard il cenno che Svevo, nella *Rigenerazione*, affida al dottor Raulli, l'anziano medico che, come detto, si oppone all'operazione dicendo fra l'altro al suo antagonista, il giovane Guido Calacci: «Io non seguii tante fantasticherie. Io mi fermai ad un documento molto pubblico, evidentemente accertato. Un presidente ottantenne dell'Accademia Francese delle Scienze si proclamò convinto dell'efficacia delle pratiche ringiovanitrici. Ebbene! L'Accademia nella prima sua tornata dichiarò che da allora non poteva essere suo presidente chi avesse sorpassato i 60 anni. È il solo processo di ringiovanimento in cui credo. Capisce, giovinotto?» (III, p. 643). Anche se Brown Séquard non arrivò mai a un'età tanto avanzata, infatti, sembra probabile che Svevo qui si riferisca alla relazione sui suoi esperimenti che l'anziano medico lesse all'Accademia delle Scienze nel 1893.

ma della figura e dell'opera di un così valente fisiologo e ricercatore, si deve a questa sua estrema illusione e alle maliziose illazioni che l'accompagnarono dicendola figlia del concomitante matrimonio che l'anziano dottore aveva contratto con una donna molto più giovane.[79] Sarebbe forse di consolazione al povero Brown Sequard sapere che non furono tutte triviali le fantasie che questa sua uscita di scena eccitò e certo non furono dozzinali gli ingegni che se ne sentirono attratti: Arthur Conan Doyle,[80] forse Stevenson,[81] più tardi Aldous Huxley.[82] In questa schiera non stona pertanto il nome di Svevo che, come vedremo, quando scrive *Lo specifico del dottor Menghi*, ha ben presente la figura di Brown Séquard.[83]

79. Il verbo "contrarre" si usa principalmente per matrimoni e malattie: qualche legame ci sarà. Come che sia era tendenza diffusa, fra i medici che si dedicavano alle ricerche sulla longevità e il ringiovanimento, quella di sposarsi più volte: anche Sergej Voronoff, di cui parlerò fra breve, si sposò tre volte; la seconda con la miliardaria tossicomane Evelyn Bostwick-Castairs, la cui morte, velata di sospetti, lo aveva lasciato erede di un cospicuo patrimonio.
80. Conan Doyle dedica una delle ultime avventure di Sherlock Holmes a una controfigura di Brown Séquard, il dottor Presbury che, in età ormai avanzata, essendosi inopinatamente innamorato della giovane figlia di un collega (che non a caso si chiama "miss Morphy": come per la "Teresa Morfi" di *Degenerazione* il potenziale di minaccia insito nella giovinezza unita alla femminilità viene ribadito discretamente) decide di praticarsi iniezioni di un siero estratto da un langur, una scimmia himalayana, al fine di ringiovanire, ma ne ottiene sconvolgenti effetti collaterali. *The Adventure of the Creeping Man*, pubblicato nel 1924 nella raccolta *The Case Book of Sherlock Holmes* (London, John Murray) si basa sicuramente sulla figura di Brown Séquard. Vi si può scorgere tuttavia anche il ricordo dell'attività professionale del dottor Voronoff di cui mi occupo qui avanti, nel ricorso alla scimmia quale animale da "prelievo". È appena il caso di dire che le iniezioni che il dottor Presbury si pratica lo fanno muovere come una scimmia (l'uomo del titolo è "creeping", appunto, "strisciante", perché si muove come uno scimmione, trascinandosi su mani e piedi) e gli danno una insopprimibile tendenza ad arrampicarsi. Dello stesso parere lo Zeno de *Il mio Ozio* (TO, I, p. 1202): «Dio sa quale sia l'effetto della glandola della scimmia. Forse l'operato al vedere una bella donna si sente indotto ad arrampicarsi sull'albero più vicino. È anche questo un atto abbastanza giovanile».
81. La notizia ha piuttosto l'aspetto di una leggenda perché a una prima verifica mi pare che date e circostanze non collimino. Tuttavia vi è chi ha voluto vedere in Brown Séquard l'ispiratore del dottor Jeckyll, basandosi sulla coincidenza per cui lo scrittore e il fisiologo furono vicini di casa in Cavendish Square, a Londra. La dubbia attendibilità della notizia non ostacola la mia riflessione secondo cui la figura storica di Brown Séquard ha rappresentato per lungo periodo l'immagine ideale del medico che sperimenta i propri ritrovati su sé stesso. A suo rischio e – per la legge letteraria della punizione dell'*hýbris* – a suo danno.
82. Nel romanzo di Aldous Huxley *After Many a Summer*, del '39 (traduzione italiana *Dopo molte estati*, Milano, Mondadori, 1949), all'anziano e depravato conte che si dedica a una – per altro diversa – terapia di ringiovanimento, accade più o meno lo stesso che al dottore di Conan Doyle: si trasforma in una scimmia perché ringiovanisce a tal punto da percorrere a ritroso il percorso evolutivo filogenetico.
83. Altri nomi vengono fatti nel saggio di Renzo Rabboni *Un'utopia scientifico-letteraria del primo Novecento: longevità e ringiovanimento (Shaw, Bulgakov, Zoščenko, Svevo)* – "Comparatistica. Annuario italiano", anno IV, 1992, pp. 99-119 – che costituisce un'interessante panoramica sulla fortuna letteraria della "operazione di ringiovanimento" in generale.

Né l'interesse di Svevo per questi argomenti si esaurisce con Menghi ché, anzi, si rinfocola negli anni '20, quando la questione del ringiovanimento ritorna alla ribalta grazie ai due alfieri che egli ricorda in *Corto viaggio sentimentale*: gli eminenti dottori Voronoff e Steinach. Entrambi molto noti all'epoca, furono dei veri divi della medicina del loro tempo di cui incarnarono, per alcuni anni, l'immagine più avventurosa e pionieristica. In realtà fu soprattutto il primo, Serge Voronoff (1866-1951), a colonizzare l'immaginario popolare in virtù della sua singolare vicenda, della sua abilità nel propagandare le sue idee e i suoi esperimenti, delle illazioni e delle fantasie che la sua attività seppe risvegliare. La sua chiacchierata vita privata (è accreditato come amante della pittrice Tamara de Lempicka e frequentatore della migliore società parigina), condita da alcuni scandali (la succitata misteriosa morte della seconda moglie e la conseguente cospicua eredità goduta in compagnia della terza) e da un aria di mistero che aleggiava sui suoi esperimenti, ne fecero un personaggio da rotocalco e una figura amata tanto dagli *chansonnier* di Montmartre che dai disegnatori di vignette satiriche. Ebreo russo naturalizzato francese, Voronoff si era dedicato agli studi di endocrinologia dopo un viaggio in Egitto in cui, secondo la sua testimonianza, avendo osservato la breve, triste vita degli eunuchi negli *harem*, aveva avuto la prima intuizione della fondamentale importanza della secrezione testicolare per la salute e la longevità dell'uomo. In seguito aveva pensato di sfruttare a tal fine le sue eccezionali abilità di chirurgo dando vita ad ardite operazioni di trapianto (di cui rimane uno dei riconosciuti pionieri) in cui innestava testicoli di scimpanzé sull'addome di anziani pazienti desiderosi di ringiovanire. In questo modo intendeva restituire loro il vantaggio che riteneva derivasse all'organismo da organi riproduttivi efficienti. A tale scopo, nella villa di Grimaldi, presso Ventimiglia, in cui si era ritirato per poter meglio attendere alle sue ricerche, si era fatto costruire delle enormi gabbie in cui teneva rinchiuse le scimmie che gli servivano per gli esperimenti.[84] È quello di Voronoff il primo nome che viene alla mente quando si introduce il tema delle terapie di ringiovanimento ed esiste la testimonianza della figlia di Svevo, Letizia, che in un intervista ha dichiarato «Spesso poi parlava della cura Voronoff per ringiovanire i vecchi e ad essa si interessava moltissimo».[85]

Tuttavia credo di avere argomenti per sostenere che la pratica terapeutica che *La Rigenerazione* prefigura, sia pur per cenni, non sia quella del medico franco-russo, ma quella proposta dal suo collega: Eugen Steinach (1862-1944). Il medico viennese giunse a una certa notorietà piuttosto in anticipo rispetto al suo collega e concorrente grazie agli studi intrapresi già negli anni dieci sui caratteri sessuali secondari: nel 1912 ebbe successo un suo esperimento di trapianto incrociato maschio-femmina degli organi sessuali delle cavie grazie al

---

84. Informazioni più ricche e dettagliate si possono leggere nella biografia di Jean Real *Voronoff*, Paris, Stock, 2001.
85. Cfr. Carlo Baiocco, *Analisi del personaggio sveviano*, cit., p. 125.

A sinistra: *Eh bien, et Solex! Y prend votre vieille voiture, y vous colle son carburateur, et la voilà rajeunie de 10 ans!* (caricatura di origine ignota pubblicata in Francia nel 1920. Da Jean Real, Voronoff, Paris, Stock, 2001).

A destra: *Articolo apparso su "Le Chanard Enchaîné" nel 1926* (Da Jean Real, *Voronoff*). L'operazione di ringiovanimento proposta da Voronoff fu oggetto di discussione, ironie e caricature da parte della stampa popolare.

quale ebbe modo di osservare l'inversione del comportamento sessuale nei soggetti trapiantati. Gli esperimenti di Steinach approdarono ben presto all'ambito umano e alla scoperta venne dato grande risalto anche perché ne derivarono conseguenze importanti: da una parte altri scienziati, come il dottor Magnus Hirschfeld, ne trassero la conclusione che le secrezioni delle ghiandole sessuali erano responsabili del fenomeno dell'omosessualità che si prese a tentare di curare attraverso iniezioni di estratto ghiandolare. Dall'altra gli entusiasti sostenitori del professore viennese si spinsero a dichiarare che il suo lavoro aveva confermato la teoria di Weininger.[86] Ma nel frattempo Steinach, da autentico

---

86. Nel libro di George F. Corners *Rejuvenation: How Steinach Makes People Young*, uscito nel 1923 a New York per la casa editrice di Thomas Seltzer, l'autore sostiene infatti che la scoperta di Steinach sul ruolo delle secrezioni ghiandolari nella definizione del comportamento sessuale verifica «the theories of that eccentric young genius Otto Weininger, who died by his own hand after giving to the world "Sex and Character"» secondo il quale «no human being is wholly male or female. The 100% male or female exist only in the limbo of theory» (p. 27).

seguace di Brown Séquard – che per primo aveva sostenuto che alcune malattie e carenze dell'organismo, e l'invecchiamento *in primis*, fossero dovute ad una insufficiente secrezione delle ghiandole endocrine – era passato a studiare l'effetto degli ormoni sessuali sull'invecchiamento e a teorizzare a sua volta la possibilità di ringiovanire i vecchi fornendo loro un surplus di secrezione ghiandolare. A distinguerlo da Voronoff, pertanto, più che un'autentica differenza di impostazione teorica c'era, in sostanza, solo la tecnica dei suoi interventi. Interventi cui è tutt'ora possibile assistere guardando le riprese di un documentario propagandistico del 1922 intitolato appunto *Der Steinach-film*.[87] La pellicola è ricca di immagini di cavie e altri animali sottoposti a interventi ed esperimenti e di animazioni che mostrano l'importanza delle secrezioni ormonali nella definizione dei ruoli sessuali (ci sono didascaliche riprese di cosiddetti "invertiti", maschi e femmine, colti in atteggiamenti caricaturali) e nel processo di invecchiamento (le ultime immagini sono dedicate a pazienti che hanno acconsentito a mostrare il beneficio che l'operazione di ringiovanimento ha avuto su di loro: li vediamo deboli, apatici, spenti prima dell'intervento; intenti a sollevare pesi, flettere elasticamente gli arti e camminare di buon passo su impervi sentieri di montagna subito dopo). Ma vi sono riprese dedicate anche alla pratica chirurgica che ci permettono di verificare, fra l'altro, che anche Steinach era esperto nella tecnica del trapianto ghiandolare non solo nelle cavie ma anche sugli esseri umani.[88] Solo che egli, a differenza di Voronoff, riteneva che il trapianto di testicoli non fosse né l'unica né la più indicata via per fornire maggiore quantità di secrezione e che a tale scopo valesse maggiormente l'intervento da lui messo a punto che si risolveva, in pratica, in una vasectomia: dopo aver interrotto uno dei due dotti spermatici, ne legava le estremità e praticava su di esse un'incisione per consentire la diffusione del liquido seminale nell'organismo. In questo modo, secondo la sua teoria si limitava la dispersione della preziosa secrezione (benché, naturalmente, l'altro dotto spermatico venisse lasciato intatto per la ripro-

---

87. Del documentario, naturalmente muto, prodotto dalla Universum Film AG (UFA) di Berlino per la regia di Nicholas Kaufmann erano state realizzate due versioni: quella destinata agli specialisti e la cosiddetta "Populäre Fassung" dedicata a un pubblico più ampio. È questo secondo montaggio che il sito del Magnus-Hirschfeld-Archiv für Sexualwissenschaft della Humboldt-Universitat zu Berlin (http://www2.rz.hu-berlin.de/sexology) celebra come pietra miliare nella storia della sessuologia in quanto primo serio tentativo di divulgazione di nozioni scientifiche sulla sessualità e sul ruolo degli ormoni in essa. Al direttore dell'archivio, professor Erwin J. Haeberle, il mio ringraziamento per la cortese disponibilità e l'aiuto offertomi per reperire una copia del film.
88. Il filmato documenta con esplicita, scientifica evidenza, oltre a diverse operazioni di Steinach sulle sue cavie e, in particolare, sull'anziano ratto Matusalemme che di questo film è un po' la star, il trapianto di un testicolo (della cui origine tuttavia non siamo informati) sulla pancia di un paziente poiché, ci viene detto, il tessuto adiposo sottocutaneo dell'addome è particolarmente adatto al trapianto per la tendenza a rapida vascolarizzazione e scarso rigetto.

duzione) e si stimolava la produzione della secrezione interna delle gonadi.[89] Anche Steinach, come Voronoff, conobbe un enorme successo con la sua operazione (grazie anche all'utilizzo di moderni mezzi di propaganda come il cinema, appunto): una testimonianza del dottor Herry Benjamin, allievo di Steinach, vuole che all'operazione si sottoponesse, nel 1923, lo stesso Sigmund Freud, mentre altre fonti sostengono che a Steinach si fosse rivolto anche il poeta William Butler Yeats.[90] Che questo e non altri sia il misterioso intervento che ne *La rigenerazione* viene praticato sui vecchi triestini e sullo stesso Giovanni dal dottor Giannottini, dicevo, non ho dubbi: in varie occasioni il giovane Guido, per meglio convincere lo zio a sottoporvisi, lo qualifica di "semplice taglio" e sostiene che esso «non è piú pericoloso del taglio delle unghie»,[91] mentre il dottor Raulli, per meglio opporvisi, sostiene che la sua efficacia è stata bensì provata ma sui topi, e non sugli esseri umani.[92] Circa il *dove* "il semplice taglio" dovesse poi essere praticato, poi, il testo non lascia adito a dubbi: «La tecnica dell'operazione, esclude che si possa applicare alle donne».[93]

La recente scoperta di una corrispondenza da Londra sul quotidiano triestino "La Nazione" del 1921, che Brian Moloney e Fraser Hope attribuiscono a Svevo, potrebbe fornire conferma a questa ipotesi. Dico "potrebbe" non perché non mi convinca l'attribuzione che, al pari di Moloney e Hope giudico ancorché "dubbia", molto probabile.[94] Ma perché l'articolo, da questo punto

---

89. L'operazione è così descritta nel citato volume di G. F. Corners *Rejuvenation*: «The removal of a portion of the vas deferens is called vasectomy. The constriction or strangulation of the vas deferens is called vaso-ligature. A combination of both constitues the famous Steinach operation. In other words the Steinach operation turns the sex gland from a mixed into a ductless gland, in order to stimulate its internal secretion» (pp. 13-14).
90. Il nome di Steinach è ricordato, *en passant*, anche nell'*Uomo senza qualità* di Musil (trad. it. Torino, Einaudi, 1996, vol. I, p. 406).
91. *La rigenerazione*, cit., p. 673. È evidente che non solo l'operazione di trapianto *à la Voronoff* è ben più rischiosa della vasectomia di Steinach (sembra che gravi problemi per infezioni seguissero la prima delle operazioni di Voronoff, il 12 giugno del 1920, anche se poi la tecnica dovette essere affinata visto che egli realizzò 52 trapianti entro il 1924), ma soprattutto la tecnica operatoria che richiede (e che lo stesso *Steinach-film* documenta, come si è detto) è tale che più difficilmente la si potrebbe paragonare al taglio delle unghie.
92. Ivi, p. 643. Sono convinto che i topi rimandino a Steinach, così come parlare di "scimmie" equivale a richiamare il lavoro di Voronoff. Per altri versi noto che lo stesso Raulli si riferisce all'operazione definendola "taglio" (ivi, p. 643) e lo stesso fanno gli altri personaggi.
93. Ivi, p. 678.
94. La corrispondenza si intitola *La gioventù di Faust*, ed apparve sulla "Nazione" del 19 maggio 1921, p. 1; il testo è ora in Brian Moloney - Fraser Hope, *Italo Svevo giornalista triestino con scritti sconosciuti*, "Quaderni Giuliani di Storia", anno XXVII, n. 1 (gen-giu 2006), pp. 69-70, fra gli "articoli di dubbia attribuzione". Tuttavia, come dicevo, sono portato a dar credito agli argomenti degli autori sia quando sottolineano l'ironia "sveviana" del pezzo, sia quando richiamano il "Faust" del titolo a proposito del frammento della *Prefazione* incompiuta al cosiddetto "quarto romanzo": «È l'ora in cui Mefistofele potrebbe apparirmi e propormi di ridiventare giovine. Rifiuterei sdegnosamente. Lo giuro». (TO, I, p. 1664).

A sinistra: *Eugen Steinach nel suo studio nei primi anni Venti* (da *Steinach-film*, Berlin, Universum Film AG, 1922; Bundesarchiv-Filmarchiv, Berlin. Per concessione Transit-Film-Gesellschaft MBH, München).

A destra: *Locandina dello Steinach-film* (per gentile concessione Magnus-Hirschfeld-Archiv für Sexualwissenschaft, Humboldt-Universität, Berlin). La versione popolare (*Populäre Fassung*) del documentario è annoverata come primo serio tentativo di divulgazione di nozioni scientifiche sulla sessualità e sul ruolo degli ormoni in essa, ma rappresenta allo stesso tempo un veicolo per la promozione della terapia di ringiovanimento del dottor Steinach (cfr. p. 166).

di vista, pone alcuni problemi. L'autore sembra convinto che il metodo di Steinach sia incentrato sulla tiroide, e non su un intervento ai testicoli, e ritiene che esso possa essere praticato anche attraverso iniezioni, lasciando intendere di pensare piuttosto a un metodo analogo a quello di Brown Séquard.[95] Ma se tralasciamo questi particolari – che del resto si possono spiegare con

---

95. Steinach non proponeva alcuna soluzione in tal senso. Nel già citato volume *Rejuvenation: How Steinach makes People Young*, l'autore sottolinea che "secondo quanto lo stesso Steinach gli ha spiegato" (p. 17), ci sono solo "tre vie al ringiovanimento": la vasectomia parziale, l'innesto di testicoli e... l'applicazione di raggi X! (cfr. p. 19). Analogo risultato danno le altre fonti coeve: *Theorie und praxis der Steinachschen operation*, del dr. Peter Schmidt (Berlin, Rikola, 1922) e *Rejuventaion. The work of Steinach, Voronoff, and others*, del dr. Norman Haire (London, Allen, 1924).

una maggiore informazione cui Svevo poteva aver attinto nel 1927/'28 rispetto a quella di cui disponeva nel 1921 – l'articolo sulla "Nazione" ci si rivela ironicamente centrale: in esso Svevo descrive il caso del signor Alfred Wilson di Londra che, dopo una vita ricca e varia (era stato «cameriere, facchino, portinaio, fornitore di navi, cercatore d'oro e commerciante»[96]), afflitto dall'età avanzata aveva deciso di sottoporsi all'operazione di Steinach dalla quale aveva tratto benefici straordinari, al punto da sentirsi in obbligo di offrire al mondo la sua esperienza affittando la sala della Albert Hall per tenervi una conferenza intitolata «Come venni ringiovanito di venti anni col metodo del prof. Steinach di Vienna». Ma, prosegue l'articolista della "Nazione":

La conferenza doveva aver luogo ieri sera. Wilson aveva voluto presenziare ai preparativi che si svolsero febbrilmente, e sotto la sua direzione. Aveva scritturato anche un organista di cartello, perché facesse un po' di musica nell'intervallo. Ma ieri mattina la signora, presso la quale egli era in pensione, non udendolo dar segni di vita, entrò nella camera e lo trovò morto nel letto.[97]

Qui non è il solo povero Alfred Wilson a fare le spese dell'ironia di Svevo, ma tutta la scienza – o si dovrà dire l'industria?[98] – del ringiovanimento. Fatto salvo

---

96. *La gioventù di Faust*, cit.
97. Ibidem. Secondo Moloney e Hope la fonte di Svevo sarebbe stato un anonimo trafiletto apparso sul "Times" del 14 maggio 1921 (che Moloney mi ha gentilmente messo a disposizione) che tuttavia non deve essere stato l'unica perché nell'articolo della "Nazione" si trovano diversi particolari in più, fra cui i cenni alla tiroide («gland treatment» secondo il "Times") e alle iniezioni (l'articolo triestino conclude con le parole: «È curioso il fatto che nell'autopsia eseguita dai medici sul corpo del Wilson non è stata trovata alcuna traccia di operazione. Si dice che la cura sia fatta con iniezioni», mentre quello del "Times" chiude semplicemente con «A verdict was recorded of "Death from natural causes"»). Nel suo recente *La forma delle forme* (Trieste, EUT, 2007, p. 247, nota 113), Cristina Benussi cita un ulteriore articolo della "Nazione" che potrebbe essere di Svevo, pubblicato in data 25 ottobre 1921 e dedicato a una non meglio specificata operazione di ringiovanimento compiuta a Londra dal dott. Irving R. Bacon.
98. L'articolista del citato trafiletto del "Times" sottolinea con enfasi il costo dell'operazione di Wilson: 700 sterline! Un capitale. Del resto il costo molto elevato di questi interventi, che ne faceva una possibilità riservata solo a una ristretta minoranza, contribuiva alla loro mitizzazione: la villa misteriosa di Voronoff, le sue frequentazioni nella *high society*, le sue chiacchierate ricchezze si saldavano a livello di immaginario con l'operazione e i suoi magici – ma inquietanti – effetti. Molti giornalisti, del resto, vi ricamavano su e il più volte citato libro di Corners su Steinach è costretto a ironizzare sui «Gilles de Retz of to-day» per esorcizzare lo spettro dei miliardari che, secondo certa stampa, avrebbero pagato somme favolose per appropriarsi delle "ghiandole" «of a healty young person» (*Rejuvenation*, cit., pp. 17-18).

l'interesse e la suggestione che questo tema esercita sullo scrittore, testimoniato dalla figlia e di per sé evidente, si deve ammettere che la fiducia e la considerazione in cui Svevo tiene tutto ciò è ben scarsa. Ogni volta che introduce questo argomento e ricorda queste pratiche – a prescindere da quale metodo esattamente abbia in mente – la sua parola ha sempre un'intonazione bonariamente beffarda e una finalità ironica. Leggiamo per esempio il passo di *Corto viaggio sentimentale* da cui tutta questa discussione ha preso avvio:

> Ma se si confermava quello che Woronoff e Steinach asserivano? Meglio di loro, sarebbe servita a ridestare nei vecchi organismi la memoria, l'attività, la vita, una bellissima fanciulla o, più precisamente, una bellissima fanciulla alla settimana. Già i vecchi ebrei pensavano così e per tenere in vita re Davide, gli offersero una bella fanciulla. Ma egli non volle toccarla e dovette miseramente perire.[99]

La battuta sulla "cura di Re David" è un *topos* irrinunciabile di Svevo quando si parla di terapie di ringiovanimento: oltre al signor Aghios ne parla Giovanni nella *Rigenerazione*, mentre porta avanti il suo tentativo di seduzione – appunto – terapeutica della servetta Rita/Renata,[100] e naturalmente ne discetta con stile l'anziano Zeno de *Il mio ozio* in un passo in cui liquida la tentazione della operazione di ringiovanimento cui era soggiaciuto nelle *Confessioni del vegliardo*[101] e, insieme, tutta l'impostazione culturale che vi vede sottesa, seppellendola sotto una risata:

> Si capisce: Madre natura è maniaca, cioè ha la mania della riproduzione. Tiene in vita un organismo finché può sperare che si riproduca. Poi lo ammazza e lo fa nei modi più diversi per quell'altra sua mania di restare misteriosa. Non amerebbe di rivelare il suo pensiero

---

99. *Corto viaggio sentimentale*, cit., pp. 522-23. Il già citato saggio di Luciano Spadanuda, *Storia dello sperma*, a questo riguardo afferma: «L'elisir di lunga vita è un obiettivo che l'umanità si era posto sin dai tempi antichissimi. Il vecchio re David tentò di scaldarsi con la vergine Abisag per recuperare la salute, ma l'espediente fu infruttuoso. Il re morì senza "conoscerla", un eufemismo da Vecchio Testamento per dire che non ebbe rapporti sessuali con lei. La letteratura rabbinica contiene altri episodi simili a questo, nella convinzione che la vicinanza fisica di una persona giovane possa trasmettere energia vitale a un anziano».
100. Cfr. *La rigenerazione*, cit., p. 728: «Il vecchio casto invece è più vecchio del vecchio maiale. Con te io sto splendidamente bene. (Stirandosi.) Gli ebrei diedero una donna al re Davide. Il quale non la volle e per questo perí miseramente. Io non sono tanto bestia».
101. Si tratta in realtà di una delle non rare incongruenze che affliggono i materiali del "quarto romanzo" lasciati privi di revisione. In questo passo delle *Confessioni del vegliardo* (TO I, p. 1117), in effetti sembra che – ben al di là dall'esserne semplicemente tentato – Zeno si sottoponga davvero all'operazione di ringiovanimento.

ricorrendo sempre alla stessa malattia per sopprimere i vecchi. [...] Io sono stato sempre molto intraprendente. Esclusa l'operazione volli truffare madre natura e farle credere ch'io sempre ancora fossi atto alla riproduzione e mi presi un'amante.[102]

Il mio sospetto è che egli veda con sufficiente chiarezza il sostrato comune a tutte queste esperienze, e lo riconosca come sottinteso culturale prima e piuttosto che come ricerca medica.[103] Ne riconosca cioè l'origine lontana nel precetto antichissimo comune a molte culture e presente anche nella Bibbia a non disperdere il seme.[104] L'importanza quasi magica attribuita in tutte le culture al liquido seminale e le credenze sul danno fisico che all'uomo deriverebbe dal folle sperpero dello stesso hanno uno stretto legame con l'idea che i processi di esaurimento fisico – primo fra tutti l'invecchiamento – dipendano dalla carenza dell'importantissimo fluido e delle preziose sostanze in esso contenute. E infatti le soluzioni proposte non sono che diversi tentativi di supplire a tale carenza: o iniettando nella circolazione sanguigna un siero estratto dai testicoli di animali (Brown Séquard) o innestando direttamente nell'organismo ghiandole provenienti da altri organismi (di nuovo animali) che lo riforniscano di prezioso nutrimento (Voronoff) o semplicemente impedendo con una vasolegatura che il seme stesso venga disperso in un gesto di folle prodigalità (Steinach). Almeno non tutto.

Insomma Svevo ride di questi patetici tentativi di risparmiare, tesaurizzare, centellinare o ricostruire il patrimonio della propria energia vitale illudendosi di farla durare di più, in modo da durare di più noi.

---

102. *Il mio* ozio, TO, I, p. 1202. Il concetto è in qualche misura presente anche sul versante biografico della scrittura sveviana nella lettera alla moglie del 22 maggio 1899 in cui Svevo parla della cura elettroterapica prescrittagli dal dott. Marina (cfr. più avanti, p. 201) in termini davvero esemplari per il discorso che si è fin qui condotto: «Sto poco bene. Non altro che nervi. Passeranno anche quelli. Marina mi dice che io veramente non starò bene che quando avrò superato – se lo supererò – il quarantaduesimo anno d'età. Attendo con impazienza di invecchiare. Ogni sera mi elettrizzo ma non mi pare con grande risultato. Quale macchina elettrica sei meglio tu e quando ti avrò qui lascerò da parte tutti gli altri ordegni» (*Epist.*, p. 164).
103. In questo mi trovo in perfetto disaccordo con il citato saggio di Lalanne-Olive che scrive: «Svevo est convaincu de l'exactitude du raisonnement qui a conduit à ces techniques, seule leurs applications pratiques laissent à désirer» (*Svevo et le savoir médical*, cit. p. 144).
104. Nel continuo ritorno dell'episodio biblico di Re David nella prosa sveviana – per altro non così ricca di citazioni sacre – ne possiamo vedere secondo me un segno. Ne approfitto per dire che non vi è qui un intento svalutativo nei confronti delle scoperte di Brown Séquard e di Steinach che sono all'origine della odierna scienza endocrinologica e che mantengono, in alcuni casi, inalterata validità scientifica. Del resto faticherei a dimostrare di avere i titoli per farlo. Ma credo di non sbagliare quando dico che sono i sottintesi culturali di cui parlo a spingerli verso i loro più palesi abbagli, e talvolta anche verso le loro corrette intuizioni.

Guarire dalla cura

> Da lungo tempo io sapevo che la mia salute
> non poteva essere altro che la mia convinzione
> Italo Svevo - *La coscienza di Zeno*

Forse il disaccordo fra Svevo e i paladini del ringiovanimento ha un origine più profonda ancora che si potrebbe enunciare in questo modo: che cosa vuol dire ringiovanire? E che rapporto c'è fra la riconquista della gioventù e il prolungamento della vita? C'è un racconto cardine nella produzione di Svevo osservata da questo punto di vista: *Lo Specifico del dottor Menghi*, che si fa generalmente risalire al 1904.[105] Non è semplice riassumere questa bizzarra novella forse fantascientifica e forse no,[106] perché la struttura è abbastanza complessa e il *plot* è difficile da rendere senza seguire la voce narrante nella descrizione degli esperimenti tentati e delle ipotesi teoriche che li suffragano. Ad ogni modo quello che ci serve sapere è che nel corso di una seduta di una Società Medica presieduta da un arcigno dottore di nome Clementi, un anziano medico «che per invincibile timidezza non prendeva mai la parola, si alzò e informò l'assemblea che il Dottor Menghi, al suo letto di morte, l'aveva pregato di leggere alla Società una sua memoria su un nuovo siero da lui scoperto».[107] Il resto del racconto è occupato dalla relazione in prima persona scritta da Menghi, e solo alla fine, conclusa la lettura, riprende la parola il dottor Clementi, che nel frattempo abbiamo imparato a conoscere come collega, medico di famiglia della

---

105. Cfr. TO, II, pp. 842-843.
106. Così come *Il malocchio* forse è un racconto fantastico e forse no. Nel caso di Svevo il problema è sempre quello di decidere il punto di vista perché l'autore si guarda bene dal disambiguarlo. In entrambi i casi citati esiste la possibilità che quanto ci viene narrato abbia una plausibile spiegazione razionale che non dipende da conoscenze scientifiche ancora da venire. Oppure no.
107. *Lo specifico del dottor Menghi*, cit., p. 61. Va segnalata qui, tuttavia, la presenza di una gravissima mutilazione del testo al cui autografo manca tutta la seconda metà del primo foglio. La perdita è irreparabile e sospetto che sia la causa dell'incomprensione di alcuni aspetti del testo che rimangono oscuri: è evidente infatti che in queste battute iniziali l'autore doveva aver inserito elementi narrativi in grado di creare un riverbero, una corrispondenza con le righe del paragrafo conclusivo in cui il dr. Clementi ribalta con un audace colpo di mano il senso stesso della vicenda. Sicuramente nella parte mancante il dottor Galli, per "invincibile timidezza", cedeva il manoscritto allo stesso Clementi che ne dava lettura (circostanza che potrebbe avere qualche significato, come spero di rendere evidente), visto che poi è Clementi che "finisce di leggere" (p. 91). Ma che cosa Clementi potesse mai dire nel prendere la parola, non sapremo.

stessa famiglia Menghi e personale nemico dell'eroe eponimo. Menghi infatti ricorda ai suoi colleghi che molti anni prima, «con precipitazione giovanile», egli aveva proclamato la scoperta «di un siero atto a ridare istantaneamente ad un organismo vizzo la prisca gioventù» ma che un suo "avversario" – che alla fine si rivela essere lo stesso Clementi – aveva affermato che la sua "gioventù" «non era altro che una corsa pazza alla vecchiaia».[108] È per questo motivo che Menghi indirizza le sue ricerche nella direzione opposta: «io dovevo arrivare – scrive – ad un'*economia delle forze vitali* per la quale la vita fosse allungata incommensurabilmente»,[109] e per farlo si rivolge, secondo i dettami dell'organoterapia,[110] «a un animale longevo per eccellenza»[111] nel cui corpo individua un "organo mitigatore", un "rallentatore" col quale produce il suo siero che battezza *Annina* in onore della madre Anna. L'esperienza dello "specifico" sul suo stesso organismo è descritta molto minuziosamente e, trattandosi di esperienza *al rallentatore*,[112] prende una cospicua sezione centrale del racconto: Menghi giace semiparalizzato e inerte in uno stato quasi catatonico in cui la finezza della percezione e del pensiero è immensamente accresciuta ma la capacità d'azione pressoché nulla. Mentre dura l'effetto dell'Annina, la madre di Menghi è colpita da un aneurisma e l'inventore viene ridestato alla vita da Clementi che è accorso per soccorrerla. Appena solo il figlio som-

---

108. *Lo specifico del dottor Menghi*, cit., p. 62. "L'alcole Menghi", come Clementi battezza – contrario l'inventore – questo primo siero, è infatti «uno stimolante incomparabile superiore a tutti quelli finora in uso» che accelerando di molto il metabolismo viene accusato di logorare più in fretta l'organismo stesso e quindi di avvicinare vecchiaia e morte. Il dubbio che questo e non altri debba essere l'effetto di un autentico metodo di ringiovanimento sfiora anche il dottor Raulli della *Rigenerazione*: «E se l'operazione avesse un'efficacia? Se cioè avesse l'efficacia di accelerare la vita e di abbreviarla?» (cit., p. 643).
109. *Lo specifico del dottor Menghi*, cit., p. 63; il corsivo è mio, la sottolineatura del manoscritto.
110. Il termine è nel testo. Come si ricorderà il padre dell'organoterapia è Brown Séquard.
111. «Non pensate a certi pesci d'acqua dolce la cui vita – come si constatò in certi parchi – dura oltre tre secoli», ammonisce Menghi (ivi, p. 63). Voronoff, nel suo saggio *Vivere* (Milano, Quintieri, 1920, p. 12) ricorda: «Viene di frequente citato il luccio pescato ad Heilbronn nel 1230 e che visse poi 267 anni. I carpi raggiungono 150 anni; le tartarughe possono vivere due secoli, e assai a lungo vivono pure i grandi serpenti e i coccodrilli. [...]». La carpa è l'animale depositario del segreto della longevità nel già ricordato racconto di Huxley, *Dopo molte estati*, ma per *Lo specifico del dottor Menghi* converrà ricordare che si tratta di un animale che va in letargo (cfr. p. 78: «il sonno lungo lungo») e forse non sbaglia Clotilde Bertoni a vedervi una tartaruga (cfr. TO, II, p. 847).
112. Va a Mario Lavagetto il merito di aver richiamato il racconto *Il nuovo acceleratore* di H.G. Wells, pubblicato su rivista (1901) e in volume (1903) in momenti propizi per essere considerato l'ispiratore della novella sveviana (cfr. l'introduzione al II volume di TO, intitolata *Notizie dalla clandestinità*, p. XX e sgg).

ministra l'Annina anche a lei per «domare quel cuore» che rischia di rompersi per eccesso di vitalità. Solo in un secondo tempo si rende conto che il siero, rallentando tutte le attività vitali, ritarda anche la cicatrizzazione delle ferite e quindi esclude la possibilità, pur remota, che l'aneurisma risani. Quando finalmente l'effetto dell'Annina si dilegua la madre lo rimprovera aspramente: «M'hai sepolta viva, tu! [...] io volevo, io volevo muovermi, gridare, e non potevo e tutto era morto in me fuori che il desiderio di vivere, gridare, muovermi...».[113] La madre, morendo, si fa giurare che il figlio avrebbe cancellato la sua scoperta dalla faccia della terra ed egli obbedisce volentieri, benché non sappia esimersi dallo scrivere la memoria.

Menghi è dunque un collega, si potrebbe dire quasi uno stretto collaboratore di Brown Séquard, e anche di Steinach e di Voronoff (sebbene ne preceda le esperienze di diversi anni): è uno che vuole portare la medicina a fare i conti con i suoi fantasmi, che vuole «la pietra filosofale»,[114] che vuole la cura per ringiovanire. E Menghi è l'unico – fra tanti più blasonati e storicamente esistiti concorrenti – che la trova davvero! Solo che non la riconosce per quello che è e si lascia convincere a cambiare idea. Infatti è il primo specifico, quello che Clementi definisce "alcole Menghi" (ma che «è *toto genere* differente dall'alcole»[115]), l'elisir della giovinezza, quello che è capace davvero di ridare "ad un organismo vizzo la prisca gioventù" perché la gioventù, Svevo sa e Menghi impara, non è altro che quella maggior energia, quel surplus di vitalità che, appunto, distingue il giovane dal vecchio, la "persona d'energia" dal nevrastenico, l'atto alla vita dall'inetto, il giovanile dal senile, il malato dal sano. L'Annina, l'elisir di lunga vita che Brown Séquard e Voronoff e Steinach cercano inutilmente e che Svevo, non dovendo risolvere problemi medici e tecnici, trova facilmente, è esattamente l'opposto: un "moderatore" che allunga sì la vita, ma attraverso il risparmio di vita, l'avarizia, la tesaurizzazione dell'energia, il rallentamento vitale. Ciò che ne risulta non è affatto un ritorno alla giovinezza ma un prolungamento della vecchiaia e in quanto tale è perfettamente indifferente che esso si ottenga con iniezioni, tagli, trapianti o con la penna. Dopo averlo provato e, soprattutto, dopo la tortura inflitta alla madre morente, Menghi prova infatti «ribrezzo» per il suo specifico mentre del primo esperimento dice: «oggi io amo quella mia bella scoperta che abbreviava la vita ma la rendeva intensa».[116] E in questo caso è facile dimostrare che il punto di vista dell'autore coincide con quello del personaggio: ancora nel saggio *Ottimismo e pessimismo* in cui se la prende con «Woronoff e Steinach», Svevo cita un'altro medico eminente, Élie Metchnikoff (1845-1916), con la sua ricetta a base

---

113. *Lo specifico del dottor Menghi*, cit., p. 89.
114. Ivi, p. 63.
115. Ivi, p. 62.
116. Ibidem.

di yogurth,[117] e lo accomuna nella medesima condanna: «di disillusione in disillusione si va alla vecchiaia. Metchnikoff l'allunga la vecchiaia. Un bel servizio!».[118] E perché mai, infatti, qualcuno dovrebbe voler protrarre la vita anche se tale vita finisce per essere quella del sepolto vivo? C'è un unica risposta: per paura, per allontanare la morte.

Lo specifico del dottor Menghi è un racconto cardine, si diceva, non solo perché cronologicamente si situa in una posizione centrale fra la prima produzione romanzesca di Svevo e quella del dopoguerra,[119] ma soprattutto perché lega – diciamolo in modo diretto, seppur rozzo – *Degenerazione* alla *Coscienza di Zeno* di cui "Menghi" è un'autentica prefigurazione. Lo è perché alcune invenzioni del racconto vengono sviluppate nel romanzo: il confronto fra le due diverse velocità di vita che caratterizzano le opposte età dell'uomo si trasforma nella contrapposizione fra fra i "Basedowiani", caratterizzati dal «generosissimo, folle consumo della forza vitale ad un ritmo precipitoso» e «gli organismi immiseriti per avarizia organica, destinati a perire di una malattia che sembrerebbe di esaurimento ed è invece di poltronaggine»[120] (e non sfuggirà che in questa ultima riedizione della suddivisione degli uomini in "attivi"

---

117. Zoologo ed embriologo russo che pubblicò nel 1901 la teoria della "fagocitosi" spiegando i meccanismi di difesa dell'organismo e la teoria dell'immunizzazione (i cui principi sono ricordati da Menghi, quando parla della «reazione dolente e salutare di cicatrizzazione»), scoperta che gli valse il premio Nobel nel 1908. Corollario a questa scoperta furono le osservazioni sulla longevità dei pastori caucasici che egli attribuiva al loro consumo di yogurth: un'osservazione che è all'origine di una radicata abitudine alimentare. Altre notizie su Metchnikoff possono essere desunte dalla biografia scritta dalla moglie, Olga: *Vie d'Élie Metchnikoff*, Paris, Hachette, 1920.
118. *Ottimismo e pessimismo*, cit., p. 883. Mi sembra utile sottolineare perché non è stato ancora notato che il saggio incompiuto di Svevo – che l'edizione Mondadori attribuisce dubitosamente al «secondo decennio del Novecento, forse a ridosso della guerra» (TO, III, p. 1654) e che Gatt-Rutter data al 1907-1908 «o poco dopo» (*Alias Italo Svevo*, cit., p. 337) – potrebbe con maggior precisione essere collegato all'uscita della traduzione italiana del libro di Metchnikoff *Le disarmonie della natura umana e il problema della morte* (Milano, Pallestrini, 1906) il cui sottotitolo è *Saggio di filosofia ottimista*. All'interno l'autore affronta precisamente il tema della morte nei termini del manoscritto sveviano (si veda ad esempio il capitolo intitolato *Introduzione allo studio scientifico della morte* in cui Metchnikoff dedica un paragrafo alla morte dolce e felice dei centenari nella Bibbia). Si potrebbe aggiungere anche che in quello stesso 1906, il 6 di dicembre, Ferdinando Pasini teneva alla "Minerva" una conferenza dal titolo *La funzione sociale del pessimismo* (cfr. A.Gentille, *Il primo secolo della Società di Minerva*, cit. p. 164), perché Svevo potrebbe avervi assistito anche se la conoscenza personale fra i due sembra molto più tarda (cfr. la lettera del 30 agosto 1924, *Epist.*, p. 754).
119. È grazie a una scherzosa comunicazione alla moglie datata 4 maggio 1904 in cui Svevo si firma «Ettore Schmitz. Inventore dell'Annina e di tutte le sue applicazioni più o meno pratiche». (*Epist.*, p. 400) che possiamo situare il racconto con una certa precisione.
120. *La coscienza di Zeno*, cit., 958.

e "contemplatori" è stata estesa anche ai primi la diagnosi di malattia). Lo è dal punto di vista compositivo perché del romanzo "Menghi" prefigura la struttura narrativa affidando a un medico la cornice narrativa e a un paziente che sperimenta un innovativo metodo terapeutico il resoconto in prima persona. Ma soprattutto lo è dal punto di vista della straordinaria invenzione narrativa che sconvolge l'intera lettura del testo e ne rende terremotato il senso. Proviamo finalmente a riassumere brevemente e analizzare la conclusione del racconto. Terminata la lettura Clementi rivela alcuni retroscena all'assemblea dichiarando: «son io quell'avversario cui egli allude e che avrebbe creata la famosa teoria dell'abbreviazione dell'esistenza mentre io subito compresi che quel siero non aveva efficacia che quella dell'etere in cui era disciolto. Non mi vanto di tale bontà ch'è spiegabile col fatto ch'io ero medico di casa del dottor Menghi e che costui era uno di quelli che *bisogna secondare*».[121] Subito dopo spiega il motivo per cui, a suo avviso, tante insolenze al suo indirizzo affollano lo scritto di Menghi che avrebbe avuto motivo di rancore verso di lui per aver egli pubblicato anni addietro uno studio, *Lo scienziato paranoico*, in cui Menghi, nonostante le sue proteste, s'era voluto riconoscere. Infine, negando qualsiasi valore alla scoperta dell'Annina, si chiede per quale ragione un cane – cui per primo lo specifico era stato iniettato in forma pura, secondo il racconto di Menghi – fosse morto e si risponde:

Si può fare un'ipotesi. Forse il dottor Menghi ha impiegato per la confezione del suo siero l'albumina di qualche animale dal sangue freddo; quest'albumina ha un immediato effetto letale se iniettata nel sangue di un mammifero. Se poi non fosse così, bisognerebbe pensare che nella sua nervosità, per tener fermo il cane, il dottor Menghi senz'accorgersene l'abbia strangolato. Tutti risero e il vecchio signore ringiovanito dall'applauso abbandonò la cattedra col suo passo piccolo e rapido.[122]

Menghi affetto da ridicola e perniciosa «nervosità» e Clementi «ringiovanito dall'applauso». Svevo deve aver riflettuto a lungo sullo straordinario effetto narrativo che con tale economia di mezzi aveva ottenuto. Se inserendo la "rivelazione" (che è tale se si crede a Clementi, naturalmente) alla fine del racconto è possibile ottenere un tale terremoto sulla credibilità del narratore e sul senso stesso della narrazione, che cosa si sarebbe mai potuto ottenere accendendo la miccia fin dall'inizio?[123] La struttura di base della *Coscienza* è già pronta. E la strategia del dottor S. è speculare, o forse identica a quella del dottor Clementi.

---

121. Ivi, p. 91. Corsivo nel testo (segnala la sottolineatura del ms).
122. Ivi, p. 92.
123. Ricordiamoci però che *Lo specifico del dottor Menghi* è un testo incompleto e che ci manca proprio una sezione fondamentale nelle prime righe di esso. È possibile e anzi probabile che la strategia narrativa di Svevo fosse ulteriormente articolata.

Certo, S. non ha bisogno di sottolineare che Zeno "era uno di quelli che *bisogna secondare*" visto che egli è il suo psicanalista e tale situazione basta a suggerire la natura instabile della psiche del narratore. E non ha scritto nessun *pamphlet* contro Zeno Cosini (anche se si appresta a pubblicarne uno che conosciamo col nome di *La coscienza di Zeno*) ma strizzando l'occhio al lettore esperto di psicanalisi gli suggerisce "dove piazzare l'antipatia che il paziente gli dedica",[124] privando anticipatamente di valore qualsiasi obiezione che Zeno possa sollevare su di lui, la sua persona, il suo metodo. E se Clementi, pur dichiarando che «Menghi non era un mentitore»,[125] toglie ogni credibilità alle sue parole sottolineando la sua "nervosità" e sostenendo che tutte le sue invenzioni ed esperimenti non erano che fantasie e ciarlatanerie, S. non si tira certo indietro e, forte della superiore capacità di indagine e di penetrazione psicologica della sua scienza, ci avverte immediatamente che in quanto stiamo per leggere sono accumulate, insieme alle verità, "tante bugie".[126]

Una volta individuata, però, la strategia del sospetto messa in atto da Clementi e da S., non può che ribaltarsi e generare un classico effetto *boomerang*: che motivi hanno i due illustri clinici di sconfessare le memorie a essi affidate? Clementi ha ottime ragioni perché il rapporto che lo lega a Menghi è davvero conflittuale: Prima che Clementi riesca a farlo nella conclusione del racconto, con successo tale da ringiovanirne, è Menghi che accusa l'avversario di essere un po' meno che un matto, «ma di poco».[127] E il dottor S. deve difendere non solo se stesso dall'accusa di essere anche lui «un istericone»[128], ma la sua scienza, il suo *ubi consistam*! Zeno infatti è un personaggio *toto genere* diverso dai suoi predecessori. Perché è molto versato nell'uso di un potente "ordigno", uno strumento di analisi e demistificazione che si chiama ironia. Perché è giunto a un'età più avanzata dei suoi predecessori e ha imparato a distinguere la vecchiaia dalla senilità. Ma anche perché, con l'avvento della psicanalisi (la cui importanza Svevo mai pensa di sminuire: tutt'altro), il quadro della sua malattia cambia completamente: di fronte all'inetto Alfonso e al senile Emilio, il nevrotico Zeno si trova a fare i conti con una scienza che estende indefinitamente i confini dello stato morboso. Se con Beard, Mantegazza e Nordau un individuo poco propenso all'azione, amante del sogno, della fantasticheria e di Schopenhauer rischia di esser giudicato – e magari di considerarsi a sua volta

---

124. Cfr. *La Coscienza di Zeno*, cit., p. 625. Già soltanto definendo l'atteggiamento di Zeno nei suoi confronti "antipatia" S. ottiene di disinnescarne la portata.
125. *Lo specifico del dottor Menghi*, cit., p. 92.
126. Cfr. *La Coscienza di Zeno*, cit., p. 625.
127. «Contemporaneamente ebbi varie idee. Fra altre quella di provare l'Annina su un pazzo agitato, la prova sarebbe stata più concludente che sul dottor Clementi... ma di poco» (*Lo specifico del dottor Menghi*, cit., p. 80).
128. Cfr. *La coscienza di Zeno*, cit., p. 1061.

– ammalato, con Freud siamo tutti ammalati – chi più chi meno – e tutti bisognosi di cura perché la vita stessa è una malattia.[129]

Ma c'è ancora un'ultima peculiarità in Zeno che cambia il suo destino e la sua salute. Zeno è diverso da Emilio e Alfonso perché, è stato detto, è un vincitore paradossale, un uomo che fa sempre centro, benché sul bersaglio posto accanto al suo.[130] E questa suo essere un paradossale vincente nella *struggle for life* gli insegna che non può essere "il più forte" colui che in essa è destinato a vincere, come vorrebbe Spencer, ma il più adatto, com'era nella lettera e nello spirito di Darwin. E il più adatto in una realtà completamente artificiale come è quella umana, lontanissima dalla fisicità della lotta che avviene in natura, guarda caso sembra essere proprio lui, Zeno. Così che la pretesa del dottor S. di guarirlo è assurda, anzi paradossale: innanzitutto perché la scienza che egli propugna non è in grado di farlo. La psicoanalisi si propone come terapia di adattamento, in grado di operare una mediazione fra le esigenze egoistiche e antisociali dell'inconscio e le necessità del contratto sociale. Ma Zeno ormai sa che *il più adatto* a prevalere nella lotta per la vita, che sola dà la salute, non è per forza *il più adattato*. Il più adattato, il più forte, il migliore è il rivale Guido, non lui. Ma non è Guido il più adatto, e infatti perde. Ma soprattutto il dottor S. non può guarirlo perché nel momento in cui Zeno tutto ciò comprende, non c'è più niente da guarire: Zeno felicemente si libera della sua malattia e della sua cura (che da questo esatto punto si identificano) perché appunto essa non poteva essere altro che la sua convinzione. Una convinzione che proprio la psicanalisi ha il potere di estendere "scientificamente" all'infinito, riuscendo a farla coincidere con la vita umana stessa. Così che ci vuole poco a capire che se vita e malattia coincidono non c'è niente che si debba guarire (a meno che non si voglia morire) tranne la cura stessa, che essa sì è malattia, è tentativo continuo asfissiante ossessivo di allontanare la morte e ci fa vivere anticipatamente nella stasi, nell'immobilità, nella morte stessa, sepolti prima del tempo come Anna Menghi.[131]

---

129. La posizione è pregna di conseguenze che per essere ovvie non sono meno sconvolgenti e, dalla mia prospettiva, fuorvianti; cfr. G. P. Biasin: «L'ontologia sottesa all'idea che la vita è malattia è completata dalla conseguente idea che la vera salute è in realtà la morte» (*Malattie letterarie*, cit., p. 102).
130. Cfr. *La coscienza di Zeno*, cit., p. 708.
131. Una lettura interessante di queste medesime tematiche e facilmente sovrapponibile – residui e resistenze a parte, è ovvio – a quella proposta è quella racchiusa nel saggio di Giuseppe Stellardi *Dialettica salute/malattia e suggestioni ecologiche nella "Coscienza di Zeno"*, "Otto/Novecento", n.s. anno XXIV, 3, set-dic 2000, pp. 75-104. Non è certo possibile seguire qui in parallelo anche questa via ma, per quanto qui più strettamente attiene, si può forse osservare, sulla scorta dell'analisi di Stellardi, che Zeno si dichiara guarito nel momento preciso in cui la sua narrazione abbandona il passato e incontra quel presente in cui, precedentemente, egli ha sostenuto che solo gli animali (e le donne) sanno "segregarsi e stare caldi".

Cavie da laboratorio sottoposte a cambio di sesso (da *Steinach-film*). Attraverso gli esperimenti sulle cavie Steinach giunse a scoprire il ruolo degli organi riproduttivi e degli ormoni da essi prodotti nella determinazione dei caratteri e dei comportamenti sessuali (cfr. p. 163).

Non sto dicendo niente di nuovo. Niente che non sia già nelle pagine del romanzo. A chiare, chiarissime lettere nelle pagine finali in cui Zeno liquida il suo rapporto col dottor S.:

M'imbattei poi nel dottor S. Mi domandò se avevo deciso di lasciare la cura. [...] Prima di lasciarmi egli mi disse alcune parole intese a riprendermi:
– Se lei esamina il suo animo, lo troverà mutato. Vedrà che ritornerà subito a me solo che s'accorga come io seppi in un tempo relativamente breve avvicinarla alla salute.
Ma io, in verità, credo che col suo aiuto, a forza di studiare l'animo mio, vi abbia cacciato dentro delle nuove malattie.
Sono intento a guarire della sua cura. Evito i sogni ed i ricordi. Per essi la mia povera testa si è trasformata in modo da non saper sentirsi sicura sul collo. Ho delle distrazioni spaventose. Parlo con la gente e mentre dico una cosa tento involontariamente di ricordarne un'altra che poco prima dissi o feci e che non ricordo più o anche un mio pensiero che mi pare di un'importanza enorme, di quell'importanza che mio padre attribuí a quei pensieri ch'ebbe poco prima di morire e che pur lui non seppe ricordare.
Se non voglio finire al manicomio, via con questi giocattoli.[132]

---

132. *La coscienza di Zeno*, cit., p. 1064-65.

[....] egli crede di ricevere altre confessioni di malattia e debolezza e invece riceverà la descrizione di una salute solida, perfetta quanto la mia età abbastanza inoltrata può permettere. Io sono guarito! Non solo non voglio fare la psico-analisi, ma non ne ho neppur di bisogno. E la mia salute non proviene solo dal fatto che mi sento un privilegiato in mezzo a tanti martiri.
Non è per il confronto ch'io mi senta sano. Io sono sano, assolutamente. Da lungo tempo io sapevo che la mia salute non poteva essere altro che la mia convinzione e ch'era una sciocchezza degna di un sognatore ipnagogico di volerla curare anziché persuadere. Io soffro bensí di certi dolori, ma mancano d'importanza nella mia grande salute. Posso mettere un impiastro qui o là, ma il resto ha da moversi e battersi e mai indugiarsi nell'immobilità come gl'incancreniti. Dolore e amore, poi, la vita insomma, non può essere considerata quale una malattia perché duole. [...] Naturalmente io non sono un ingenuo e scuso il dottore di vedere nella vita stessa una manifestazione di malattia. La vita somiglia un poco alla malattia come procede per crisi e lisi ed ha i giornalieri miglioramenti e peggioramenti. A differenza delle altre malattie la vita è sempre mortale. Non sopporta cure. Sarebbe come voler turare i buchi che abbiamo nel corpo credendoli delle ferite. Morremmo strangolati non appena curati.[133]

Ma allora perché non leggiamo *La coscienza di Zeno* come la storia di una felice guarigione? Perché non vediamo in esso non tanto, come è stato detto e scritto e ripetuto, "il primo romanzo psicanalitico italiano" – gloria minore di un autore che ha la fortuna di vivere nella provincia austriaca in cui le novità di Vienna arrivano con decenni di anticipo rispetto alla provinciale penisola – ma, in misura ben più rilevante e tempestiva, "il primo romanzo post-psicanalitico"? Perché nessuno di noi lettori crede a Zeno quando ci dice che è guarito?

Perché volenti o nolenti caschiamo nella trappola del dottor S.: al personaggio che mente non si può credere. Del resto Zeno stesso si qualifica di bugiardo avvertendoci di aver spesso inventato per compiacere il dottore.[134] E poi Zeno è un istrione, un buffone, uno che non prende niente sul serio e scherza su tutto.[135] E poi perché? Perché condividiamo ancora l'orizzonte di senso che proprio in quegli anni, attraverso il lavoro di quei medici e attraverso quelle costruzioni teoriche di cui Svevo si interessa tanto, si è venuto costruendo e contro cui *La coscienza di Zeno* cerca inutilmente di metterci in guardia. Ciò che questo lungo viaggio nelle dottrine medico-antropologiche di quasi un secolo ci mostra, infatti, è proprio il sorgere di un pregiudizio nosologico attraverso le

---

133. Ivi, pp. 1082-84.
134. Qui Svevo gioca evidentemente con quel inghippo logico che è noto come "paradosso del bugiardo": quando Zeno, che è un bugiardo confesso, dice che mente, sta mentendo o dice la verità?
135. Come il dr. Riccioli di *Degenerazione*. È a questi personaggi inattendibili per definizione (come del resto, per altra via, è anche Menghi) che Svevo ama affidare il suo messaggio.

descrizioni onnicomprensive della "nevrastenia" compiute da Beard (e l'opera di divulgazione dei vari continuatori fra cui Mantegazza), la teoria della "degenerazione" nelle sue varie declinazioni (e per il tramite dei suoi divulgatori come Nordau), le ipotesi sulla natura degenerativa, patologica dell'invecchiamento, e quelle sul complesso, rugginoso funzionamento del sistema nervoso da Charcot a Brentano alla rivoluzione freudiana.[136] Lo stesso senso di sicurezza che il civis borghese difendeva per mezzo dei suoi cordoni profilattici viene corroso e si diffonde l'idea che in tutti gli strati sociali, a tutti i livelli, in tutte le professioni e in tutti gli ambienti si annidi la minaccia, pervasiva e onnipresente della malattia (mentale, spirituale, nervosa). Lo scriveva del resto con grande chiarezza P.N. Furbank già nel 1966: «The conviction that something was sick in the whole European society was as authentic as it was ill-defined and superstitious. It was Svevo's importance that he saw the danger of any such conviction of disease».[137] Si appoggia a questa pagina, come si vede, la mia ipotesi che Svevo, sia stato sì particolarmente resistente all'enorme pressione della "universale convinzione della malattia",[138] ma non pienamente reattivo ad essa (e come avrebbe potuto esserlo?) fino a che l'identificazione di malattia e condizione umana che egli vede postulata nella psicanalisi non innesca la "reazione salutare". Di questo stesso orizzonte di senso invece è ancora prigioniero l'unico lettore che, d'istinto, a quella verità accede salvo, naturalmente, ritrarsene prontamente: Valerio Jahier. Perché qui il rischio di una sovrapposizione fra il personaggio letterario – *i personaggi letterari* – e l'attore – *gli attori* – della biografia di Svevo in carne e ossa lo voglio correre davvero. Col vantaggio che, venendo dopo i fatti biografici rispetto a quelli letterari non mi si vorrà accusare, spero, di rigido determinismo! Semmai di superstizione. Di nuovo non faccio che elencare citazioni da testi molto noti, cominciando dalla prima lettera di risposta di Svevo, il 2 dicembre del '27:

Egregio signore, Ha fatto molto bene a scrivermi, anzi *m*'ha fatto del bene. Deve sapere che il mio successo è molto importante per me. Arrivò proprio nel momento in cui m'affievolivo e la vita si faceva incolore per avvisarmi che da me voleva staccarsi. Per un momento *il successo addirittura rallentò il progresso del tempo e mi sentii ancora vivo*».[139]

---

136. Attraverso l'ironia Zeno sembra indicare che la psicanalisi arriva, buona ultima, a estendere il suo dominio su un'umanità che era già stata in buona parte "ospedalizzata" dalle teorie dell'ereditarietà (degenerazione e atavismo): «Cospicua quella malattia di cui gli antenati arrivavano all'epoca mitologica!» esclama quando il dottor S. gli rivela la sua diagnosi: complesso di Edipo.
137. *Italo Svevo, the Man and the Writer*, Berkeley, University of California Press, 1966, p. 190.
138. Furbank, dalla California, limita la sua analisi all'Europa ma proprio Beard vedeva la massima proliferazione del nervosismo «in modo speciale frequente e grave nelle parti settentrionali ed orientali degli Stati Uniti» (*Il nervosismo americano*, cit., p. VI).
139. *Cart.*, p. 236. Corsivo mio.

Il dottore si ammalò...

Nella lettera successiva, del 7 dicembre, Jahier gli risponde sottolineando soprattutto la parte che Svevo ha dedicato alla psicanalisi e riferendogli la sua esperienza personale:

Anch'io sono passato attraverso ad una psicanalisi piantata in asso, naturalmente, alla settantesima seduta proprio la momento in cui il dottore diceva che le cose cominciavano ad andar bene. E vivendo da parecchio tempo colla persuasione che solo un successo d'ordine pratico potrà salvarmi e darmi la sicurezza morale, l'equilibrio cui anelo, la guarigione di Zeno Cosini, quale effetto del suo trionfo commerciale, non poteva non toccarmi.[140]

In quella ancora successiva, del 21, precisa meglio il suo pensiero, il suo rapporto con Zeno, il suo vissuto:

Quanto Ella mi disse della psicanalisi m'impressionò non poco giacché per me la questione non è affatto risolta. Quest'autunno sono stato sul punto di tornare a Ginevra per riprendere la cura. Ed ora in fondo a me quell'idea vive sempre come una possibile via di salvezza. Per me tutto sta nell'uscire dal "*complexe*" (adopero la parola francese ignorando la terminologia psicanalitica italiana) d'inferiorità che mi avvelena l'esistenza. So benissimo che un successo materiale avrebbe lo stesso risultato di una cura, ma il problema sta appunto nel sapere se potrò mai raggiungere questo successo senza la cura.[141]

Non è tutto meravigliosamente chiaro? Leggendo *Zeno* Jahier aveva momentaneamente visto la luce: qualcuno gli stava rivelando la semplice, quasi indicibile verità che...., era sano come un pesce! E che la sua malattia era una convinzione, frutto di una convenzione, che la sola convinzione della salute aveva il potere di dissolvere. Jahier deve esserne rimasto a tal punto abbagliato da... aspettare che passasse. E «*temendo dunque che queste – ed altre – affinità col personaggio avessero troppo influito sul [suo] giudizio*»[142] aveva lasciato Zeno per occuparsi... di Emilio! È in questo contesto che le parole di risposta di Svevo a Jahier sempre continuamente citate assumono senso:

E perché voler curare la nostra malattia? Davvero dobbiamo togliere all'umanità quello ch'essa ha di meglio? Io credo sicuramente che il vero successo che mi ha dato la pace è consistito in questa convinzione. Noi siamo una vivente protesta contro la ridicola concezione del superuomo come ci è stata gabellata (soprattutto a noi italiani). Io rileggo la Sua lettera come lessi molte volte le precedenti. Ma rispondendo alle precedenti credevo davvero di parlare letteratura. Invece da questa Sua ultima risulta proprio un'ansiosa speranza di guarigione. E questa deve esserci; è parte della nostra vita. Ed anche la speranza di ottenerla deve esserci. Solo la meta è oscura. Ma intanto – con qualche dolore – spesso ci avviene di ridere dei sani. Il primo che seppe di noi è anteriore al Nietzsche: Schopenhauer, e considerò il contemplatore come un prodotto della natura, finito quanto il lottatore. Non c'è

---

140. Ivi, p. 237.
141. Ivi, p. 241.
142. Ivi, p. 237, corsivo mio.

cura che valga. Se c'è sofferenza allora la cosa è differente: Ma se questa può scomparire per un successo (p. e. la scoperta d'essere l'uomo più umano che sia stato creato) allora si tratta proprio di quel cigno della novella di Andersen che si credeva un'anitra male riuscita perché era stato covato da un'anitra. Che guarigione quando arrivò fra i cigni! Mi perdoni questa sfuriata in atteggiamento da superuomo. Ho paura di essere veramente guastato (guarito?) dal successo. Ma provi l'autosuggestione. Non bisogna riderne perché è tanto semplice. Semplice è anche la guarigione cui Ella ha da arrivare. Non Le cambieranno l'intimo Suo «io». E non disperi perciò. Io dispererei se vi riuscissero.[143]

Sono le parole di un uomo sano a un uomo altrettanto sano, ma con la convinzione inestirpabile della malattia. Quelle che a Jahier servivano le aveva scritte già nel romanzo. Erano state viste, colte, ma non erano state credute. A che ripeterle? Ma Svevo davvero vorrebbe riuscire utile al giovane letterato che gli ha fatto così del bene, e prova, pertanto, nel breve giro di poche frasi a rifare *La coscienza di Zeno*, così, per lettera, col rischio del fraintendimento. È, direi, una confessione estremamente coraggiosa e ancor più per quella chiusa: «Ho paura di essere veramente guastato ("guarito?") dal successo» in cui nella protesta stessa con cui cerca in qualche modo di proteggersi, ardisce rivelarsi una volta di più (perché è noto che nulla è dannoso quanto il dirsi sano in un contesto psicanalitico). E infine, quale cura un medico buono e ben intenzionato – che però è uno scrittore, non certo uno scienziato, in un certo senso un istrione – potrà mai consigliare a un giovin signore che non è ammalato ma crede di esserlo? Non più la vecchia buona cura Kneipp che Riccioli prescriveva alla anziana signora Pereira, ché il paziente è troppo smaliziato e non potrebbe essere indotto a curare la sua ipocondria (o il suo *complexe* d'inferiorità) "pestando acqua". Non resterà che la cura della scuola di Nancy, quella buona cura tanto semplice come semplice è la guarigione, che anziché pretendere di curare la malattia «sciocchezza degna di un sognatore ipnagogico» non fa che cercare di persuaderla.[144]

Ma non è questo, non è questo soltanto. Va bene: non riusciamo a coglie-

---

143. Ivi, pp. 243-244
144. Naturalmente il giovane Jahier è troppo sofisticato anche per questa: «L'autosuggestione? Non riesco ancora a prenderla sul serio. Ma Lei capirà che uscendo dalla psicanalisi sia piuttosto difficile andare di primo acchito fra quelli di Nancy» (lettera del 25 gennaio '28, *Cart.*, p. 245). E troppo sofisticato (o troppo poco) è anche Bruno Veneziani che, secondo una testimonianza di Letizia Fonda Savio a Palmieri, Svevo aveva condotto a Nancy senza successo. Per tutto ciò che riguarda questa scuola, i suoi metodi e i suoi rappresentanti Coué e Baudouin rimando al lavoro di Giovanni Palmieri, *La vera cura di Zeno e le sue opinioni*, (in "Strumenti critici", 1993, n. 71, pp. 37-66) e alla sua rielaborazione nello spesso citato *Schmitz, Svevo, Zeno*, pp. 31-58). Come ho già avuto modo di dire il lavoro di Palmieri è stato forse lo stimolo fondamentale all'avvio di questa ricerca. Va da sé, tuttavia, che per quanto detto fin qui non posso concordare con lui sul fatto che il "metodo di Nancy" rappresenti la "vera cura" di Zeno. A prescindere dai prestiti con cui Svevo costruisce la terapia descritta nella *Coscienza*, è con la teoria psicoanalitica che il romanzo fa i conti.

re il senso dell'esperienza di un uomo che, qualche anno dopo averne scritto, scopre in sé una salute che aveva sempre avuto senza saperlo e prova un ringiovanimento (per via del successo, come quello del dottor Clementi) che rivitalizza tutto il suo organismo senza bisogno di chirurgia. Ma perché è tanto difficile cogliere il senso del discorso di Zeno, le cui parole abbiamo tutti sotto gli occhi e che non facciamo che ripeterci? Perché per la tardiva conquista della salute che sorge in lui comprando una piccola partita di incenso sull'asfittica piazza triestina del primo dopoguerra non abbiamo un briciolo di fiducia? Non accediamo alla verità delle sue affermazioni, non ne prendiamo neanche in considerazione la possibilità. Il dottor S. del resto, si accredita presso di noi con sottilissima strategia proprio col pubblicare queste stesse affermazioni di Zeno che negano ogni valore alla sua scienza. *Se non avesse voluto farcele leggere non le avrebbe stampate*. E invece *pubblicandole*, ma evitando di confrontarsi con esse, ignorandole del tutto come è conveniente si faccia di puerile protesta dell'ammalatissimo Zeno che l'ha "truffato del frutto della sua lunga paziente analisi", egli ci suggerisce l'atteggiamento giusto per procedere alla loro lettura: una bella alzata di spalle.

La risposta è che la semplice, potente verità di Zeno ci è interdetta perché il romanzo non si chiude su queste conclusive parole di addio di Zeno al dottor S. C'è un'ultima pagina, la più famosa, la più discussa, la più citata, la conclusiva fantasmagoria apocalittica che ci colpisce tutti per le sue qualità quasi profetiche e che suggella definitivamente il romanzo. La rapidità con cui essa si insinua nel discorso di Zeno è sbalorditiva: nel volgere di una sola riga egli non sembra più quello che ha avuto la parola fin lì.[145] Egli nuovamente ci dice, come un seguace di Beard, di Mantegazza, di Morel, che «la vita attuale è inquinata alle radici»; contraddicendo tutto ciò che ha appena sostenuto ripete che «qualunque sforzo di darci la salute è vano»; ci parla di nuovo della «legge del più forte», perdendo la quale abbiamo perduto «la selezione salutare» e infine dichiara che solo attraverso una «catastrofe inaudita» che ridurrà la terra «alla forma di nebulosa» essa potrà definitivamente liberarsi «di parassiti e di malattie».[146] Come avrebbe potuto la momentanea affermazione di Zeno sulla sua salute, già resa fragile e un po' patetica dagli stratagemmi di S. e dalla sua stessa personalità, sopravvivere alla forza suggestiva, cupa, disperata e poetica di una tale "bomba"? Come avrebbe potuto essere ricordata quando in tutto il romanzo Zeno non fa che affermare di essere ammalato e, con l'eccezione di

---

145. Sono tanti i critici e gli osservatori che, a questo proposito, hanno notato e sottolineato la complessiva estraneità, la scarsa organicità della pagina finale, come di cosa malamente appiccicata. Fra tutti ricordo nuovamente Brian Moloney che nel 2002 proponeva di riconoscere un'altra pagina conclusiva del romanzo (in seguito rifiutata) in un paragrafo tradizionalmente attribuito al saggio *L'uomo e la teoria darwiniana* (cfr. Pietro Spirito, *Svevo: riappare un frammento di Zeno*, "Il Piccolo", 12 ottobre 2002, p. 25).
146. Cfr. *La coscienza di Zeno*, cit., p. 1085.

quella piccola parentesi, torna ad affermarlo in questa potentissima pagina conclusiva?[147] La salute di Zeno esplode assieme alla terra per la detonazione dell'«esplosivo incomparabile»; egli ha perduta la sua "convinzione", e noi con lui.

Ma rimane un'ultima domanda: perché? Perché Zeno cambia idea così repentinamente? Come è possibile che si contraddica in modo tanto palese dopo aver affermato con tali argomenti e tanta *convinzione* un'idea in cui vede ricompreso il senso di tutta la sua esistenza? Come fa, dopo aver dichiarato: «Il dottore, quando avrà ricevuta quest'ultima parte del mio manoscritto, dovrebbe restituirmelo tutto. Lo rifarei con chiarezza vera perché come potevo intendere la mia vita quando non ne conoscevo quest'ultimo periodo? Forse io vissi tanti anni solo per prepararmi ad esso!»? È evidente: non lo fa! Non è Zeno l'autore di quella suggestiva ma appiccicaticcia pagina finale. È il dottor S. che, nel dare alle stampe il manoscritto, ve la inserisce di soppiatto. È lui che dà fuoco alla miccia che è destinata a farlo esplodere. Chi scrive queste righe, è quindi convinto che il dottor S. sia veramente esistito. E con ciò, evidentemente, il cerchio si chiude, consegnandomi a mia volta alla schiera di quelli che "*bisogna secondare*". Mi conforta, tuttavia, sapere che non sono il solo in questa schiera, come dimostrano le prime edizioni in lingua inglese del romanzo, in cui la "prefazione" del dottor S. è stampata prima dell'indice e del frontespizio del volume. È da lì che un dottor S. evidentemente "reale", nel numero di coloro che vestono panni, si presenta al lettore: «I am the doctor who is sometimes spoken in rather unflattering terms in this novel».[148] Certo, mi rendo conto che è una via ermeneutica un po' impervia. Ma esiste sempre la possibilità che qualcuno, più sano di mente (... *ma di poco*, come dice Menghi di Clementi) possa "misurare l'abisso senza gettarvisi dentro"[149] e interpretare tutto ciò come una ulteriore delle infinite stratificazioni e delle infinite strategie di lettura di quell'infinito produttore di senso che è il romanzo *La coscienza di Zeno*.

---

147. Rivendico il diritto a non occuparmi delle cosiddette "continuazioni" (o "quarto romanzo") in cui Zeno ci appare di nuovo ammalatissimo e, naturalmente, vecchissimo (anzi: in procinto di fare la cura per il ringiovanimento). Lo rivendico con la coscienza in pace perché in termini di strategie di senso, se è difficile dire una parola definitiva su *Menghi*, di cui manca un frammento, pretendere di dire qualcosa su un progetto letterario rimasto a quel livello di elaborazione sarebbe davvero proditorio. Non per questo rinuncerò alla citazione a sostegno di Rabboni che scrive: «Il vecchio Zeno sente di essere mutato, ha coscienza di non essere più l'uomo "debole", appare "guarito dall'esistenza", mentre i malati ora sono gli altri, i figli, i generi, i vecchi lascivi» (*Un'utopia scientifico-letteraria del primo Novecento*, cit., p. 118).
148. Cfr. *Confessions of Zeno*, New York, New Directions Books, 1930. Tutte le edizioni basate sulla traduzione di Beryl de Zoete e catalogate in base al copyright del 1930 (cfr. anche *Confessions of Zeno*, New York, Alfred A. Knopf, 1930 e *Confessions of Zeno*, London-New York, Putnam, 1930) presentano la medesima assurda soluzione tipografica: la prefazione del dottor S. appare, come detto, prima dello stesso frontespizio nel primo, fra il frontespizio e l'indice nel secondo e nel terzo.
149. Cfr. *Lo specifico del dottor Menghi*, cit., p. 75.

Appendice

ERIK SCHNEIDER

I MEDICI DELLA TRIESTE DI SVEVO
Un malato immaginario
nel giardino di Esculapio

> Ho grande fiducia nei medici di Trieste,
> ma nei miei stivali uguale
> Italo Svevo, *Epistolario*

L'elenco che segue non pretende di essere esauriente. Dei tanti medici che Svevo ha conosciuto o con cui ha avuto contatti, sono stati scelti quelli che hanno curato lui e i suoi familiari o che gli sono serviti come possibili modelli per i suoi personaggi, con l'idea di fornire sia una documentazione su queste figure, sia uno sguardo panoramico sui medici operanti a Trieste nel periodo dal 1880 al 1920.

Luigi Canestrini (1854-1926)

Canestrini è l'unico medico che appaia con il suo vero nome nell'opera letteraria di Svevo e precisamente nella *Coscienza di Zeno* in cui viene contattato dallo stesso Zeno per farsi fare uno scherzoso certificato di sanità mentale a beneficio del padre.[1] Sembra un privilegio molto ironico: forse per Svevo

---

1. «...quando, dopo di essere passato dagli studii di legge a quelli di chimica, io ritornai col suo permesso ai primi, egli mi disse bonariamente: - Resta però assodato che tu sei un pazzo. Io non me ne offesi affatto e gli fui tanto grato della sua condiscendenza, che volli premiarlo facendolo ridere. Andai dal dottor Canestrini a farmi esaminare per averne un certificato. La cosa non fu facile perché dovetti sottomettermi perciò a lunghe e minuziose disamine. Ottenutolo, portai trionfalmente quel certificato a mio padre, ma egli non seppe riderne. Con accento accorato e con le lacrime agli occhi esclamò: - Ah! Tu sei veramente pazzo!»; TO, I, p. 657.

Erik Schneider

Italo Svevo, Livia Svevo Veneziani e Giuseppe Oberti a passeggio per le strade di Davos, in Svizzera (Museo Sveviano, Trieste). Si tratta di una cartolina postale ricavata dalla composizione di tre fotogrammi di un perduto filmato in 16 mm. e rappresenta l'ultima immagine che abbiamo di Svevo (marzo 1928). Gli Schmitz erano assidui frequentatori di stabilimenti termali (cfr. p. 141).

Canestrini, che al tempo della stesura del romanzo aveva incarnato la psichiatria a Trieste per 4 decenni, era già in qualche modo un personaggio "immaginario" o mitico, il soggetto di canzoni ("L'Inno dei matti") e di altre espressioni di folclore locale. Forse c'è anche un pizzico di rivalsa visto che, secondo Anzellotti, Canestrini era il medico di Olga e andava alla villa durante le periodiche crisi nervose della donna, per le quali prescriveva bagni e melasse.[2]

Nato a Rovereto il 13 maggio 1854, Canestrini studia a Vienna e Graz, dove si laurea nel marzo 1881. Nel maggio del 1881 è assunto come secondario all'ospedale civico, ma si dimette nel settembre del 1882. Per più di un anno studia negli stabilimenti manicomiali in Italia ed all'estero. Il 15 dicembre 1883 fa richiesta per il posto di medico ausiliario nel reparto ebeti (Divisione IIIB), allegando una serie di attestazione di Krafft-Ebing, Oppenheim ed altri illustri psichiatri del periodo.[3] Nominato medico ausiliario nel marzo 1884, Canestrini si da subito da fare: migliora la dieta dei ricoverati, elabora una nuova tabella clinica e fa restaurare ed ingrandire il reparto, togliendo le gabbie e creando 8 celle di isolamento con stanze di osservazione ed un ambulatorio per la cura elettrica, cui a Trieste era stato dato il via nel 1880 da Alessandro Marina (vedi). Inoltre, come si legge nel *Resoconto dell'Ospedale Civico* (1884) «dei mezzi coercitivi in uso furono conservati solo i più umani, adoperando anche questi colla massima parsimonia ed unicamente come mezzo terapeutico, dimodochè in tutto il riparto spesso non trovatasi in uso alcun corpetto di protezione» mentre dal lato terapeutico «oltre che ai soliti rimedi ed alla cura morale, si ricorse ai tesori della idroterapia». Infatti Canestrini ha idee abbastanza originali ed è convinto che anche il vino sia vantaggioso per i malati di mente (ciò lo fa scontrare con altri medici che sono per l'astinenza totale).

Nel 1886 muore il primario della III Divisione de Fischer e Canestrini si candida per quel posto minacciando di lasciare l'VIII Divisione psichiatrica (ex IIIB) in caso di mancata nomina. Il Comune bandisce un concorso da primario per

---

2. Cfr. Fulvio Anzellotti, *Il segreto di Svevo*, Pordenone, Studio Tesi, 1985, p. 140. Vedi anche la lettera di 7 agosto 1902, *Epist.* p. 323, in cui Svevo descrive uno dei attacchi nervosi di Olga, curato da Canestrini.
3. Nel 1872 la Sezione V dell'ospedale per ebeti e fatui era stata trasformata nella Sezione B della III Divisione destinata agli idiotismi ed alle forme secondarie di malattia mentale, mentre le forme acute erano state inviate al Civico Manicomio di S. Giusto. Ma con il passare degli anni la Divisione IIIB si era trasformata in un raccoglitore di malati cronici e incurabili nonché di molti casi di allarme sociale, specialmente alcolisti e soggetti con problemi familiari. Era un reparto molto grande ed in continua espansione; se nel 1873 conteneva 127 letti, nel 1883 vi erano 163 letti, con 14 celle per agitati costituite da pareti alte quasi 4 metri e un cancello di ferro. Secondo Canestrini le celle «assomigliavano più alle gabbie d'un serraglio di belve che a stanzine destinate ad accogliere persone ammalate», mentre a chi veniva raccolto ubriaco in strada «veniva addossata la cosiddetta camicia di forza» e veniva messo «fra gli agitati in una cella».

l'VIII Divisione che vede Canestrini prevalere su altri 12 candidati (24.4.86). La gestione della struttura è, per sua stessa natura, poco esposta all'indagine esterna. Solo pochi indizi trapelano e fanno intuire condizioni che oggi non definiremmo ottimali. Nel 1891 Canestrini si difende dall'accusa di usare vecchie coperte da letto per coprire i pavimenti sostenendo che «due sale del VIII comparto non hanno pavimento di legno e che gli ammalati di queste due sale sono quasi sempre costretti a letto» e che la necessità di non far raffreddare i degenti nei loro andirivieni dal bagno aveva suggerito la soluzione, del resto praticissima anche per risolvere il problema della "scialorea" da cui sono afflitti diversi pazienti del reparto che «sputano tutto il giorno in tutte le direzione, insudiciando il pavimento a destra e sinistra del letto». Nel 1894 Canestrini propone il ritorno delle suore, che erano state estromesse dalla gestione del reparto negli anni '70 del XIX secolo. Nel 1898 "Il Lavoratore", giornale socialista, denuncia che un infermiere nell'VIII Divisione è stato costretto a 24 ore di servizio continuo; Alessandro Manussi (vedi), presidente del Collegio dei Medici dell'Ospedale, fa licenziare l'infermiere che aveva osato parlare con il giornale.

Con il nuovo secolo l'VIII Divisione ci appare una vera e propria "discarica sociale", con un numero di degenti che arriva fino a 350. È per far fronte a questa emergenza, che il Comune aveva dato il via alla costruzione di un nuovo frenocomio nel quartiere di S. Giovanni. Nel 1902, in vista dell'apertura del nuovo manicomio, Canestrini con il suo secondario Gusina e il protofisico Costantini fanno un lungo viaggio per visitare molti manicomi in Italia e all'estero. Nel gennaio del 1903, Canestrini comunica i risultati della sua indagine in una relazione all'Associazione Medica Triestina, dichiarandosi a favore di un modello "No-restraint condizionato", citando le datate esperienze dei fondatori della psichiatria manicomiale John Conolly (1794-1866) e Philippe Pinel (1745-1826), indicando le terapie da lui ritenute più efficaci fra cui ampio spazio era dato alla clinoterapia (in cui i pazienti sono immobilizzati a letto) e cita con entusiasmo l'esempio di un ospedale in Germania in cui «anche quando i pazienti vanno in giardino non si alzano ma sono portati nel letto con un speciale carrello».[4] Per i casi acuti consiglia anche l'idroterapia: «nelle manie il bagno tepido prolungato (anche fin a 6-8 ore) è sempre innocuo. [...] il corpo del malato non tocca ne il fondo ne le pareti della vasca e viene sostenuto da un lenzuolo teso e fissato all'orlo della vasca» mentre «la masturbazione nel bagno viene severamente impedita. [...] a tale scopo in alcuni stabilimenti [le degenti] prendono il bagno vestite».[5] Per evitare che in questo manicomio ideale, dove i pazienti restano sempre a letto, immobili e tranquilli, si debba confrontarsi quotidianamente con i problemi delle lesioni e della stitichezza proponeva «il lavacro dello stomaco [...] più l'irrigazione intestinale» in modo da vincere «la coprostasi causata dalla degenza a letto».[6]

---

4. "Note Manicomiali", Bollettino dell'Associazione Medica Triestina, 13 gen. 1903.
5. Ivi.
6. Ivi.

Nel 1907 il Comune bandisce il concorso per la nomina del direttore del nuovo manicomio, che vede solo due concorrenti: Canestrini ed il direttore del manicomio di S. Giusto, Seunig. Canestrini è il favorito ma si verifica un intoppo: si scopre che qualche mese prima un paziente della VIII Divisione è deceduto per lesioni – dovute o a cause accidentali o a percosse – e, fatto ancora più grave, questo non è stato segnalato alle autorità dal patologo Ferrari durante l'autopsia. Scatta un'indagine per verificare se Canestrini è colpevole di mancata sorveglianza ed il concorso è sospeso in attesa dell'esito dell'indagine. Non si trova altra documentazione riguardante questo incidente ed il 23.10.1907 il Consiglio di Città lo nomina direttore del nuovo frenocomio, con uno stipendio di 8000 corone annue. In conseguenza di ciò l'attività professionale di Canestrini si sposta al manicomio di S. Giovanni che, per dirla con le parole di Loris Premuda, dirigerà con «compassione e severità»[7] fino alla sua morte intervenuta il 5.2.1926.

Giuseppe Corazza (1851-1913)

Nel maggio del 1896, poco prima del matrimonio, Livia Veneziani, fidanzata di Svevo soffriva di una infiammazione al collo che sembra fosse diventata un fonte di grossa preoccupazione per Svevo.[8] Il fatto che un dermo-sifilologo sia stato chiamato come consulente apre qualche interrogativo ma l'episodio rientra senza conseguenze e l'intervento del medico appare decisivo nel tranquillizzare il fidanzato.[9]

Nato a Montona, nella penisola istriana, nel 1851, Corazza si laurea a Graz nel 1874. Nell'agosto del 1887 entra come medico sussidiario nella VII Divisione (dermo-sifilitica), ma la gran parte del suo lavoro come medico è svolta alla Poliambulanza, una struttura polifunzionale ispirata al modello del *Poliklinik* di Vienna, di cui è uno dei soci fondatori e dove per molti anni dirige il reparto di malattie veneree. Muore l'11 aprile 1913.

Achille Costantini (1854-1918)

Ricordato fra i medici curanti della madre di Svevo durante la fase finale della sua malattia, Costantini è colui al quale tocca il ruolo, così tipico dei medici letterari in Svevo, di delimitare i territori della scienza e ritirarsi di fronte al

---

7. Loris Premuda, *Medici nella Trieste mitteleuropea. Percorsi tra Ottocento e Novecento*, Trieste, Comune di Trieste, 1995, p. 25.
8. «Mi telefonarono che l'infiammazione al collo era aumentata. Quanto argomento a sogni spaventosi quella roba rossa che non sappiamo che cosa sia!»; *Epist.*, p. 51.
9. «Corazza mi tranquillò», ibidem.

mistero della morte: «egli ci tolse ogni speranza con le parole sacramentali:"Forse può risorgere ancora. Chi lo sa? Noi medici no"».[10]

Nato a Trieste nel 1854, ebreo, figlio del medico distrettuale Maurizio Costantini, laureato in chirurgia a Roma nel 1878 e certificato a Graz nel 1879 (conosce l'italiano, il francese, il tedesco, lo sloveno e l'inglese), entra nell'Ospedale triestino come secondario nello stesso anno. Nel 1880 è nominato compilatore del *Resoconto dell'Ospedale* del 1878, opera che porta a conclusione solo nel 1883. Con la morte del padre e dopo ben 8 anni come medico secondario, nel 1887 vince il concorso ed è nominato "fisico distrettuale" per il quartiere di Barriera Nuova, nomina che sembra aprirgli una nuova carriera, tanto che 1889 è nominato protofisico della Città, responsabile di tutte le questioni relative alla sanità e all'igiene pubblica. In questo ruolo è attivissimo: si interessa degli acquedotti, delle fognature e della canalizzazione di Trieste, dell'ospedale per le malattie infettive di S. Maria Maddalena e del nuovo Frenocomio, dei crematori per le immondizie e dell'impianto dei filtri sulla costa di S. Croce, a pochi chilometri dalla città, ma anche di tutte le altre questioni riguardanti la salute pubblica (mortalità, alcoolismo, epidemie ecc.), scrivendo molti articoli e tenendo molte conferenze pubbliche. Muore nel 1918.

Aurelio Finzi (1888-?)

Figlio di una sorella di Svevo, Paola Schmitz, nato a Trieste il 29 giugno 1888 (è ritratto bambino in un dipinto di Veruda, *L'uccellino morto* del 1893, dedicato alla famiglia Schmitz), laureato a Vienna il 13 marzo del 1913 ed ammesso alla pratica medica il 12 settembre dello stesso anno. Coscritto nell'esercito austriaco nel 1915, lo ritroviamo come volontario nella VI Divisione medica dell'Ospedale Maggiore di Trieste nel 1920, assistente nel 1922 e aiuto nel 1926. Premuda lo dice «secondo aiuto di Cofleri», il quale, dopo gli studi a Vienna «volle andare a Bologna da Murri».[11] L'accenno potrebbe rivelare la probabile via che porta i Veneziani ad ottenere da un illustre diagnostico come Augusto Murri un consulto per Bruno Veneziani.

Nonostante la differenza d'età numerosi sono gli episodi che testimoniano dell'ottimo rapporto che Svevo ha con questo nipote medico che, negli ultimi anni si occupa professionalmente della salute dello zio il quale, per parte sua, mostra più di una volta preoccupazione per la salute del nipote dottore sofferente di "nervi", di emicrania, di epistassi ecc.[12] La figlia di Svevo, Letizia, ricorda

---

10. *Epist.*, p. 32
11. Cfr. Loris Premuda, *L'influsso della scuola medica viennese sulla medicina triestina*, in *Atti delle conferenze della Società Triestina di Cultura Maria Theresia*, vol. IV, Udine, La Chiusa, 1997, pp. 113-114.
12. Cfr. *Epist.*, pp. 621, 629.

che con Aurelio Finzi Svevo «discuteva spesso e molto a lungo anche del suo lavoro» oltre che di farmaci e delle "ottime autopsie" che Finzi eseguiva.[13] È con lui che Svevo intraprende la traduzione italiana della *Traumdeutung* di Freud secondo quanto dichiarato dallo scrittore nel *Profilo Autobiografico*. Ed è sempre lui ad accorrere assieme a Letizia a Motta di Livenza dopo il fatale incidente di macchina del 1928 per assistere Svevo nelle ultime sue ore e, incidentalmente, rifiutargli "l'ultima sigaretta" che lo scrittore, morendo, chiede.[14] Finzi potrebbe infine aver prestato qualche carattere al giovane Guido Calacci della *Rigenerazione* di cui parrebbe aver incarnato la scarsa propensione a concludere gli studi.[15]

Sebastiano Gattorno (1864-1945)

È ricordato brevemente in una lettera di Svevo del 25 maggio 1898 in cui descrive alla moglie il difficile parto di un'amica di famiglia: «Finalmente capitò Gattorno. Si lagnò che non lo si avesse consultato prima. Dovette lasciarla soffrire tutta una notte ancora e questa mattina intervenne con i ferri. Evviva la ricchezza!»[16] Nonostante la minima tangenza rispetto a Svevo, si tratta di una figura per molti versi interessante su cui vale la pena soffermarsi.

Nato a Trieste il 23 novembre 1864, da una famiglia di origine ligure da molti anni residente a Trieste. Diplomato al Ginnasio Comunale Superiore nel 1882, laureato a Graz nel 1888, lavora per 6 mesi come allievo operatore nella clinica chirurgica di Graz diretta dal professor Antonio Wolfler. Nel settembre del 1888 fa un anno di servizio militare a Trieste, lavorando come volontario nella divisione chirurgica dell'ospedale militare. Torna quindi a Vienna e lavora fino al marzo 1891 nella clinica ostetrico-ginecologica di Rodolfo Chroback e di nuovo a Trieste, dove entra nello Stabilimento di Maternità prima come volontario e in seguito come assistente per 6 anni, fino al novembre 1897 quando vince il concorso per medico ausiliario di ginecologia (XI Divisione).[17] Compie vari viaggi di studio in Austria, Svizzera e Germania. Nel 1902 è incaricato di scrivere il resoconto ospe-

---

13. Carlo Baiocco, *Analisi del personaggio sveviano in relazione alle immagini di lotta e malattia*, Roma, C.I.S.U., 1984, p. 127.
14. Cfr. Livia Veneziani Svevo, *Vita di mio marito*, Trieste, Lo Zibaldone, 1958, p. 159. Del resto, secondo una testimonianza di Letizia, Finzi anche in altre occasioni aveva rimproverato Svevo per il fumo (cfr. *Iconografia sveviana*, Pordenone Studio Tesi, 1981, p. 94).
15. Cfr. la lettera al fratello Adolfo del 28 agosto 1906 pubblicata da G. A. Camerino, (ora in *Italo Svevo e la crisi della Mitteleuropa*, Napoli, Liguori, 2002, pp. 266-7) in cui Svevo scrive: «Aurelio ch'è l'antico simpaticone ci fece ottima compagnia. Io spero che finisca col diventare un uomo. Si propone quest'anno di studiare per tutti gli anni che oziò».
16. Epist., p. 112.
17. Della quale Premuda lo accredita addirittura "fondatore" (cfr. *Medici nella Trieste mitteleuropea*, cit., p. 46).

daliero 1898-1901 ma non riesce a portare a termine il lavoro. Nel gennaio 1898, dopo 9 anni come medico ausiliario, è nominato primario della XI Divisione ginecologica (48 letti). Nel 1904 diventa direttore del Sanatorio Triestino e negli anni a venire s'impegna molto per l'espansione di questo istituto privato. Dopo la riforma dell'Ospedale nel 1910, vince un concorso e diventa Direttore Generale dell'Ospedale Civico (11 aprile 1912). Si dimette però pochi mesi dopo, pubblicando una lettera aperta ai giornali locali in cui motiva le sue dimissioni parlando di "seri intoppi alla mia attività". Torna a dirigere l'Ospedale durante la prima guerra mondiale, prodigandosi per garantire i servizi minimi durante un periodo di grande difficoltà. Con la fine della guerra si dimette dall'Ospedale e durante gli anni '20 si dedica principalmente al Sanatorio Triestino. Entra anche a far parte del consiglio di amministrazione dell'Ospedale Infantile Burlo-Garofolo e nel 1927-28 si occupa del progetto dell'ospedale a rischio della vita giacché viene accoltellato da un contadino nella campagna circostante la villa Bousquet dove il nuovo ospedale verrà inaugurato dieci anni più tardi grazie a un lascito di Alessandro ed Aglaia Manussi (vedi). In quella occasione se la cava con pochi giorni di prognosi. Muore nel marzo del 1945.[18]

Carlo Levi (1848-1924)

Con Carlo Levi si può dire che si inaugura *l'Epistolario* di Svevo, visto che lo incontriamo nella prima frase della prima lettera (p. 25) indirizzata al fratello Elio che si trova al Cairo per curarsi.[19] Va notato che nel suo *Diario*, Elio, affetto da una malattia tutt'altro che immaginaria (si ammala di nefrite nel 1883 e ne muore nel 1886) offre numerose riflessioni sulla sua malattia e sulle sue cure, e fornisce un elenco impressionante di medici curanti, triestini e non: Giorgio Nicolich, Alessandro Manussi, Attilio Luzzatto, lo stesso Carlo Levi, Coletti, Minish, Veccelli, Nothnagel, Delfino, Pimser, Bemporath, Bamberger. Già dopo sei mesi di malattia era convinto di non guarire più, e c'è una crescente rassegnazione ed un forte cinismo nel *Diario* che contrasta molto con l'ottimismo esibito del fratello maggiore. Nel gennaio del 1885 Elio annota: «Se volessi scrivere dei volumi, questi non basterebbero per contenere tutte le memorie mie sui medici, ma

---

18. Unica fonte a stampa sulla vita di Gattorno è il celebrativo volumetto di Pietro Covre, *La vita e l'opera del professor Sebastiano Gattorno*, Tipografia moderna, Trieste, 1977.
19. Nella lettera a Elio (senza data, scritta nel 1885 o nel 1886) si legge: «Carissimo Elio, Non a pena ricevetti la tua particolare corsi dal Dr. Levi e quantunque, come sempre, spero che al ricevere della presente il tuo male ai piedi sarà passato e per sempre, ti comunico quanto il suddetto dottore mi comunicò di molto incoraggiante per me e per te. Egli asserì gli edemi non poter provenire che dal cambiamento di clima, da umidità presa. Unica cura contro di essi essere il sudare e la quiete, il letto. (p. 25).

siccome finora, purtroppo, questi non hanno meritato col loro trattamento del mio fisico altro che la mia dimenticanza, così non li posso porre all'onore della loro descrizione nelle memorie: lascio perciò Delfino in bagno, Pimser nella birra, Luzzatto nel ferro, Levi in letto e Nicolich fra il latte e l'arsenico».[20]

Il dottor Levi, nato a Trieste il 15 giugno 1848, appartiene ad una famiglia di medici. Studia prima a Padova e poi a Vienna, dove si laurea in medicina nel 1871. Nel giugno dello stesso anno si diploma in ostetricia, e in luglio prende anche la specializzazione in chirurgia. Nel 1872 entra nella III Divisione dove assiste i malati durante l'epidemia di vaiolo 1871-1872 (che dura 18 mesi e causa 500 morti). Nel 1893 è eletto sostituto alla prima riunione della Camera dei Medici. Per molti anni è medico secondario all'Ospedale Civico sotto la direzione di Alessandro Manussi (vedi). Muore il 24 marzo 1924.

Vittorio Levi Liebmann (1860-1909)

Ebreo, nato a Trieste l'1 agosto 1860. Laureato a Vienna nel 1885, frequenta anche le Università di Strasburgo e di Erlangen. Assunto all'Ospedale Civico triestino come medico chirurgo esterno (cioè senza paga) il 30 agosto 1885, e come secondario dal novembre 1885 al marzo 1889. Dal 24 dicembre 1890 al 30 aprile 1891 è medico ausiliare nella I Divisione con Alessandro Manussi (vedi), dove lavora con i malati di TBC, sperimentando il tubercolino di Koch. Risale a questo periodo il suo scontro con lo stesso Koch, in cui contraddice il celeberrimo medico pubblicando un articolo (ricordato più volte da Manussi). A questo punto lascia l'Ospedale, mantenendo l'incarico per gli esami batteriologici e dedicandosi ai suoi studi (pubblicherà molto). Nel 1896 partecipa al concorso di primario del nuovo ospedale per malattie infettive S. Maria Maddelena, ma il concorso è vinto dal suo concorrente dottor Marcovich. L'anno dopo vince il concorso per la IX Divisione (si tratta delle baracche dei malati cronici in via dei Leo), ma quando muore suo fratello Carlo nel 1898, lo sostituisce come primario della II Divisione. La sua stessa salute pare tuttavia tutt'altro che di ferro:[21] nel 1900

---

20. Elio Schmitz, *Diario*, Palermo, Sellerio, 1997, p. 143.
21. Il dottor Arturo Castiglioni che lo conosceva bene, nei suoi *Ricordi di Medici Triestini* ("Rassegna di Medicina Giuliana", 1950) si sofferma in particolare sul carattere di Liebmann, che ricorda «di animo buono e generosissimo, veramente affettuoso con malati e con colleghi, uno dei casi veramente tragici della sofferenza che dà al medico intelligente e profondo nell'arte sua, il sapersi o credersi malato, il controllarsi continuamente [...] il tutto con una previsione quasi sempre e non sempre ingiustificatamente pessimistica. Il fatto che nella sua famiglia si erano presentati casi frequenti di affezioni cardiache gli aveva dato il convincimento che i suoi fratelli e lui stesso dovessero morirne e questo era veramente una sua idea fissa».

chiede 6 settimane di licenza per motivi di salute, nel 1903 altre 3 per curarsi alle terme di Monfalcone e nel 1904 un permesso di 2 mesi, lamentandosi delle poche settimane concessegli l'anno precedente e sottolineando che «il sottoscritto dirige da anni un riparto di tubercolosi». Altre 6 settimane di licenza per motivi di salute Liebmann richiederà nel 1905 e ben 9 nel 1907. Muore il 26 febbraio 1909, amareggiato anche per il divorzio che lo aveva diviso dalla moglie, Margherita Rebez, di 13 anni più giovane di lui.[22]

È citato a più riprese nelle lettere del dicembre 1903 da Londra in cui Svevo lo indica come un punto di riferimento nella cura dei disturbi nervosi del cognato Marco Bliznakoff.[23]

Alessandro Manussi de Ohabitza (1836-1914)

Nato a Trieste il 26 gennaio 1836, in seno alla comunità greca, si laurea a Vienna in medicina nel 1857, e si specializza in ostetricia nel 1859 ed in chirurgia nel 1861. Nel 1862 sostiene l'esame di psichiatria. Dal giugno 1858 al maggio 1862, quando rientra a Trieste, presta servizio come medico secondario all'Ospedale Generale di Vienna. Nella città natale per alcuni anni fa l'assistente all'ospedale sussidiario per i colerosi a San Giacomo, diventando primario di questo reparto durante l'epidemia di colera del 1866. Nel 1862 fa anche il medico dei poveri della Comunità Greco-Orientale. Nel 1872 diventa primario della III Divisione ed un anno dopo primario della I Divisione, posto che mantiene per 36 anni. Negli anni 1890-1891 sperimenta su 76 pazienti della sua divisione, affetti da TBC, la tubercolina di Koch, ottenendo buoni risultati. Dirige le operazioni terapeutiche e profilattiche durante l'epidemia vaiolosa del 1892-1894, sulla quale scrive anche un studio statistico molto dettagliato. Presidente del Collegio

---

22. Come Svevo e Livia, anche i coniugi Liebmann, di diversa confessione (ebreo lui, cattolica lei) si sposano con cerimonia civile nel 1896 dichiarandosi "senza confessione". Nell'aprile del 1905, tuttavia lei chiede il divorzio per «invincibile reciproca avversione, visto che lui è israelitico e lei senza confessione». Liebmann risponde accusando la moglie di infedeltà.
23. Svevo ne scrive alla moglie da Charlton una prima volta il 21 novembre e poi di nuovo il 9 dicembre: «Non vedo l'ora che Marco possa fare la cura prescrittagli da Liebmann e abbia uno o più mesi di assoluta tranquillità. Ne ha veramente bisogno. Mangia sempre abbastanza bene ma dice di dormire poco. Qualche giorno è anche abbattuto di cera. In genere si capisce che ha bisogno di riposo perché non ama e non cerca che quello»; e due giorni dopo, l'11, ribadisce: «Io credo che faremo bene a Trieste d'affidarlo alle cure di Vittorio Liebmann e lasciarlo riposare. Io capisco ora che quello che noi credevamo per lui un riposo (ed era ragionato crederlo finché pensavamo si trattasse di un avvelenamento) non lo era affatto. Io sono convinto che la sua malattia è specificamente nervosa e le responsabilità addossatesi erano troppe» (*Epist.*, pp. 381-383).

Medico dell'Ospedale Civico nel 1878, 1879, 1883 e dal 1897 al 1909. Esponente di primo piano della Communità Greco-Orientale, si sposa con la baronessa Aglaia Ralli, ed indirizza la beneficenza della ricchissima famiglia della moglie verso cause legate alla medicina, come il Padiglione Ralli per malati cardiaci cronici (costruito con un lascito di 100,000 corone alla morte del Barone Paolo Ralli nel 1907), di cui Manussi sarebbe diventato direttore onorario nel 1913. I Manussi, come detto, sono molto generosi in occasione della costruzione dell'Ospedale Infantile Burlo-Garofolo (dopo la morte dell'illustre clinico la vedova, nel 1929, assicura finanziariamente la costruzione del nuovo ospedale a Chiarbola) e della realizzazione del nuovo istituto radiologico all'Ospedale Civico, fondato nel 1897. Nel luglio 1909 dopo 43 anni di servizio a Trieste, l'operato di Manussi entra in un'indagine promossa dal magistrato civico e il primario, indignato, si ritira a vita privata. Muore il 30 maggio 1914.

Arturo Castiglioni, che lavorò sotto di lui per molti anni come medico subalterno, lo descrive così: «aveva veramente l'aspetto di un uomo che sapeva far valere il suo parere ed imporre la sua volontà: bastava vederlo passeggiare in un atteggiamento quasi napoleonico per i corridoi e per le sale dello Ospedale, sorvegliando l'attività di tutti con uno spirito critico acuto e severo; cortese nei modi sempre corretti, ma lontano dal concedere troppo confidenza ai suoi colleghi [...] era sicuramente un profondo osservatore ed un abile diagnostico. Era consulente ricercatissimo dai medici e dai pazienti [...]. Ricordo le sue frasi diplomatiche quando alla fine del consulto la famiglia insisteva per avere la prognosi: "siamo ancora in alto mare ma speriamo di arrivare in porto". [...] Il tipo del medico dell'800 pieno della severa e solenne dignità dei suoi doveri professionali, nel vestito come nella parola, nel contegno come nei giudizi sempre misurato, dignitoso e perfettamente corretto».[24] Nel complesso le fonti ci descrivono la figura del classico "grande medico": dotato di un grande spirito di sacrificio e di un vivo senso della sua missione, ma anche severo, molto autoritario, del tutto intollerante verso le critiche e i dubbi circa la perfetta correttezza della sua amministrazione (come dimostra il suo furibondo pensionamento). Per quanto riguarda i "suoi medici" poi, ben poco era loro concesso visto che qualsiasi opposizione o critica, seppur larvata da parte dei suoi subordinati era visto come una sfida al suo potere e sanzionato duramente.

Manussi, come D'Osmo (vedi) e come Costantini (vedi), è un'altro dei medici che si succedono e si riuniscono a consulto attorno al letto della malata nella lunga penosa lettera che Svevo scrive al fratello Ottavio e alla cognata in occasione della morte della madre.[25] Ma è anche un possibile modello per i tre per-

---

24. Cfr. Arturo Castiglioni, cit.
25. Cfr. *Epist*. p. 31: « Ma intanto noi avevamo deciso di fare un consulto e ricorremmo a Manussi. Perciò Costantini attese il consulto prima di fare l'iniezione. Una o due ore dopo i tre medici si unirono. Manussi dichiarò il caso grave ma non disperato. Di più aggiunse che, date quelle sofferenze, l'iniezione di morfina era indispensabile».

sonaggi che, nell'opera di Svevo, condividono il nome di Dr. Raulli[26] e, generalmente, le caratteristiche dell'età avanzata (nel 1861, quando nasce Svevo, Manussi sta prendendo la sua terza specializzazione in chirurgia), di una certa severità, e di molta cautela sia per quanto riguarda le diagnosi che le terapie. Inoltre il nome "Raulli" potrebbe rievocare la citata parentela di Manussi (tramite la moglie Aglaia) con la famiglia Ralli, una delle famiglie greche più potenti e ricche della città e l'allusione all'ambulatorio di Raulli potrebbe riferirsi al citato Padiglione Ralli.

Giuseppe Manzutto (1869-1947)

Citato in un paio di occasioni nell'*Epistolario*, la prima volta come rappresentante di una cerchia di amici intimi in cui figura anche Umberto Veruda,[27] la seconda in veste di oculista della figlia Letizia (Titina).[28]

Cattolico, nato ad Umago in Istria, il 6 giugno 1869. Dopo due anni e mezzo all'Università di Bologna, si trasferisce all'Università di Graz, dove ottiene la laurea in medicina il 3 luglio 1896. Lavora nella clinica medica del Prof. Neusser e del Prof. Chroback a Vienna per 6 mesi, e in seguito passa più di 2 anni nella clinica oculistica del Dr. Fuchs a Vienna. Arrivato a Trieste nel 1900, fa il suo primo triennio nel reparto oculistico sotto Brettauer. Il suo triennio è rinnovato nel 1904 e quando Brettauer va in pensione in luglio, dopo 40 anni come primario, Manzutto gli subentra. Nell'aprile del 1905 è nominato primario della V Divisione (67 letti), e tratta 818 pazienti degenti e 3702 pazienti nel servizio ambulatoriale. Considerato operatore brillante, sperimenta l'Erhlich 606 (cura anti-sifilitica) nelle affezioni oculari nel 1910 e dà alle stampe, nel corso delle sua lunga carriera, più di 40 pubblicazioni. Muore il 24 settembre 1947.

Emilio Marcus (1863-1902)

Amico di Veruda e Svevo, assieme ai quali è forse raffigurato in una serie di foto del 1892 circa, ci appare come uno degli assidui frequentatori di quel sodalizio giovanile e forse è il dottore celebrato in una lettera di Svevo a Emerico Schiffrer in cui lo scrittore parla di Veruda e dice che, pur essendo «gran lottatore» si accompagnava a «letteratucoli, come me» e a un «medico geniale e disor-

---

26. Nella *Rigenerazione*, nelle *Confessioni del vegliardo* e ne *Il mio ozio* (cfr. p. 160 e sgg.).
27. Cfr. la lettera alla moglie del 14 giugno 1900 (*Epist.*, pp. 206-07).
28. Cfr. la lettera da Murano del 9 luglio 1903 (ivi, pp. 343-44).

I medici della Trieste di Svevo

Veruda, Svevo e Marcus nel 1892 (Museo Sveviano, Trieste). Nella fotografia, accanto a un amico sconosciuto, si riconoscono da sinistra Umberto Veruda, Ettore Schmitz e Emilio Marcus (nell'atto di uno sberleffo).

dinato».[29] È possibile, pertanto che il dottor Carini di *Senilità* né sia il travestimento letterario, sia perché risulta amico dello scultore Balli, così come Marcus lo era di Veruda (di cui Balli è il corrispondente letterario), sia perché nel romanzo egli è caratterizzato di dilettante, con interessi in svariati campi.

Nato a Trieste nel 1863 da una famiglia ebraica originaria di Lubecca, Marcus si laurea a Vienna nel 1887 e secondo la testimonianza di Silvio Benco[30] lavora come volontario alla stazione di soccorso del barone Mundy a Vienna assieme ai suoi amici studenti in medicina Edoardo Menz e Marco Rusca. E infatti, quando si reca a Vienna per un ennesimo consulto, il fratello di Svevo, Elio, viene «raccomandato a Marcus» e in data 15 settembre 1885 ricorda: «mi presentò ai

---

29. Cfr. la lettera del 14 giugno 1928 (ivi, p. 880); è lo stesso Bruno Maier che in nota dichiara trattarsi "probabilmente" di Marcus.
30. Cfr. Silvio Benco, *La Guardia Medica nei primi quarant'anni di vita*, Trieste, Editoriale Libraria, 1928, p. 11.

suoi amici studenti che si posero a mia disposizione e mi furono di grande utilità. [...] A Vienna non posso dire certamente d'avermi divertito. I teatri e le sale da concerto erano chiuse e, tranne gli studenti che mi divertirono, non vidi altro che antisemiti».[31]

Rientrati a Trieste "gli studenti" diventano gli ispiratori della fondazione della Guardia Medica che, grazie a una donazione del Barone Mundy, apre a dicembre 1891. Marcus però non è della partita perché nello stesso anno entra come secondario all'Ospedale Civico, presso il quale anche alloggia. Secondo un ricordo di Manussi, Marcus era assistente durante l'epidemia di vaiolo del 1884-85, ma è probabile che Manussi faccia confusione con l'epidemia del 1887-88. Quel che è certo è che nel 1887 Marcus ottiene un prestito di 3000 fiorini da un certo Antonio Fabris (che forse devono metterlo in grado di iniziare la sua pratica privata, visto che come secondario guadagna poco più di 400 fiorini all'anno, una miseria). Tuttavia, nonostante nell'aprile del 1891 ottenga un avanzamento presso la V Divisione (oculistica) con uno stipendio annuo di 600 fiorini, il dottore non è in grado di restituire il prestito nei termini pattuiti e Fabris lo cita in tribunale nel 1895. Nel settembre del 1896 lascia il servizio per sposarsi con Alice Terni (nata nel 1861), figlia di un ricco commerciante, Marco Terni (ritratto da Veruda). La coppia mette al mondo un solo figlio, Paolo, nel gennaio 1898, e la donna muore 17 giorni dopo il parto (24 gennaio 1898) a causa di un infezione forse causata dalla scarsa igiene dell'ostetrico (appena rientrato da una battuta di caccia). Dopo poco tempo Marcus si risposa con la sorella minore della prima moglie, Virginia Terni (nata nel 1863).

Nel gennaio 1899, Marcus e Gustavo Fano (venerologo) fondano la società Igea, un ambulatorio per i poveri nel cuore di Città Vecchia in via S. M. Maggiore, 3. Ispirata al modello della Poliambulanza, l'Igea ha 8 reparti (Marcus dirige il reparto oculistico) ed offre «consultazioni gratuite ai poveri e consultazioni gratuite ad ore riservati esclusivamente al ceto operaio»; più tardi nasce anche un servizio di pronto soccorso con 16 medici chirurghi reperibili. Inoltre Marcus (che ne era il presidente) e gli altri medici tengono numerose conferenze su vari argomenti di salute pubblica. Nel 1900 é coautore di un opuscolo,[32] che è un duro attacco alle condizioni sanitarie ed ospedaliere della città ed un forte atto di accusa contro il potere medico, specialmente contro la Camera dei Medici. Sempre nello stesso anno è eletto al consiglio comunale per il IV Distretto e il suo nome appare varie volte nei verbali del Consiglio legato naturalmente a interventi su questioni sanitarie. Nel luglio del 1901, tuttavia, si dimette dall'incarico additando quale motivazione un «lutto gravissimo» e «un libello contro la mia persona». Marcus more d'infarto il 12 ottobre 1902.

---

31. Elio Schmitz, *Diario*, cit., p. 146.
32. E. Marcus - G. Pattay, *Le condizioni igienico sanitarie di Trieste: cenni popolari*, Trieste, Società Igea, 1900.

Alessandro Marina (1855-1930)

È una figura di grande interesse ed uno dei medici triestini più emblematici di questo periodo. Nato a Venezia nel 1855, in una famiglia ebraica, trasloca a Trieste nel 1864 dove frequenta quella "fucina dell'irredentismo" che era la Scuola Superiore Comunale, condividendo i banchi di scuola con molti dei futuri capi del movimento irredentista, da Felice Venezian a Attilio Hortis, da Giuseppe Cuzzi al collega Davide D'Osmo (vedi) e all'avvocato Giuseppe Luzzatto. Diplomatosi nel 1874, si trasferisce a Vienna per studiare medicina; fra i suoi professori ci sono molti dei nomi più noti della medicina viennese (Billroth per la chirurgia; Meynert per la psichiatria e la neurologia). Laureatosi nel marzo 1880, Marina ritorna ben presto a Trieste ed entra come medico esterno nella I Divisione, dove si fa subito notare da Manussi per le sue doti diagnostiche. Durante questo periodo comincia ad interessarsi alla neurologia, una disciplina in cui sarà praticamente autodidatta, e convince Manussi ad istituire un ambulatorio per la terapia elettrica, che qualche anno dopo è annesso all'VIII Divisione psichiatrica. Nel febbraio 1883, lascia l'Ospedale per dedicarsi alla pratica privata con vivo dispiacere di Manussi che celebra nelle memorie la "scienza e operosità" del sottoposto. È uno dei fondatori della Poliambulanza in via S. Francesco, una struttura ispirata al modello del *Poliklinik* di Vienna, in cui dirige il reparto di malattie nervose. Allo scoppio della guerra mondiale, Marina lascia Trieste per Santa Margherita Ligure e, dopo la guerra, si sposta a Genova per proseguire la sua pratica privata. Nel 1924 pubblica un volume di statistiche epidemiologiche, basato sui suoi 30 anni di pratica medica a Trieste.[33] Nel 1929, poco prima della sua morte, avvenuta a Genova l'11 marzo 1930, Marina dona più di 600 testi medici alla Biblioteca Civica di Trieste (fra cui uno dei primi scritti medici di Sigmund Freud con una dedica personale[34]).

Marina era medico curante di Svevo fin dal 1899 (e probabilmente anche prima), quando gli prescrive un ciclo di elettroterapia a domicilio come terapia contro la nevrastenia. Svevo vi si dedica con qualche moderato entusiasmo iniziale: «Ho comperato una macchina elettrica – scrive alla moglie – di 15 fior, pagabile 5 fior, al mese con la quale – di sera – assiduamente mi elettrizzo. Mi pare che mi faccia bene e che mi quieti un poco»,[35] seguito da una rapida disillusione. Solo 4 giorni più tardi, infatti in una nuova lettera alla moglie dichiara: «Sto poco bene. Non altro che nervi. Passeranno anche quelli. Marina mi dice che io veramente non starò bene che quando avrò superato – se lo supererò –

---

33. Alessandro Marina, *Studi di statistica nevrologica su diciottomila malati: considerazioni di demografia e di sociologia*, Bologna, Cappelli, 1924.
34. Sigmund Freud, *Akute multiple Neuritis der spinalen und Hirnnerven*, [s.l.], [Selbsverlag des Verfassers], 1886.
35. Lettera del 18 maggio 1899, *Epist.*, p. 158.

Erik Schneider

La famiglia Marina alla fine dell'800 in un ritratto da studio (per gentile concessione della famiglia Marina). Alessandro Marina è il secondo da destra.

il quarantaduesimo anno d'età. Attendo con impazienza di invecchiare. Ogni sera mi elettrizzo ma non mi pare con grande risultato. Quale macchina elettrica sei meglio tu e quando ti avrò qui lascerò da parte tutti gli altri ordegni».[36] Marina ebbe in cura anche James Joyce nel 1907, quando lo scrittore irlandese soffriva di vari sintomi neurologici probabilmente legati ad una infezione sifilitica.

Davide D'Osmo (1853-1920)

A sua volta nel novero dei medici che Svevo ritrae al capezzale della madre morente insieme a Manussi (vedi) e Costantini (vedi).[37]

---

36. 22 maggio 1899, ivi, p. 164. Il lettore ricorderà che anche il personaggio di Zeno, nell'ultimo romanzo di Svevo, si sottopone a terapia elettrica (cfr. *La Coscienza di Zeno*, TO, I, p. 635 e sgg).
37. Lettera senza data; ivi, pp. 29-30.

I medici della Trieste di Svevo

Umberto Veruda, *Ritratto del dott. Davide D'Osmo*, 1894 (Museo Revoltella, Trieste).

Nato a Trieste nel 1853 ma di cittadinanza greca e di religione ebraica, laureato a Torino e a Innsbruck nel 1879; nel maggio 1880 è nominato medico chirurgo esterno sotto Escher nella IV Divisione dell'Ospedale triestino. Nel luglio del 1883 si dimette ma qualche mese dopo è assunto come medico chirurgo assistente in sostituzione dell'ammalato Baldini, che muore poco dopo. Nel 1884, nonostante il parere negativo del protofisico, Giorgio Nicolich, vince il concorso per medico chirurgo assistente a 500 fiorini annui, a condizione che prenda la cittadinanza austriaca entro un anno. Non è chiaro se cambia effettivamente cittadinanza ma nel 1885 la Delegazione del Comune di Trieste fa domanda alla Luogotenenza affinché D'Osmo non venga allontanato dall'Ospedale. La domanda è accolta ma nel 1887 D'Osmo lascia ugualmente l'Ospedale per la Poliambulanza, di cui è uno dei soci fondatori. Nel 1894 viene ritratto da Umberto Veruda e il quadro è presentato nell'autunno alla Galleria Scholian. Nel 1902 succede a Vitali Tedeschi alla Presidenza della Poliambulanza, posizione che mantiene fino alla morte. Nel 1909 è Presidente del Comitato d'Igiene del Consiglio Comunale che è tenuto a dare il suo parere sulla riforma dell'Ospedale. D'Osmo lascia Trieste nel maggio 1915 per Milano dove, nonostante i suoi 60 anni, si arruola come medico con il grado di tenente nell'esercito italiano (arriverà al grado di capitano). Dopo la guerra torna a Trieste e assume nuovamente la presidenza della Poliambulanza (di cui era rimasto presidente onorario durante gli anni della guerra) e guida il primo congresso annuale dell'associazione nel febbraio 1920 pochi mesi prima della sua morte (in ottobre).

Guglielmo de Pastrovich (1876-1927)

Nato nel 1876 a Trieste, educato alla Scuola Superiore Comunale, laureato nel 1899 a Vienna. Studia per 2 anni nella clinica del Prof. Nothnagel per le malattie nervose, e quindi con Oppenheimer e Mandel a Berlino. Assunto come medico chirurgo esterno (cioè senza stipendio) all'Ospedale Civico di Trieste nel luglio 1899, presenta le sue dimissioni dopo solo 6 settimane per andare a lavorare col professor Augusto Tamburini all'Istituto Psichiatrico di Reggio Emilia da cui fa ritorno nel 1901 per entrare come medico assistente nella VIII Divisione (psichiatrica) di Canestrini (vedi) per uno stipendio di 1600 fiorini annui. Durante questo periodo traduce in italiano il celeberrimo manuale di Oppenheim sulle malattie nervose (cui aggiunte delle note personali),[38] diventa redattore della *Rivista Sperimentale di Freniatria* e nel 1903 viene nominato medico perito alienista del Tribunale Provinciale di Trieste per il quale scriverà numerose perizie psichiatriche. Nel 1908, quando Canestrini si trasferisce al nuovo frenocomio, de Pastrovich partecipa al concorso per il posto di primario dell'VIII Divisione ma il suo rivale, dr. Gusina, che è direttore del manicomio di S. Giusto riceve 10 voti su 11, tanto che de Pastrovich, vedendosi bloccata ogni possibilità di avanzamento di carriera, non può che seguire Canestrini a San Giovanni come medico primario (gennaio 1909). Nello stesso 1909 diventa vice presidente della Camera dei Medici, ma è solo dopo la morte di Canestrini, nel 1926, che diventa finalmente direttore del Frenocomio di San Giovanni, salvo morire poco dopo, il 28 agosto 1927.

De Pastrovich è un possibile modello per il poco simpatico Dr. Coprosich in *Zeno*: la descrizione fisica del medico ricorda i ritratti di de Pastrovich che ci sono noti, l'assonanza del nome è evidente e l'affermazione del romanzo secondo cui, nonostante i suoi sentimenti filo-italiani, a Coprosich erano state affidate dal governo Austriaco le perizie "più importanti",[39] ricorda un po' lo stra-

---

38. Hermann Oppenheim, *Trattato delle malattie nervose*, traduzione sulla terza edizione tedesca di Guglielmo de Pastrovich con aggiunte e note dal traduttore e di Augusto Tamburini, Milano, Società Editrice Libraria, 1904-1905.
39. «Allora il dottore avrà avuto poco piú di quarant'anni. S'era dedicato molto alla medicina legale e, per quanto fosse notoriamente un buonissimo italiano, gli venivano affidate dalle imperial regie autorità le perizie piú importanti», *La Coscienza di Zeno*, cit. p. 670.

no rispetto che le autorità mostrarono per le prerogative di un ben noto irredentista. Certo, De Pastrovich non era un anatomopatologo, come il romanzo vorrebbe, ma come si è detto era perito psichiatrico per i Tribunali Provinciali (almeno dal 1903 al 1915), e l'accenno di Svevo alla "medicina legale" potrebbe voler dire semplicemente che il suo personaggio si occupa di perizie mediche in un contesto giudiziario.

Gilberto Senigaglia (1872-1919)

Non c'è nessuna indicazione che Svevo sia stato mai curato da Senigaglia, ma lo scrittore ne conosceva bene la famiglia, e descrive una visita alla loro villa a Gorizia in una lettera del 9 maggio 1898.[40] Vale comunque la pena soffermarsi su questa figura di grande interesse nel panorama medico triestino.

Gilberto Senigaglia nasce a Trieste il 6 gennaio 1872, da una famiglia ebraica molto facoltosa di Gorizia (ma lui si qualifica sempre come "senza confessione"). Laureatosi a Vienna nel 1895, lavora per 6 mesi alla clinica ostetrica-ginecologica di Graz e per 15 mesi alla clinica medica di Nothnagel di Vienna; il 12 aprile 1896 è assunto come medico chirurgo esternista all'Ospedale Civico di Trieste. Nel 1898 fa domanda per passare alla neocostituita XI Divisione (ginecologica), ma la domanda viene respinta dal Presidente del Collegio Medico, Manussi, in quanto il primario Sebastano Gattorno (vedi) ha già un secondario. Senigaglia scrive una lettera a Manussi in cui gli ricorda che questi gli aveva già promesso il posto qualche mese prima, e facendogli presente che lavorando nella II Divisione con 130 letti «sparsi in 4 diversi ambienti, tale da occupare tutto il giorno per un servizio appena soddisfacente» non poteva certo avere il tempo di frequentare la Maternità (ciò che Manussi gli concederebbe in via eccezionale). Manussi, molto seccato, gli restituisce lo scritto, che definisce «stilizzato in modo poco conveniente», consigliandogli di ricorrere «all'autorità superiore» (cioè al Comune). Al contrario Senigaglia dà le dimissioni (13 agosto 1898) – un atto molto coraggioso e insolito per quel periodo – e Manussi le accetta. Questa costituisce una delle poche sfide dirette al potere di Manussi da parte di un medico subalterno, e dà una indicazione sia della tempra di Senigaglia, che della gerarchia assoluta che regnava in ospedale.

Dopo le dimissioni, Senigaglia passa alla Poliambulanza dove lavora nel reparto ginecologico e alla guardia medica ostetrica, e comincia a lavorare anche per la Cassa Distrettuale. È socialista e tiene qualche conferenza su argomenti medici per il "Circolo degli Studi". Nel 1902 è accusato di aver partecipato ad

---

40. «Domandai una guida di Gorizia e vi cercai l'indirizzo dei Sinigaglia: Eredi Sinigaglia via dietro Castello 8. Che diavolo di Sinigaglia erano questi?» (*Epist.*, p. 75).

un duello, ma l'accusa non va oltre l'istruttoria. Nel 1904 è accusato dal giornale antisemita, *Il Sole*, d'aver nascosto qualche caso di procurato aborto. Senigaglia fa causa per diffamazione ma gli accusati vengono assolti per un tecnicismo. Nel 1909 è eletto al Consiglio Comunale per il partito socialista (e rimane deputato fino al 1913) e nello stesso anno, la Cassa Distrettuale passa sotto il controllo socialista, così che Senigaglia è nominato capo-medico. La sua direzione imprime una forte spinta riformista alla struttura di cui beneficia a diversi livelli la salute pubblica triestina: Nei suoi interventi pubblici è spesso molto duro con il potere medico locale, che accusa di temere qualsiasi cambiamento, anche il più ragionevole, per poter conservare lo *status quo*. Non trascura la pratica privata ed apre una clinica in via Stadion. Rimane a Trieste durante la prima guerra ed alla fine della guerra riceve varie onoranze dal governo italiano. Contagiato da uno dei suoi pazienti, Gilberto Senigaglia muore nel luglio del 1919, lasciando la moglie e tre figli. Un lungo necrologio sul giornale socialista *Il Lavoratore*,[41] loda le sue doti umane, le sue capacità mediche e i suoi sforzi a favore dei poveri e della classe operaia. Vale la pena di notare che nel giugno del 1905, Senigaglia è chiamato come ostetrico della Guardia Medica in via S. Nicolò per far nascere il primo figlio di James Joyce, Giorgio. Dopo questo episodio Senigaglia diventa una specie di medico di famiglia dei Joyce: cura lo scrittore nel maggio-giugno del 1907 per una "febbre reumatica"[42] e nello stesso anno segue Nora durante la sua seconda gravidanza, da cui nasce Lucia, e così fa durante la terza, nel 1908, che si conclude con un aborto.

Egidio Welponer (1848-1933)

Mentre Nora e Joyce perdono il loro terzo figlio nonostante le cure di Gilberto Sinigagli, Egidio Welponer è il ginecologo incaricato di seguire Livia Veneziani durante le sue "false" gravidanze fra il 1908 e il 1909: «Attendo con impazienza le tue notizie su Welponer» le scrive il marito da Murano il 10 gennaio 1908,[43] e un anno dopo, nel gennaio 1909: «Mi scriverai appena avrai il verdetto di W. [Welponer]».[44] La circostanza potrebbe avere un valore maggiore di quello esclusivamente aneddotico perché se Svevo (che in quello stesso periodo sta leggendo il manoscritto dei primi 3 capitoli del *Portrait of the Artist*[45]) è

---

41. 6 luglio 1919.
42. Cfr. Erik Schneider, *A Grievous Distemper: Joyce and the Rheumatic Fever Episode of 1907*, "James Joyce Quarterly", vol. 38, n. 3-4, 2001.
43. *Epist.*, p. 468.
44. Ivi, p. 526.
45. Cfr. la lettera a Joyce dell'8 febbraio 1909: «Dear Mr. Joyce, Really I do not believe of being authorised to tell you the author a resolute opinion about the novel which I could Know only partially» (*Epist.*, p. 527).

un modello per Bloom in *Ulysses* (e sicuramente lo è) ed il rammarico più forte di Bloom è di aver perso suo figlio Rudy poco dopo la nascita, possiamo ipotizzare proprio in questo periodo l'inizio di un legame più stretto fra Joyce e Svevo basato sulla mancata paternità.

Welponer nasce a Trieste nel 1848. Si laurea a Vienna nel 1973. È discepolo e assistente del celebre Karl von Braun presso la Clinica Ginecologica di Vienna dal 1878 al 1881. Nel maggio dell'81 è nominato professore della scuola d'ostetricia all'Ospedale Civico di Trieste e benché la nomina a primario si facci attendere ancora per molti anni (nel 1885 il concorso per assistente è vinto non da lui ma da Zencovich, per il quale vedi qui di seguito) di fatto dirige questo reparto fino al suo pensionamento nel 1924. Nel 1897, assieme al Dr. Escher fonda il Sanatorio Triestino di via Rossetti, una delle prime case di cura private a Trieste che, in quel periodo, ha solo 6 camere, è illuminata a gas ed è priva di acqua corrente. Dopo la prima guerra, con il subentro di altri soci, la clinica si trasforma in un importante realtà della medicina cittadina. Una volta conseguito il primariato allo Stabilimento di Maternità rimane in carica fino al 1925, circondato dalla fama di chirurgo esperto, capace di effettuare un'alta percentuale di tagli cesarei senza causare la morte né della madre né del bambino. Muore il 19 luglio 1933.

Paolo Zencovich (1859-?)

Per lunghi anni il dottor Zencovich è il principale medico di famiglia del clan Veneziani che, come si è visto, può tuttavia contare su uno stuolo piuttosto nutrito di clinici. Lo incontriamo perciò molto spesso nelle pagine dell'epistolario[46] e con ossessiva costanza nelle lettere che Svevo scriva a Livia nel 1899 quando proprio su consiglio di Zencovich Livia si reca alle terme di Salsomaggiore scatenando la gelosia del marito: «Spero bene che ogni qualvolta sei andata dal dottore ti sarai fatta accompagnare. Mi dispiace la facilità con cui ti fai visitare da cani e porci. La cura era ordinata da Zencovich; avevi da lui la descrizione della malattia e il dottore di Salso non aveva che da prescrivere la gradazione della cura.».[47] Zencovich e la sua professionalità fanno le spese di tale scelta nella considerazione di Svevo: «Tu riposi troppo assolutamente in Zencovich. Io, lo confesso, penso talvolta che potremmo ingannarci di grosso e che a Padova tu apprenda che hai avuto torto di andare a Salsomaggiore».[48]

Nato a Cervignano nel 1859, si laurea a Vienna nel 1884. Entra nell'Ospedale come medico esterno nel settembre di quell'anno, e subito dopo diventa secon-

---

46. Cfr. *Epist*. pp. 104, 145, 231, 333-34, 402, 468, 558 ecc.
47. Lettera dell'11 maggio 1999; ivi, p. 145.
48. Lettera del 3 giugno 1898, ivi, p. 132. A Padova Livia doveva recarsi per un consulto.

Salsomaggiore, Terme Berzieri, facciata (da AA.VV., *Salsomaggiore. Art déco termale*, Milano, Franco Maria Ricci, 1898).

dario nel reparto vaiolosi durante un'epidemia sotto la guida di Manussi (vedi) che elogia il suo operato al Collegio Medico in dicembre. Nel febbraio del 1885 è assunto come medico assistente nello Stabilimento di Maternità, diretto da Egidio Welponer (vedi). Nell'ottobre del 1888 termina il suo triennio e ne richiede il prolungamento ma, dopo qualche anno, la sua attività si sposta alla Poliambulanza, dove dirige il reparto ostetrico-ginecologico, e si dedica alla pratica privata. È in questa veste che diventa l'ostetrico-ginecologo della famiglia Svevo nonché il medico curante di Livia per molti anni. È Zencovich il medico che assiste Livia per la nascita di Letizia (nel settembre del 1910, Svevo ricorda la sua gita in carrozza con Zencovich la mattina dopo la nascita della bambina, quando era «un poco dispiacente ancora ch'era nata una femmina anziché un maschio».[49] Naturalmente come altri dei medici citati da Svevo anche Zencovich ha il suo ruolo (benché inconsapevole) nell'eterno gioco del fumo; ne *Diario per la fidanzata* Svevo scrive: «Oggi una cosa strana non d'amore. Il mio amico Frizzi è indisposto gravemente e il Dr. Zencovich gli disse che tutti i suoi malanni derivano dal fumo. Aggiunse però che non gli proibiva di fumare visto ch'era inutile poiché egli sapeva che sarebbe stata una proibizione vana.

---

49. Ivi, p. 558.

Ora io pensai: Quello che non è possibile di fare per il dr. Zencovich, non sarebbe possibile di fare per Livia? Fumai subito una sigaretta per marcare l'ora e feci il proposito ferreo di sagrificare a te, mia Livia, questo vizio. Dalle parole del dr. Zencovich puoi comprendere quanto io ti sagrifichi. Tu avrai certo i tuoi bravi dubbi che sia per te ch'io faccia tale sagrificio o non piuttosto per me. Invece è proprio per te. Si tratta di amare bene e calmo, si tratta di avere i nervi sani per guarire dei dubbi e sentire l'affetto ugualmente intenso ogni mattina, ogni sera. Per il dr. Zencovich niente, tant'è vero che per i medici che me lo consigliarono non riuscii giammai di fare una cosa simile. In fondo la mia vita è una parte (piccola) del nostro amore ed io la curo non per egoismo ma per amore».[50]

Fonti

Oltre alle fonti citate in nota per questa ricerca ci si è basati principalmente sulla documentazione dell'Archivio Storico del Comune di Trieste (classifiche per la Sanità), e dell'Archivio di Stato di Trieste (Luogotenenza, Polizia e atti dei Tribunali Civili e Penali). Per il quadro generale sono state consultate varie pubblicazioni di storia della medicina locale, fra cui: Venceslao Plitek, *L'associazione medica triestina in cinquant'anni di vita*, Trieste, Editrice L'Associazione Medica Triestina, 1926; la "Rassegna di Medicina Giuliana"; "Il Lanternino"; la "Rivista Sanitaria Giuliana" (1908-1920) e il "Bollettino dell'Associazione Medica Triestina" (1897-1915); per i cenni alla situazione sanitaria di James Joyce mi sono avvalso anche di un mio lavoro inedito intitolato *Zois and Nighttown: Prostitution and syphilis in Trieste, 1880-1920*. Ringraziamenti a Livio Vazieri per gli indizi preziosi su Emilio Marcus, e ai discendenti di Alessandro Marina per la foto del loro illustre antenato.

---

50. TO, II, pp. 675-676.

Bibliografia

AA. VV., *Salsomaggiore. Art déco termale*, Milano, Franco Maria Ricci, 1998

ANZELLOTTI Fulvio, *Il segreto di Svevo*, Pordenone, Studio Tesi, 1985

ANZELLOTTI Fulvio, *La villa di Zeno*, Pordenone, Studio Tesi, 1991

BAIOCCO Carlo, *Analisi del personaggio sveviano in relazione alle immagini di lotta e malattia*, Roma, C.I.S.U., 1984

BATTAGLIA, Salvatore, *La coscienza della realtà in Svevo*, in "Il Veltro", agosto 1962, pp. 597-614

BAUDOUIN, Charles, *Suggestion et autosuggestion. Étude psychologique et pédagogique d'apres les resultats de la nouvelle École de Nancy*, deuxième edition, Neuchatel-Paris, Delachaux & Niestlé, 1921

BEARD George Miller, *Trattato pratico dell'esaurimento nervoso (neurastenia): sintomi, natura, conseguenze, trattamento*, Napoli, Vallardi, 1888

BEARD George Miller, *American Nervousness. Its Causes and Consequences. A Supplement to Nervous Euxhaustion (Neurasthenia)*, New York, Putnam, 1881, trad. it., *Il nervosismo americano. Le sue cause e le sue conseguenze*, Citta di Castello, Lapi, 1888

BENCO Silvio, *La Guardia Medica nei primi quarant'anni di vita*, Trieste, Editoriale Libraria, 1928

BENUSSI Cristina, *La forma delle forme*, Trieste, EUT, 2007

BERNARD Claude, *Leçons sur la chaleur animale, sur les effets de la chaleur et sur la fiévre*, Paris, Baillière, 1876

BERNARD Ernst, *Mitobiografia*, Milano, Adelphi, 1969

BIASIN Gian Paolo, *Malattie letterarie*, Milano, Bompiani, 1976

BIGAZZI Roberto, *I colori del vero. Vent'anni di narrativa 1860-1880*, Pisa, Nistri-Lischi, 1978

BILZ, Freidrich Eduard, *La nuova medicina naturale*, trad. it. Leipzig, Bilz, [1900], 2 voll.

BINET Alfred, *Les altérations de la personnalité*, Paris, Alcan, 1892

BOURGET Paul, *Essais de psycologie contemporaine. Études littéraires*, Paris, Gallimard, 1993

BRAULIN Flavio, *La questione sanitaria nella Trieste di fine '800. I caratteri antropologici della medicina ospedaliera sul Litorale austriaco*, Milano, FrancoAngeli, 2002

CAMERINO Giuseppe Antonio, *Nota sul concetto di vecchiaia in alcuni scrittori mitteleuropei e sul rapporto padri-figli nell'opera di Svevo*, "Atti e memorie dell'Arcadia", serie III, vol. V, nn. 2-3, 1971, pp. 71-85

CAMERINO Giuseppe Antonio, *Il concetto d'inettitudine in Svevo e le sue implicazioni mitteleuropee ed ebraiche*, "Lettere Italiane", apr-giu 1973, pp. 190-214

CAMERINO Giuseppe Antonio, *Italo Svevo*, Torino, Utet, 1982

CAMERINO Giuseppe Antonio, *Italo Svevo e la crisi della Mitteleuropa*, ed. ampliata e completamente riveduta, Napoli, Liguori, 2002

CANGUILHELM George, *La conoscenza della vita*, Bologna, Il Mulino, 1986

CAPUANA Luigi, *Profumo*, Torino, Roux, 1900

Bibliografia

CAPUANA Luigi, *Giacinta*, Milano, Mondadori, 1980

CAPUANA Luigi, *Studii sulla letteratura contemporanea. Seconda serie*, Napoli, Liguori, 1988

CARLI Alberto, *Anatomie scapigliate. L'estetica della morte tra letteratura, arte e scienza*, Novara, Intelinea, 2004

CAROLI Flavio, *Storia della Fisiognomica*, Milano, Leonardo, 1995

CARRAI Stefano, *Breve inchiesta su Svevo e il dottor S.*, "Moderna", 2003, n. 1, pp. 79-83

CASTIGLIONI Arturo, *Ricordi di Medici Triestini*, "Rassegna di Medicina Giuliana", 1950

CAVAGLION Alberto, *Otto Weininger in Italia*, Roma, Carucci, 1982

CAVAGLION Alberto, *Italo Svevo*, Milano, Bruno Mondadori, 2000

CAVAGLION Alberto, *La filosofia del pressappoco. Weininger, sesso, carattere e la cultura del Novecento*, Napoli, L'ancora del Mediterraneo, 2001

CEPACH Riccardo, *Italo Svevo e la spiritista. Una favoletta inedita del celebre scrittore*, "La Repubblica", 16 settembre 2005, p. 58

CEPACH Riccardo, *Passeri e fantasmi. Una favoletta inedita di Svevo fra le carte della spiritista Nella Doria Cambon*, "Aghios. Quaderni di Studi Sveviani", 5, pp. 79-106

COMTE Auguste, *Opere*, Firenze, Sansoni, 1972

COMTE Auguste, *Cours de philosophie positive*, Paris, au siège de la Societé Positiviste, 1864

CONAN DOYLE Arthur, *The Case Book of Sherlock Holmes*, London, John Murray, 1924

CONTINI Gianfranco, *Varianti e altra linguistica*, Torino, Einaudi, 1970

CONTINI Gabriella, *Le lettere malate di Svevo*, Napoli, Guida, 1979

CORNERS George F., *Rejuvenation: How Steinach Makes People Young*, New York, Thomas Seltzer, 1923

COVRE Pietro, *La vita e l'opera del professor Sebastiano Gattorno*, Trieste, Tipografia Moderna, 1977

CURTI Luca, *Zeno guarisce dell'ottimismo. Schopenhauer e Freud nella* Coscienza, "Rivista di Letteratura Italiana", XII (1994), n. 2-3, pp. 401-427

DALL'ORTO Giovanni, *Il concetto di degenerazione nel pensiero borghese dell'Ottocento*, "Sodoma", anno II (1985), n. 2, pp. 59-74

DAVID Michel, *La psicoanalisi nella cultura italiana*, 3ª ed. rivista e ampliata, Torino, Bollati Boringhieri, 1990

DEBENEDETTI Giacomo, *Il personaggio-uomo*, Milano, Il Saggiatore, 1970

DEBENEDETTI Giacomo, *Saggi critici. Seconda serie*, Milano, Il Saggiatore, 1971

DEBENEDETTI Giacomo, *Il romanzo del Novecento. Quaderni inediti*, Milano, Garzanti, 1971

DEBENEDETTI Giacomo, *Saggi 1922-1966*, Milano, Mondadori, 1982

DE CASTRIS Leone, *Italo Svevo*, Pisa, Nistri Lischi, 1959

DE ROBERTO Federico, *Romanzi, novelle e saggi*, Milano, Mondadori, 1984

DE SANCTIS Francesco, *L'arte, la scienza e la vita. Nuovi saggi critici, conferenze e scritti vari*, Torino, Einaudi, 1972

DE SANCTIS Francesco, *La psicologia nelle recenti pubblicazioni*, in "Nuova Antologia", vol. 173, set. 1900, pp. 163-164

DEVOTO Giacomo, *Itinerario stilistico*, Firenze, Le Monnier, 1975

DOUMIC René, *Écrivains d'aujourd'hui: Paul Bourget, Guy de Maupassant, Pierre Loti, Jules Lemaître, Ferdinand Brunetière, Émile Faguet, Ernest Lavisse*, Paris, Perrin, 1894

ELLENBERGER Henry F., *La scoperta dell'inconscio. Storia della psichiatria dinamica*, Torino, Bollati Boringhieri, 1980

FAVA GUZZETTA Lia, *Tra ipotetiche naturalistiche e istanze metadiscorsive: il primo romanzo Una vita*, in in N. Cacciaglia - L. Fava Guzzetta (cur.), *Italo Svevo scrittore europeo*, Firenze, Olschki, 1994

FAVA GUZZETTA Lia, *Il primo romanzo di Italo Svevo. Una scrittura della scissione e dell'assenza*, Messina-Firenze, D'Anna, 1991

FEDERN Ernst - NUMBERG Hermann (cur.), *Minutes of the Vienna Psychoanalytic Society*, New York, International Universities Press, 1962

FERRIO Carlo, *La psiche e i nervi*, Torino, UTET, 1948

FINOCCHIARO CHIMIRRI Giovanna, *Italo Svevo e James Joyce. Mappa di un incontro memorabile*, in N. Cacciaglia - L. Fava Guzzetta (cur.), *Italo Svevo scrittore europeo*, Firenze, Olschki, 1994

FOGAZZARO Antonio, *Ascensioni umane*, Milano, Baldini e Castoldi, 1900

FOGAZZARO Antonio, *Fedele ed altri racconti*, Milano, Mondadori, 1931

FOGAZZARO Antonio, *Idillii spezzati: racconti brevi*, Milano, Mondadori, 1931

FOGAZZARO Antonio, *Discorsi*, Milano, Mondadori, 1941

FORSTER Riccardo, *Paul Bourget in un recente profilo*, "Fanfulla della Domenica", a. XVI, n. 22, 3 giugno 1894

FREUD Sigmund, *Akute multiple Neuritis der spinalen und Hirnnerven*, s.l., Selbsverlag des Verfassers, 1886

FREUD Sigmund, *Opere*, Torino, Boringhieri, 1966-1984, 12 voll.

FREUD Sigmund, *Palinsesti freudiani*, Torino, Bollati Boringhieri, 1998

FURBANK Philip Nicholas, *Italo Svevo, the Man and the Writer*, Berkeley, University of California Press, 1966

FRIGESSI CASTELNUOVO Delia, *Cesare Lombroso*, Torino, Einaudi, 2003

FUSCO Mario, *Italo Svevo. Conscience et réalité*, Paris, Gallimard, 1973

GALL Franz Joseph, *L'organo dell'anima. Fisiologia cerebrale e disciplina dei comportamenti*, Venezia, Marsilio, 1985

GALEAZZI Olivio (cur.), *Healing. Storie e strategie del guarire*, Firenze, Olschki, 1993

GALLARATI SCOTTI Tommaso, *La vita di Antonio Fogazzaro. Dalle memorie e dai carteggi inediti*, Milano, Mondadori, 1982

GATT-RUTTER John, *Alias Italo Svevo*, Siena, Nuova Immagine, 1991

GENTILLE Attilio, *Il primo secolo della Società di Minerva 1810-1910*, Trieste, Società di Minerva, 1910

GETREVI Paolo, *Le scritture del volto. Fisiognomica e modelli culturali dal medioevo a oggi*, Milano, Angeli, 1991

GHIDETTI Enrico, *Italo Svevo. La coscienza di un borghese triestino*, Roma, Editori Riuniti, 1980

GHIDETTI Enrico (cur.), *Il caso Svevo, Guida storica e critica*, Bari, Laterza, 1984

GIACHETTI Carlo, *Charcot artista*, in "Nuova Antologia", vol. 198, nov. 1904, pp. 119-124

GIACOSA Piero, *Specchi dell'enigma*, Milano, Treves, 1906

Bibliografia

Gioanola Elio, *Un killer dolcissimo. Indagine psicoanalitica sull'opera di Svevo*, Genova, il Melangolo, 1979

Goldoni Carlo, *Mémoires*, Milano, Mondadori, 1935

Greenslade William, *Degeneration, Culture and the Novel 1880-1940*, Cambridge, Cambridge University Press, 1994

Groddeck Georg, *Il libro dell'Es*, Milano, Adelphi, 1990

Graf Arturo, *Questioni di critica*, Torino, Loescher, 1889, ora in A. Borlenghi, *La critica letteraria postdesanctiana*, Milano, Cisalpino-Goliardica, 1972

Graf Arturo, *Il riscatto*, Bologna, Clueb, 1988

Guglielminetti Marziano, *La contestazione del reale. Progetto e verifica di un nuovo corso letterario (1876-1968)*, Napoli, Liguori, 1974

Haire Norman, *Rejuventaion. The work of Steinach, Voronoff, and others*, London, Allen, 1924

Huxley Aldous, *Dopo molte estati*, Milano, Mondadori, 1949

Isotti Rosowsky Giuditta, *L'ecriture de l'humor dans "La coscienza di Zeno"*. Notes, "Cahiers pour un temps", Centre Georges Pompidou, 1985, pp.155-56

Janet Paul, *L'automatisme psychologique. Essai de psychologie expérimentale sur les formes inférieures de l'activité humaine*, Paris, Alcan, 1889

Jones Ernest, *Vita e opere di Sigmund Freud*, ed. ridotta a cura di L. Trilling e S. Marcus, Milano, Il Saggiatore, 1973

Jung Carl Gustav, *Realtà dell'anima*, Torino, Bollati Boringhieri, 1970

Kafka Franz, *Confessioni e immagini*, Milano, Mondadori, 1960

Kezich Tullio, *Svevo e Zeno: vite parallele. Cronologia comparata di Ettore Schmitz (Italo Svevo) e Zeno Cosini con notizie di cronaca triestina ed europea*, Milano, Il Formichiere, 1978

Kneipp Sebastian, *Meine Wasserkur*, Kempten, Kösel, 1887, trad. it., *La mia cura idroterapica*, id., 1893

Kraemer Hans, *Der Mensch und die Erde*, Berlin-Leipzig-Wien-Stuttgart, Bong, 1912

Lalanne-Olive Annie, *Svevo et le savoir médicale*, in "Revue des études italiennes", 1993, nn. 1-4, pp. 141-152

Langella Giuseppe, *Italo Svevo*, Napoli, Morano, 1992,

Langella Giuseppe, *La "dolce malattia". Intorno a una pagina di Svevo*, in "Lettere italiane", a. 47, n. 2 (apr.-giu. 1995), pp. 271-289

Langella Giuseppe, *I due «vegliardi». Sulla vicenda redazionale del quarto romanzo di Svevo*, in N. Cacciaglia - L. Fava Guzzetta (cur.), *Italo Svevo scrittore europeo*, Firenze, Olschki, 1994

Lantieri-Laura Georges, *Histoire de la phrénologie. L'homme et son cervau selon F. J. Gall*, Paris, PUF, 1970

Lapponi, Giuseppe, *Ipnotismo e spiritismo. Studio medico-critico*, 2. ed. riv. ed aumentata, Roma, Desclee-Lefebvre, 1906

Lavagetto Mario, *Freud la letteratura e altro*, Torino, Einaudi, 1985

Lavagetto Mario, *L'impiegato Schmitz e altri saggi su Svevo*, Torino, Einaudi, 1975

Lavagetto Mario, *Notizie dalla clandestinità*, in Svevo, Italo, *Tutte le opere*, vol. II, *Racconti e scritti autobiografici*, pp. XI-XLVI

Lepschy Anna Laura, *Narrativa e teatro fra due secoli. Verga, Invernizio, Svevo, Pirandello*, Firenze, Olschki, 1984

LEVI Primo, *Opere*, Torino, Einaudi, 1987, 2 voll.

LITTRÉ Émile, *La science au point de vue philosophique*, Paris, Didier, 1873

LOMBROSO Cesare, *Ricerche sui fenomeni ipnotici e spiritici*, Torino, U.T.E.T., 1909

LOMBROSO Cesare, *Delitto, Genio, Follia. Scritti scelti*, Torino, Bollati Boringhieri, 1995

DE LOVENJOUL Charles, *Histoire des oeuvres de H. de Balzac*, Paris, Calmann-Lévy, 1879

LUTI Giorgio, *Letteratura e società tra Otto e Novecento. Pratesi, Svevo, Pirandello e Zena*, Milano, Vita e Pensiero, 1979

MAHLER-SCHACHTER Elizabeth, *Svevo, Trieste and the Vienna Circle: Zeno's Analyst Analysed*, "European Studies Review", vol. 12, n. 1, (jan. 1982), pp. 45-65

MAGRIS Claudio, *La Guerriglia della vecchiaia*, s.l., s.e., [1975], pp. 151-167, ora ampl. riv. in *Dietro le parole*, Milano, Garzanti, 1978, pp. 119-122

MAGRIS Claudio, *Nel cinquantenario di Svevo. La scrittura e la vecchiaia selvaggia*, Napoli, Guida, 1978

MAGRIS Claudio, *Dietro le parole*, Milano, Garzanti, 1978

MAIER Bruno, *Italo Svevo*, 4. ed. riveduta e aggiornata, Milano, Mursia, 1975

MAIER Bruno (cur.), *Lettere a Svevo. Diario di Elio Schmitz*, Milano, Dall'Oglio, 1973

MAXIA Sandro, *Lettura di Italo Svevo*, Padova, Liviana, 1965

MANTEGAZZA Paolo, *Un giorno a Madera. Una pagina dell'igiene d'amore*, Milano, Rechiedei, 1868

MANTEGAZZA Paolo, *Il secolo nevrosico*, Firenze, Barbera, 1887

MARCUS Emilio - PATTAY Gracco, *Le condizioni igienico sanitarie di Trieste: cenni popolari*, Trieste, Società Igea, 1900

MARINA Alessandro, *Studi di statistica nevrologica su diciottomila malati: considerazioni di demografia e di sociologia*, Bologna, Cappelli, 1924

MAZZACURATI Giancarlo, *Stagioni dell'apocalisse. Verga Pirandello Svevo*, Torino, Einaudi, 1998

METCHNIKOFF Élie, *Le disarmonie della natura umana e il problema della morte*, Milano, Pallestrini, 1906

METCHNIKOFF Olga, *Vie d'Élie Metchnikoff*, Paris, Hachette, 1920

MOLONEY Brian, *Psychoanalysis and Irony in "La coscienza di Zeno"*, "Modern Language Review", vol. 67, n. 2, 1972; trad. it. in ID., *Italo Svevo narratore*, Gorizia, Libreria Editrice Goriziana, 1998

MOLONEY Brian, *Italo Svevo narratore. Lezioni triestine*, Gorizia, Libreria Editrice Goriziana, 1998

MOLONEY Brian - HOPE Frazer, *Italo Svevo giornalista triestino con scritti sconosciuti*, "Quaderni Giuliani di Storia", anno XXVII, n. 1 (gen-giu 2006), pp. 69-70

MONTAGNI Benedetta, *Angelo consolatore e ammazzapazienti. La figura del medico nella letteratura italiana dell'Ottocento*, Firenze, Le Lettere, 1999

MONTALE Eugenio, *Il secondo mestiere. Prose 1920-1979*, Milano, Mondadori, 1996

MOREL Auguste, *Traité des dégénérescences physiques, intellectuelles et morales de l'espèce humaine et des causes qui produisent ces variétés maladives*, Ballière, Paris, 1857, 2 voll.

MORSELLI Enrico, *Carlo Darwin*, in "Rivista di filosofia scientifica", a. I, vol. 6, maggio-giugno 1882, pp. 613-668

Bibliografia

MORSELLI Enrico, *Psicologia e spiritismo. Impressioni e note critiche sui fenomeni medianici di Eusapia Paladino*, Torino, Bocca, 1908

MUSATTI Cesare, *Riflessioni sul pensiero psicoanalitico*, Torino, Boringhieri, 1976

MUSIL Robert, *L'uomo senza qualità*, Torino, Einaudi, 1996, 2 voll.

NAY Laura, *Fantasmi del corpo fantasmi della mente. La malattia fra analisi e racconto (1870- 1900)*, Alessandria, Edizioni dell'Orso, 1999

NEERA, *Anima sola*, Milano, Baldini Castoldi & C., 1904

NIEMEYER August Hermann, *Grundsätze der Erziehung und das Unterrichts für Eltern, Hauslehrer und Erzieher*, Halle, Waisenhaus, 1796, trad. it., *Principii fondamentali dell'educazione e dell'istruzione*, Torino, Tarizzo, 1883

NITZSCHKE Bernd, *Wilhelm Stekel, ein Pionier der Psychoanalyse*, in E. Federn - G. Wittenberger (cur.), *Aus dem Kreis um Sigmund Freud*, Frankfurt am Main, Fischer, 1992

Oliva Domenico, *Una vita*, "Corriere della Sera", 11 dicembre 1892

OPPENAHEIM Hermann, *Trattato delle malattie nervose*, Milano, Societa Editrice Libraria, 1904-1905

PACCHI Arrigo, *Materialisti dell'Ottocento*, Bologna, Il Mulino, 1978

PALMIERI Giovanni, *La vera cura di Zeno e le sue opinioni*, in "Strumenti critici", 1993, n. 71, pp. 37-66

PALMIERI Giovanni, *Schmitz, Svevo, Zeno*, Milano, Bompiani, 1994

PALMIERI Giovanni, *I miti europei della "nevrastenia" e della "degenerazione" nell'opera di Svevo*, "Autografo", XI, 30, aprile 1995, pp. 75-87

PICA Vittorio, *All'avanguardia. Studi sulla letteratura contemporanea*, Napoli, Luigi Pierro, 1890

PICK Daniel, *Faces of Degeneration. A European disorder, c. 1848 - c. 1918*, Cambridge, Cambridge University Press, 1989, trad. it., *Volti della degenerazione: una sindrome europea*, Scandicci, La Nuova Italia, 1999

PIRANDELLO Luigi, *Tutti i romanzi*, Milano, Mondadori, 1973, 2 voll.

PLATEN M., *Die Neue Heilmethode*, Berlin-Leipzig-Wien-Stuttgart, 1901, 3 voll.

PONNAU Gwenhaël, *La folie dans la littérature fantastique*, Paris, Centre national de la recherche scientifique, 1987

PREMUDA Loris, *Medici nella Trieste mitteleuropea. Percorsi tra Ottocento e Novecento*, Trieste, Comune di Trieste, 1995

PREMUDA Loris, *L'influsso della scuola medica viennese sulla medicina triestina*, in *Atti delle conferenze della Società Triestina di Cultura Maria Theresia*, vol. IV, Udine, La Chiusa, 1997

RABBONI Renzo, *Un'utopia scientifico-letteraria del primo Novecento: longevità e ringiovanimento (Shaw, Bulgakov, Zoščenko, Svevo)*, "Comparatistica. Annuario italiano", anno IV, 1992, pp. 99-119

REAL Jean, *Voronoff*, Paris, Stock, 2001

RIBOT Théodule, *Le malattie della memoria*, Milano-Palermo, Sandron, 1923

RIGUTINI Giuseppe - FANFANI Pietro, *Vocabolario italiano della lingua parlata*, Firenze, Barbera, [1854]

RIGOLI Juan, *Lire le délire. Aliénisme, rhétorique et littérature en France au XIXe siècle*, Paris, Fayard, 2001

ROAZEN Paul, *Edoardo Weiss. The House that Freud Built*, New Brunswick-London, Transaction, 2005

ROD Édouard, *Il nuovo romanzo di Alfonso Daudet. L'evangelista*, in "Gazzetta Letteraria", a. VII, n. 2, 13 gennaio 1883

RODLER Lucia, *Il corpo specchio dell'anima. Teoria e storia della fisiognomica*, Milano, Bruno Mondadori, 2000

SABA Umberto, *Prose*, Milano, Mondadori, 1964

SACCONE Eduardo, *Il poeta travestito otto scritti su Svevo*, Pisa, Pacini, 1970

SACCONE Eduardo, *Commento a "Zeno". Saggio sul testo di Svevo*, Bologna, Il Mulino, 1973

SARAVAL Dino, *Medicina e moda a proposito del fumo*, "Il Lanternino", a. XIX (1996, n. 1, pp. 17-18

SAVARESE Gennaro, *Scoperta di Schopenhauer e crisi del naturalismo nel primo Svevo*, in "Rassegna della letteratura italiana", a. LXXV (1971), n. 3, pp. 411-431

SCHMIDT Peter, *Theorie und praxis der Steinachschen operation*, Berlin, Rikola, 1922

SCHNEIDER Erik, *A Grievous Distemper: Joyce and the Rheumatic Fever Episode of 1907*, "James Joyce Quarterly", vol. 38, 2001, n. 3-4, pp. 453-475

SECHI Mario, *Il giovane Svevo: un autore "mancato" nell'Europa di fine Ottocento*, Roma, Donzelli, 2000

SECHI Mario, *Svevo, Nordau e la "fin de siècle". Altre ipotesi sulla derivazione dell'inetto*, in "Intersezioni", 1994, n. 1, pp. 21-51

SFRAGARO Adriana, *Max Nordau, dégénérescence et littérature*, in M. Milner (cur.), *Littérature et pathologie*, Paris, PUV, 1989

SOLARSKY Virag, *I Sogni di Zeno*, in "Cenobio", n.s., a. XXXIII, n. 3, lug-set 1984, pp. 231-242

SPADANUDA Luciano, *Storia dello sperma. Antropologia del seme maschile: pregiudizi, fantasie e verità scientifiche*, Roma, Mare Nero, 2001

SPENCER Herbert, *Le basi della morale*, Torino, Bocca, 1904

SPIRITO Pietro, *Svevo: riappare un frammento di Zeno*, "Il Piccolo", 12 ottobre 2002, p. 25

STELLARDI Giuseppe, *Dialettica salute/malattia e suggestioni ecologiche nella "Coscienza di Zeno"*, "Otto/Novecento", n.s. anno XXIV, 3, set-dic 2000, pp. 75-104

STEKEL Wilhelm, *Gesprach uber das Rauchen*, "Prager Tagblatt", 28 gennaio 1903, ora in B. Handlbauer, *Die Adler-Freud Controverse*, Frankfurt am Main, Fischer, 1990

STEKEL Wilhelm, *Dichtung und Neurose. Bausteine zur Psychologie des Künstlers und des Kunstwerkes*, Wiesbaden, Bergmann, 1909

STEKEL Wilhelm, *Die Sprache des Traumes*, Wiesbaden, Bergmann, 1911

STEKEL Wilhelm, *Storungen des Trieb- und Affektlebens (Die parapathischen Erkrankungen)*, Berlin-Wien, Urban und Schwarzenberger, 1912

STEKEL Wilhelm, *The Autobiography*, New York, Liveright, 1950

STEKEL Wilhelm, *The Meaning and Psychology of Dreams*, New York, Eton Books, 1951

SVEVO FONDA SAVIO Letizia - MAIER Bruno (cur.), *Iconografia sveviana. Scritti, parole e immagini della vita privata di Svevo*, Pordenone, Studio Tesi, 1981

SVEVO Italo, *Confessions of Zeno*, New York, New Directions Books, 1930

SVEVO Italo, *Confessions of Zeno*, New York, Alfred A. Knopf, 1930

SVEVO Italo, *Confessions of Zeno*, London-New York, Putnam, 1930

SVEVO Italo, *Commedie*, Milano, Mondadori, 1960

SVEVO Italo - MONTALE Eugenio, *Carteggio con gli scritti di Montale su Svevo*, Milano, Mondadori, 1976

Bibliografia

Svevo Veneziani Livia, *Vita di mio marito. Con altri inediti di Italo Svevo*, Trieste, Edizioni dello Zibaldone, 1958

Tanzi Eugenio - Riva Gaetano, *La paranoia. Contributo alla teoria delle degenerazioni psichiche*, Reggio Emilia, Calderoni, 1866

Tanzi Eugenio, *Trattato delle malattie mentali*, Milano, Società Editrice Libraria, 1905

Villa Guido, *La psicologia contemporanea*, Torino, Bocca, 1899

Violi Alessandra, *Il teatro dei nervi. L'immaginario nevrosico nella cultura dell'Ottocento*, Bergamo, Bergamo University Press - Sestante, 2002

Violi Alessandra, *Il teatro dei nervi. Fantasmi del moderno da Mesmer a Charcot*, Milano, Bruno Mondadori, 2004

Vittorini Elio, *Italo Svevo: "Una vita"*, "Solaria", dicembre 1930, pp. 47-58, ora in E. Ghidetti (cur.), *Il caso Svevo, Guida storica e critica*, Bari. Laterza, 1984

Voghera Giorgio, *Gli anni della psicanalisi*, Pordenone, Studio Tesi, 1980

Voronoff Serge, *Vivere*, Milano, Quintieri, 1920

Weiss Edoardo, *Saggi in onore di Sigmund Freud*, Roma, Cremonese, 1936

Weiss Edoardo, *The psychic presence*, "Bulletin of the Menninger Clinic", 3, 1939

Weiss Edoardo, *Sigmund Freud come consulente*, Roma, Astrolabio, 1970

Wittels Fritz, *Sigmund Freud. Der Mann, die Lehre, die Schule*, Leipzig-Wien, Tal, 1924

Indice dei nomi

A

Abraham Karl 101, 104, 111
Accerboni Pavanello Anna Maria 5, 13-14, 109, 124, 138, 142
Adler Alfred 92, 95
Anzellotti Fulvio 44, 111, 142, 189
Apollonio Umbro 159
Assagioli Roberto 83

B

Bacon Irving R. 168
Baiocco Carlo 73, 141, 163, 193
Balzac Honorè 58
Basedow Johann Bernhard 27
Battaglia Salvatore 64
Baudouin Charles 82-83
Beard George Miller 28, 135, 143
Benco Silvio 50, 157, 199
Benussi Cristina 168
Bernard Claude 34
Bernhard Ernst 104, 113
Bertoni Clotilde 10, 33, 53, 62, 64, 67, 76, 80, 155, 172
Bertoni Federico 37, 41, 62, 69, 78, 141, 159
Biasin Gian Paolo 82, 147, 177
Bigazzi Roberto 63
Binet Alfred 73
Binswanger Ludwig 104, 111
Bleuler Eugen 100
Bliznakoff Marco 196
Bostwick-Castairs Evelyn 162
Bourget Paul 63-64
Braulin Flavio 2, 138
Brücke Ernst 20
Bruno Giordano 47

C

Cambon Nella Doria 72-73
Camerino Giuseppe Antonio 34, 38, 45, 48, 58, 71, 77, 84, 128, 193
Campana Dino 155
Canestrini Luigi 27, 84, 137, 142, 187, 189-191, 204
Capuana Luigi 37, 58
Carli Alberto 69
Caroli Flavio 69
Carrai Stefano 66
Cavaglion Alberto 11-12, 21, 54, 80, 137, 151
Cepach Riccardo 73

Indice dei nomi

Charcot Jean Martin 65, 148
Chroback Rodolfo 193
Claretie Jules 94
Comte Auguste 67, 70, 75
Conan Doyle Arthur 162
Constant Benjamin 63
Contini Gabriella 50-51
Contini Gianfranco 50-51
Corazza Giuseppe 191
Cornaro Luigi Alvise 19
Corners George F. 164, 166
Costantini Achille 191
Costantini Maurizio 192
Coué Émile 109, 123, 182
Covre Pietro 194
Curti Luca 152
Cuzzi Giuseppe 201

D

Dall'Orto Giovanni 146
Daudet Alfonse 56-58
David Michel 17, 33, 45, 118
De Castris Leone 57
de Maupassant Guy 157
De Pastrovich Guglielmo 204
De Roberto Federico 53
De Sanctis Francesco 29, 56, 60, 76
Debenedetti Giacomo 41, 45-46, 128
D'Osmo Davide 197, 201-203
Dr. Ry (pseud. di Alessandro Clerici) 117
Dubois Paul 83, 123
Ducker Cyril 36

E

Ellenberger Henry 71

F

Fano Gustavo 200
Fava Guzzetta Lia 36, 59
Federn Paul 88, 107, 131
Fellini Federico 113
Ferenczi Sandor 125
Ferrio Carlo 146
Finocchiaro Chimirri Giovanna 36
Finzi Aurelio 96, 192-193
Flaubert Gustave 94
Fodran de Födransperg Julius 138
Fogazzaro Antonio 41, 53, 72-74, 76, 78
Forster Riccardo 64
Fortini Santarelli Sofia 27, 29, 135
Francesco Giuseppe, Imperatore 90, 160
Freud Anna 125
Freud Sigmund 17, 35, 86-87, 91, 97, 99-102, 110, 115, 120, 130-131, 166, 201
Frigessi Castelnuovo Delia 75
Furbank Philip Nicholas 180
Fusco Mario 82

G

Gall Franz Joseph 69
Gallarati Scotti Tommaso 78

Galton Francis 145
Galvani Luigi 20
Gattorno Sebastiano 193-194
Gatt-Rutter John 135, 158, 174
Gentille Attilio 135, 174
Getrevi Paolo 69
Ghidetti Enrico 36, 44-45, 48, 51, 60-61, 64, 82, 84, 111
Ghinzburg Natalia 148
Giachetti Carlo 71
Giacosa Piero 41
Gioanola Elio 43, 115, 119, 121-122
Goldoni Carlo 19
Goncourt Jules e Edmond 56-57, 71
Graf Arturo 63, 72
Greenslade William 146
Groddeck Georg 104, 111
Guglielminetti Marziano 35
Guido Piovene 84

H

Haeberle Erwin J. 165
Haeckel Ernst 77, 145
Haire Norman 167
Hamsun Knut 158
Hartmann Eduard 152
Haus Thomas 65
Heyse Paul 61
Hope Frazer 166, 168
Hortis Attilio 201
Huxley Aldous 162

I

Ippocrate 25
Isotti Rosowsky Giuditta 125

J

Jager Isotti Francesca 125
Jahier Valerio 34, 43, 82, 89, 108, 124, 127, 180
Janet Paul 73, 123
Jean Paul (pseud. di Johann Paul Friedrich Richter) 71
Jensen Wilhelm 87
Jones Ernest 97, 99-101
Joyce Giorgio 206
Joyce James 35-37, 128, 202, 206
Joyce Stanislaus 36
Jung Carl Gustav 100, 129

K

Kafka Franz 122, 128
Kahane Max 92, 95, 98
Kaufmann Nicholas 165
Kezich Tullio 27, 49
Kneipp Sebastian 134, 140, 143-144, 150, 182

L

Lalanne-Olive Annie 81, 161
Langella Giuseppe 41, 69, 136

Indice dei nomi

Lantieri-Laura Georges 69
Lapponi Giuseppe 72
Lavater Johan Kaspar 69
Le Conte Joseph 78
de Lempicka Tamara 163
Lepschy Anna Laura 51
Levi Carlo 194
Levi Liebmann Vittorio 195
Levi Primo 15
Lombroso Cesare 69, 75, 145, 155
Lovenjoul Charles 58
Luti Giorgio 52
Luzzatto Attilio 194
Luzzatto Giuseppe 201

M

Magris Claudio 41
maestro Alberto (pseud. di Alberto Zancari) 19
Mahler-Schachter Elisabeth 89, 102
Maier Bruno 12, 38, 47, 50-51, 159, 199
Mann Thomas 141
Mantegazza Paolo 80, 135
Manussi Alessandro 190, 194-197, 202, 205
Manzutto Giuseppe 198
Marcus Emilio 97, 198-200, 209
Mariani Danilo 40
Marina Alessandro 21, 189, 201-202, 209
Matteucci Carlo 20
Maxia Sandro 33
Mazzacurati Giancarlo 47, 49, 141-142
Metchnikoff Élie 68, 174

Metchnikoff Olga 174
Moloney Brian 2, 54, 76, 118, 166, 183
Montagni Benedetta 55
Montale Eugenio 36-37, 50, 60, 83, 148
Morel Bénédict-Auguste 144-147, 183
Morselli Enrico 75-76
Murri Augusto 12, 19, 192
Musatti Cesare 33, 66, 107

N

Nay Laura 13, 35, 109, 135, 198
Neera (pseud. di Anna Zuccari) 71
Nicolich Giorgio 194, 203
Niemeyer August Hermann 29-30
Nitzschke Bernd 102
Nordau Max (pseud. di Max Simon Südfeld) 81, 148

O

Oberti Giuseppe 188
Oliva Domenico 157
Oppenheim Hermann 204

P

Pacchi Arrigo 78
Paladino Eusapia 75
Palmieri Giovanni 66, 72, 82-83, 123, 133, 146, 158, 182

Palmieri Nunzia 47
Pasini Ferdinando 174
Pattay Gracco 200
Pernotti Nicola 107
Pica Vittorio 56, 63
Pick Daniel 146
Pinel Philippe 190
Pirandello Luigi 74
Premuda Loris 137, 191-192

R

Rabboni Renzo 162
Ralli Paolo 197
Rank Otto 88
Real Jean 163-164
Reitler Rudolf 92, 95
Renan Ernest 58, 61
de Retz Gilles 168
Richet Charles 71
Rismondo Piero 84
Riva Gaetano 155
Rodler Lucia 69

S

Saba Umberto 50
Saccone Eduardo 33, 43, 55-56
Sadger Isidor 104, 111
Saraval Dino 150
Savarese Gennaro 47
Scarfoglio Edoardo 56

Schafer Roy 129
Schiffrer Emerico 198
Schmidt Peter 167
Schmitz Adolfo 142, 193
Schmitz Elio 38, 53, 69, 194, 199
Schmitz Giuseppina Rachelina (Peppina) 17
Schmitz Ortensia (Tenci) 116
Schmitz Ottavio 142
Schneider Erik 12, 21, 206
Schopenhauer Arthur 33, 46-48, 83, 152, 176, 181
Sechi Mario 63, 81, 148
Senigaglia Gilberto 205-206
Servadio Emilio 107, 113
Sfragaro Adriana 81
Smareglia Antonio 25
Sofocle 25, 85
Solarsky Virag 103
Spadanuda Luciano 161, 169
Spaventa Bertrando 67
Spence Donald 129
Spencer Herbert 75-76
Spirito Pietro 183
Steinach Eugen 163, 167, 169-170, 173
Stekel Wilhelm 44, 88-92, 102, 105, 108, 123, 126, 142
Stendhal (pseud. di Henri Beyle) 57
Svevo Fonda Savio Letizia 73, 82, 102, 111, 127, 141-142, 149, 158, 163, 182, 192-193, 198, 208
Svevo Veneziani Livia 17, 33, 36, 43-45, 47, 50, 60, 64, 74, 89, 141-142, 153, 188, 191, 193, 196, 206-209

Indice dei nomi

T

Tamburini Augusto 204
Tanzi Carlo 148
Tanzi Eugenio 12, 82-83, 123, 148, 155
Tanzi Marangoni Drusilla 148
Tausk Victor 104
Tedeschi Vitale 135
Treves Emilio 157
Turati Filippo 148

V

Venezian Felice 201
Veneziani Bruno 12-13, 17, 30, 39, 44, 47, 50, 54, 69, 88-89, 104, 106-115, 123, 126, 136, 138, 182, 192, 199
Veneziani Olga 142, 144
Veruda Umberto 7, 198-199, 203
Villa Guido 63
Violi Alessandra 136
Vittorini Fabio 47, 87, 95
Voghera Giorgio 66, 115, 131
von Braun Karl 207
Voronoff Serge 16, 41, 163

W

Weininger Otto 80, 151, 164
Weiss Edoardo 14, 66, 88, 101, 104, 107-108, 110-118, 129-131
Weiss Ottocaro 112
Wells Herbert George 172
Welponer Egidio 206, 208
Wilson Alfred 168
Wittels Fritz 91, 99
Wolfler Antonio 193

Y

Yeats William Butler 166

Z

Zaglia Marcello 29-30
Zamboni Filippo 18
Zencovich Paolo 207
Zola Émile 53, 56-58, 60-61, 63, 94

Sommario

	PAG.
Introduzione	11
«Non guariscono però mai» L'avversione di Svevo per i medici: scienza e letteratura Alberto Cavaglion	15
Italo Svevo ovvero «l'ultimo prodotto della fermentazione di un secolo» Laura Nay	33
La sfida di Italo Svevo alla psicoanalisi: guarire dalla cura Anna Maria Accerboni Pavanello	85
Il dottore si ammalò... Come il medico ammalato fa il paziente sano (nell'opera di Svevo) Riccardo Cepach	133

Appendice

I medici della Trieste di Svevo Un malato immaginario nel giardino di Esculapio Erik Schneider	187
Bibliografia	211
Indice dei nomi	219

Finito di stampare
nel dicembre 2008
dalla Stella Arti Grafiche di Trieste